U0632876

本专著出版得到琼台师范学院2019人才引进基金资助

| 光明社科文库 |

高等教育视野中的
企业大学研究

刘春雷　陈睿渊◎著

光明日报出版社

图书在版编目（CIP）数据

高等教育视野中的企业大学研究 / 刘春雷，陈睿渊
著．--北京：光明日报出版社，2019.4
（光明社科文库）
ISBN 978 - 7 - 5194 - 5280 - 3

Ⅰ.①高… Ⅱ.①刘…②陈… Ⅲ.①企业—职工大
学—研究 Ⅳ.①G726.84

中国版本图书馆 CIP 数据核字（2019）第 081616 号

高等教育视野中的企业大学研究
GAODENG JIAOYU SHIYEZHONG DE QIYE DAXUE YANJIU

著　者：刘春雷　陈睿渊

责任编辑：宋　悦　　　　　　　　责任校对：赵鸣鸣
封面设计：中联学林　　　　　　　责任印制：曹　净

出版发行：光明日报出版社
地　　址：北京市西城区永安路 106 号，100050
电　　话：010 - 63131930（邮购）
传　　真：010 - 67078227，67078255
网　　址：http://book.gmw.cn
E - mail：songyue@ gmw.cn
法律顾问：北京德恒律师事务所龚柳方律师

印　　刷：三河市华东印刷有限公司
装　　订：三河市华东印刷有限公司

本书如有破损、缺页、装订错误，请与本社联系调换，电话：010 - 67019571

开　　本：170mm × 240mm
字　　数：294 千字　　　　　　　印　　张：18
版　　次：2019 年 9 月第 1 版　　　印　　次：2019 年 9 月第 1 次印刷
书　　号：ISBN 978 - 7 - 5194 - 5280 - 3
定　　价：85.00 元

版权所有　　翻印必究

摘　要

　　萌发于 20 世纪一二十年代的西方企业大学，近半个世纪以来取得了引人注目的发展。尤其在信息化与全球化两大潮流的合力推动下，其功能、结构、特点都发生了极其深刻的变化。作为根植于企业生产实践但却相对独立于传统高等教育系统的各具特色的企业大学，在其逐渐发展完善的实践过程中，不仅证明了自身的价值，也探索出各自的成功之道。然而，不同的企业组织所处的发展阶段不同，所在的行业各异，所在国家的社会文化、经济土壤各不相同，因此各企业大学的具体成功之道显然难以推广；同时，企业大学是基于母体企业自身的发展需求应运而生的，具有实践先于研究的特点，导致了对企业大学的研究滞后于如火如荼的企业大学实践。近年来，国外从企业发展的角度对企业大学的研究已经取得了一系列重大进展。遗憾的是社会各界尤其是我国高等教育实践和研究领域至今对企业大学知之甚少。这不仅影响到企业大学在我国的健康发展，而且使我国高等教育实践和研究不能及时吸取企业大学的许多独特经验和有价值的理念，影响到我国高等教育的开放程度，尤其是与现代企业的交流与合作。

　　本研究是从高等教育视野开展的企业大学研究，主要进行了以下三方面的工作。

　　第一，深入研究了企业大学的发展历史与现状。通过研究企业大学的发展历程，分析了企业大学的总体发展规律与趋势以及企业大学产生发展的内外驱动因素。基于实践调研并结合典型案例，全面分析现代企业大学的发展现状，从企业大学的内外关系、运营模式、产品认证到服务范围、存在形式、所属组织的规模属性等维度较全面地分析归纳了现代企业大学的共性特征，分析阐述企业大学的组织性质和组织运行逻辑，并分析探讨了企业大学发展中的一些重要问题。

第二，从高等教育视野开展了企业大学与相关高教机构、企业大学与相关概念的比较研究。其中着重比较分析了企业大学与传统大学、行业性大学及商学院、高等职业院校、高等教育公司等高教机构间的区别与联系，在比较中剖析了企业大学的组织性质和组织运行逻辑。在此基础上对企业大学与高等教育、大学、学习型组织等相关概念进行了辨析与界定。由此得出：现代企业大学主要从事在职成人继续教育，属于高等职业教育范畴，其产生发展源自母体企业对知识要素及专业化知识生产服务的内在需求。企业大学由母体企业出资创办并运营管理，是隶属于母体企业并服务于母体企业的发展战略、经营管理、核心业务的新型专业化多功能的知识生产服务组织。企业大学提供的知识生产服务是以生产实践逻辑为基础，不同于传统大学的学科专业逻辑，同时又是与母体企业的生产实践相融合，是其他高教机构所无法替代的。企业大学以求善求用的知识观为指导；以发展企业学习能力、增长企业智慧为使命；以专业化的知识生产服务为支撑；以全员全面全程学习为基础；以服务发展战略为核心；以改善工作绩效为导向；以最优化、最大化知识效能为宗旨；以增强企业核心竞争力、实现企业可持续发展为目标。

第三，从高等教育面临的时代挑战着眼，探讨了企业大学的价值及其对高等教育多元化创新发展的启示。其中概括了企业大学对现代高等教育创新发展的三点重要启示：其一，企业大学在知识经济时代的高等职业教育、成人教育、继续教育和终身教育领域拓展了高等教育的边界；其二，企业大学促进了高等教育的效能化、多元化、信息化、国际化，由此促进了大学体制、机制的创新；其三，企业大学将信息时代的企业家精神注入高等教育的文化理念之中。

深入研究企业大学的发展规律、共性特征、组织性质及组织运行逻辑，能对企业大学实践予以科学指导，遵循企业大学的客观规律来设计、创办、运营、管理、建设、发展企业大学，预测企业大学的发展趋势，科学评价企业大学并引导企业大学的健康发展。

　　从高等教育视野深入开展企业大学研究，也是当前我国高等教育实践创新和理论研究的时代需要。21 世纪高等教育发展面临着前所未有的挑战和机遇，创业型大学、高等教育公司、企业大学的崛起和迅猛发展，表明高等教育在知识经济中扮演着越来越重要的角色。如何更好地服务于知识经济？如何在科技创新要素、人力资本要素等知识要素的开发、生产上发挥关键作用？为了解决诸多问题，本研究旨在借鉴企业大学的经营之道、成功之道，遵循人力资本开发和知识创新的客观规律，加强与企业创新实践的联系，参与建立企业大学联盟、深入开展校企合作，有助于高等教育的创新发展，尤其是大学应用类专业的发展。

目 录
CONTENTS

绪 论 …………………………………………………………… 1

一、企业大学研究的时代背景 1

二、企业大学理论与实践中存在的问题 3

三、探究企业大学问题的思路 4

四、主要概念的界定 5

第一章 企业大学实践发展与理论研究综述 ………………………… 8

第一节 企业大学实践发展 8

一、企业大学的由来 8

二、企业大学实践发展现状 11

三、企业大学实践发展述评 12

第二节 企业大学理论研究 16

一、企业大学研究主体与研究视角 16

二、企业大学理论研究述评 20

本章小结 26

第二章 企业大学产生发展的历史透析 ………………………… 27

第一节 企业大学发展历程分析 27

一、厂办学校的兴起：20世纪10年代前 27

二、企业大学的萌芽：20世纪10～50年代 29

三、企业大学的发展：20 世纪 50 年代至今　33

四、企业大学总体发展的规律与趋势　39

第二节　企业大学产生发展的关键因素分析　40

一、相关概念描述　40

二、企业大学产生发展的内在驱动因素　43

三、企业大学产生发展的外在驱动因素　52

本章小结　56

第三章　国内外企业大学现状解析 ……………………………………… 57

第一节　企业大学实践案例　57

一、案例研究简述　57

二、中国电信学院　59

三、爱立信中国学院　70

四、国美培训中心　77

第二节　企业大学的内部关系　85

一、隶属关系　85

二、组织架构　86

三、共性特征分析　88

第三节　企业大学的外部关系——企业大学联盟　90

一、基于企业大学联盟的教育服务　91

二、企业大学联盟模式　93

三、共性特征分析　96

第四节　企业大学的运营模式　99

一、项目管理模式　99

二、共性特征分析　100

三、筹资模式　101

四、共性特征分析　102

第五节　企业大学的学习项目认证与服务范围　104

一、学习项目认证　104

二、共性特征分析　107

三、服务范围 109

四、共性特征分析 112

第六节 企业大学的存在形式 115

一、实体形式与虚拟形式 115

二、共性特征分析 115

第七节 企业大学所属组织的规模与属性 117

一、组织规模 117

二、组织性质 118

三、共性特征分析 120

第八节 企业大学共性特征分析总结 121

一、组织性质——自助服务 121

二、组织运行逻辑——生产实践逻辑 122

本章小结 124

第四章 企业大学与相关组织的比较研究 ························· 125

第一节 企业大学比较研究的维度 125

第二节 企业大学与提供公共服务的高教机构 128

一、企业大学与传统大学 128

二、企业大学与行业性大学及商学院 152

三、企业大学与高等职业院校 155

第三节 企业大学与提供市场服务的高教机构 161

一、企业大学与高等教育公司 161

二、企业大学与教育培训公司 171

第四节 企业大学与提供自助服务的高教机构 172

一、企业大学与企业培训部门 172

二、企业大学与组织大学 180

第五节 企业大学与相关概念的辨析 182

一、企业大学与高等教育 182

二、企业大学与大学 186

三、企业大学与学习型组织 190

四、企业大学的内涵阐释　193

本章小结　198

第五章　企业大学对高等教育创新发展的启示 ……………………… **199**

第一节　社会生产实践与现代高等教育发展　199

一、社会生产实践促进了现代高等教育的生态多样化　199

二、社会生产实践促进了现代高等教育知识体系的发展　201

三、社会生产实践促进了现代高等教育的规模质量、内容形式、人才
培养发生根本变化　202

四、社会生产实践促进了现代高等教育社会功能、发展环境的完善　204

第二节　企业大学对高等教育创新发展的启示　205

一、企业大学拓展了高等教育的边界　205

二、企业大学促进了高等教育的效能化、多元化、信息化、国际化与大学
体制机制创新　215

三、企业大学将信息时代的企业家精神注入高等教育的文化理念中　227

本章小结　234

第六章　企业大学深化研究的探讨 ……………………………… **235**

第一节　企业大学的核心能力与核心价值　235

一、企业大学的核心能力　235

二、企业大学的核心价值　239

第二节　企业大学的职能类型与知识类型　241

一、企业大学的职能类型　241

二、企业大学的知识类型　246

第三节　企业大学的发展模式　247

一、提供公共服务的企业大学　248

二、参与合作联盟的企业大学　250

三、提供市场服务的企业大学　254

四、企业大学的发展演变　255

第四节　企业大学的评价原则　256

一、创建企业大学是否基于企业自身发展的内生实质性需求　257

二、企业大学运行是否遵循企业大学的内在逻辑　259

三、知识生产服务的专业化、制度化水平是评价企业大学的关键指标　259

本章小结　260

参考文献 ……………………………………………………… **261**

绪　论

一、企业大学研究的时代背景

进入知识经济时代，作为开发供给知识要素的重要领域——现代高等教育获得了前所未有的发展，并在服务社会服务经济发展中扮演着越来越重要的角色。为满足社会发展需求，高等教育不仅逐步实现了大众化普及化，而且其专业化分工与协作的水平也不断提高，产生了具有不同属性、不同运行逻辑的各级各类高教机构。例如，以营利为目的提供市场服务的高等教育公司；提供公共服务的非营利的传统大学；强化知识应用价值、聚焦创业发展的创业型大学；服务产业发展的产业大学；为母体组织提供服务的企业大学；基于信息技术提供远程教育的开放大学，等等。高等教育的内涵与外延也随着知识经济的发展而不断扩展，高等教育成为开发供给知识要素的重要领域。

知识经济、市场需求成为促进现代高等教育发展与变革的重要驱动力量，高等教育在获得前所未有的发展的同时也面临着诸多严峻挑战：社会对高等教育的需求越来越多样化、个性化，传统学习者不再是高等教育的主体，高等教育市场结构正在发生深刻变化；高等院校的办学效益、教学质量备受社会关注，政府和公众向高等教育问责、监督的力度不断增强；非营利组织及企业等私营组织也纷纷作为相互竞争的高等教育提供者出现，各种注重教育服务品质、产品性价比、投入产出优势、职业导向的高教机构不断出现，市场驱动的新型高等教育办学模式正在向传统办学模式提出挑战；知识要素对一个国家的产业发展乃至整体经济的发展发挥越来越重要的作用，政产学研的实质性融合也越来越迫切；网络信息技术、经济全球化也正不断促进高等教育的变革……

知识经济、市场需求不仅彰显了知识的应用价值，为高等教育拓展了发展空间，更强化了高等教育的市场、竞争与服务意识，强化了市场规律在实现知识应用价值过程中所发挥的重要作用。随着市场机制以及企业等私营组织的经营理念、管理方式的引入，现代高等教育不仅需要变革的勇气，更需要变革的智慧；不仅需要包容性、开放性，更需要灵活性、适应性。尤其是要设计建立起适应知识经济社会发展的科学有效的体制，从而使自身成为能够适应环境发展变化、自主学习、自主创新与灵活应变的生命有机体，实现健康可持续的发展，使现代高等教育在知识经济时代焕发新的生机与活力，并为知识经济的发展、为人类社会的发展创造新的、更大的价值。

　　作为现代高等教育的新成员，企业大学的迅猛发展势头及其产生的深远影响，尤其是企业大学在知识创新、人力资本开发方面的成功之道及其对知识经济的贡献非常值得高等教育领域深思、学习和借鉴。然而，由于企业大学是在企业组织中孕育产生的，相对独立于传统高等教育领域，其受到来自企业管理领域的关注更多一些，而在高等教育领域受到的关注相对较少、研究也不够深入，甚至对其知之甚少，或对其存有偏见，视为异类。但企业大学在技术手段、管理方式、经营理念乃至机制、制度与文化上所具有独到的优势，并形成了自身特有的发展规律，这使其不仅能够很好地服务母体企业的发展战略，而且适应和促进了知识经济的发展。因此从企业大学的成功获得启示并学习借鉴成功经验有助于高等教育应对时代的挑战，破解自身发展的难题，并获得变革发展的智慧，从而使高等教育更好地适应知识经济社会的发展，并为知识经济的发展创造价值、做出贡献。

　　知识经济促进了知识的快速更新，人力资本开发不再一劳永逸，需要持续开发，因此终身教育、职后继续教育越来越重要。职后继续教育不仅能造就业务骨干、行业专家，成就无数个体的职业生涯发展，更能为企业组织发展、国家经济发展提供智力支持。因此高等教育中的在职继续教育的需求尤为迫切，其发展也更为迅猛。作为现代高等教育的新生力量，企业大学将逐渐成为在职继续教育的主力，成为供给开发人力资本的重要组织，成为终身教育体系、国家创新体系与知识循环体系的重要组成部分。企业大学正与其他高教机构优势互补、紧密合作，共同促进知识经济的发展，成为知识经济社会的重要基础设施。

二、企业大学理论与实践中存在的问题

企业大学早在工业经济社会就已诞生，但现代企业大学的迅猛发展却是近十几年的事情。企业大学实践虽然积累了许多成功经验，但也存在一些误区，相关的理论研究尚欠深入与成熟，对企业大学的界定也尚未形成共识。虽然企业大学实践不乏成功案例，然而这些标杆企业大学能否成为其他企业效仿的范例，个案的成功是否能够复制、推广，仍有待深入研究和探讨。理论研究虽然总结了实践个案的成功经验，但缺乏对个案的共性及一般规律的分析总结，缺乏对关键概念、问题的辨析与界定。

企业大学理论研究中的症结和实践中的误区，究其根源是对企业大学的发展规律、共性特征和组织性质、组织运行逻辑缺乏深入研究。因此难以对企业大学予以科学准确地定性、定位，难以准确把握企业大学实践所应遵循的客观规律。这些症结及主要问题有：

其一，企业大学的组织性质所涉及的问题。

从事在职成人继续教育的企业大学是否属于现代高等教育范畴？企业大学是否是严格意义上的大学？企业大学是否需要专门建立统一的行业规范、从业资质、门槛准入标准与外部评价指标等，还是应与正规的传统大学一样接受教育行政主管部门的监管？企业大学与传统大学及相关高教机构的区别和联系有哪些？企业大学与企业传统培训部门及学习型组织的区别和联系是什么？企业大学的使命、宗旨及主要职能是什么？企业大学是否能够独立于母体企业？脱离母体企业后完全独立的企业大学是否仍是企业大学，还是变成营利性高教公司，或成为其他教育机构？企业大学与企业投资创建的营利性高教公司以及由企业资助创建的非营利的私立大学的区别是什么？

其二，企业大学的组织运行逻辑所涉及的问题。

企业大学的组织运行逻辑是什么，体现在哪些方面？能否按传统大学的学科专业逻辑来设计、建设和发展企业大学？创办企业大学是否疏远了企业学习与企业生产实践的联系，是否强化了学习而弱化了学习绩效？企业大学的运营管理、文化理念、知识观、组织结构、知识结构、课程体系、师资特点、学习方式、学习方法、教学模式与评价原则等体现了企业大学自身怎样的运行逻辑？企业大学与其他高教机构的运行逻辑有哪些不同，各自的优势有哪些？如何开

展合作、建立联盟，实现互利共赢、优势互补？

其三，企业大学的共性特征所涉及的问题。

企业大学是否一定要开展对外服务、开展营利性的市场服务？是否一定要开设官方正式认可的学历学位教育项目？企业大学的经费来源、筹资模式应以何为主？是否一定要发展成为利润中心，如果一旦成为利润中心，其与母体企业中的能够直接创造产值利润的主营业务、与营利性高教公司又有哪些区别？企业大学实践的成功典范是否代表了企业大学的发展方向，是否能成为所有企业大学的发展目标，是否能够借鉴、复制和推广？企业大学的共性特征有哪些？

其四，企业大学发展规律所涉及的问题。

企业大学的产生发展是否具有历史必然性？企业大学是否具有不可替代性，其核心价值、核心优势是什么？其产生发展的根本原因是什么，其发展的客观规律是什么？与企业大学产生发展密切相关的因素有哪些？企业大学的发展特征、发展趋势与发展模式如何？如何科学评价企业大学？

由此可见，对企业大学的发展规律、共性特征和组织性质、组织运行逻辑进行深入研究甚为重要，如能够予以科学准确地把握，上述问题自然迎刃而解，而且对企业大学的实践发展、理论建构及现代高等教育的创新发展具有重要意义。

本研究基于高等教育视野，聚焦于企业大学的发展规律、共性特征和组织性质、组织运行逻辑以及企业大学对高等教育创新发展的启示，并对上述相关问题进行阐述与探讨，予以辨析和澄清。

三、探究企业大学问题的思路

基于企业大学纵向的发展历史与现状的考察和企业大学横向的与相关高教组织机构的比较研究来深入认识企业大学的内涵，从高等教育视角深入研究企业大学的发展规律、共性特征和组织性质、组织运行逻辑以及企业大学对现代高等教育创新发展的启示。

首先，对企业大学实践发展与理论研究中存在的问题进行分析，由问题产生的根源形成研究焦点，即企业大学的发展规律、共性特征和组织性质、组织运行逻辑。围绕这一研究焦点对企业大学实践发展与理论研究进行述评，并指出相关实践中的误区与理论研究中的不足。

其次，通过研究企业大学的产生发展历程，总结归纳企业大学的发展特征，分析企业大学的总体发展规律与趋势以及企业大学产生发展驱动因素。结合企业大学的实践案例归纳企业大学的主要特点，分析企业大学的共性特征，阐述企业大学的组织性质、组织运行逻辑及企业大学的一些重要问题。

再则，通过企业大学与相关高教组织及相关概念的比较研究，深入阐述企业大学的组织性质、组织运行逻辑，并对企业大学的内涵进行阐述。从高等教育面临的时代挑战着眼，探讨企业大学的价值及其对高等教育多元化创新发展的启示。

最后，基于企业大学的发展规律、共性特征、组织性质及组织运行逻辑，探讨企业大学的核心能力与核心价值、企业大学的职能类型与知识类型、企业大学的发展模式以及评价原则等重要问题。

四、主要概念的界定

从高等教育视角研究企业大学，需要明确一些基本问题：企业大学属于高等教育范畴吗？企业大学是严格意义上的大学吗？大学、企业大学与高等教育三者间的关系如何？因此需要对"高等教育""大学"及"企业大学"进行界定与辨析。

大学、企业大学与高等教育是不断发展、与时俱进的概念，尤其随着现代高等教育的高速发展，一些国家和地区的高等教育已经逐渐实现大众化、普及化，高等教育范畴也早已不局限于传统大学，不同类型、层次、性质与形式的高教机构不断涌现与发展，高等教育的内涵与外延也随之不断丰富与拓展。同样，在企业大学诞生前，企业培训对象局限于技术工人，培训内容也局限于相对基本的职业操作技能，企业培训的层次地位与专业化水平都相对较低。而随着生产实践的发展，企业培训的对象扩展至企业管理人员、工程技术人员以及刚入职的大学毕业生时，企业培训的层次地位、专业化水平开始步入高端并服务企业的发展战略，"企业大学"也变得名副其实。

本研究在现有研究的基础上，从高等教育组织机构的角度对"高等教育""大学"进行如下界定：高等教育是中等后教育，即以中等教育为基础的各种类型、各种层次、各种性质与各种形式的教育。而企业大学主要从事以中等教育为基础的在职成人继续教育，其高端应属于高等教育范畴。大学则是多学科综合性且具有一定学术水平的正规的高等教育机构，主要实施本科及以上层次的全日制高等教育。因此，一些专科院校、单科院校、职业院校与继续教育机构（如我国的成人教育学院、广播电视大学、管理干部学院等），其办学水平、办学层次、学术水平与科研实力等方面难以与大学相提并论，不能算作严格意义上的大学，因此大学形同高等教育组织机构的子集，很多高等教育组织机构都不是严格意义上的大学。同样大部分未经教育主管部门核准、不具备正式认可的学历学位教育资质的企业大学也同样不是严格意义上的大学，并且即使一些具备正式认可的学历学位教育资质的企业大学也很难实现多学科综合性发展。综上所述，企业大学是高等教育机构，属于高等教育范畴，但大多数企业大学并不是严格意义上的大学。

那么什么是"企业"和"企业大学"呢？本研究在现有的研究基础上从组织机构的角度认为：企业是从事生产、流通与服务等经济活动，以生产或服务满足社会需要，实行自主经营、自负盈亏、独立核算与依法设立的具有法人资格的以营利为目的的社会经济组织。公司制企业是现代企业中最主要最典型的组织形式，公司是企业的一种组织形态。而企业大学则是由母体企业出资创办并运营管理的隶属于母体企业并服务于母体企业的发展战略、经营管理与核心业务的新型专业化多功能的知识生产服务组织。企业大学主要从事在职成人继续教育，属于高等职业教育范畴。

那么什么又是"高等教育视角"呢？由于企业大学是在企业组织中孕育产生发展的，根植于企业的生产实践但却相对独立于传统高等教育领域，因此其受到企业管理领域的关注更多一些，而在高等教育领域受到的关注相对少、研究也不够深入。企业管理视角更关注于企业大学对企业的创新实践、发展战略所发挥的影响、作用与功能，而与之相对，高等教育视角则更注重企业大学对高等教育创新发展的价值与启示，二者的出发点、落脚点、立足点有本质不同。本研究中所谓的"高等教育视野"主要体现在以下几方面：其一，把企业大学作为从事在职成人继续教育的一个高等教育实体、一个高等教育组织机构对其教育功能、组织结构、组织性质、组织运行逻辑、师生特点、课程体系、学习项目、学习方式、学习评价以及人才培养模式等教育教学特征进行深入研究；其二，从高等教育组织机构的视角对企业大学与传统大学、行业性大学、商学院、高职院校与高等教育公司等相关相近的高等教育组织机构进行系统全面的比较研究；其三，尤其是从高等教育面临的时代挑战着眼，探讨了企业大学的价值及其对高等教育多元化创新发展的启示；此外，还从高等教育视角审视在企业大学的产生发展过程中企业大学与高等教育的关系。

第一章

企业大学实践发展与理论研究综述

企业大学实践先于理论研究，实践推动理论研究，并且理论研究内容也大多聚焦于企业大学的实践领域。实践也为研究提供了丰富生动的研究素材，并使研究更有针对性、实用性。本章将围绕企业大学发展规律、属性特征、组织性质及组织运行逻辑对企业大学实践发展与理论研究进行述评。

第一节　企业大学实践发展

一、企业大学的由来

虽然现代企业大学蓬勃发展是近十几年的事情，但自 1927 年通用汽车公司创办第一家企业大学，至今已有近百年历史。

企业大学的历史渊源最早可追溯到厂办学校。19 世纪上半叶，为了适应产业革命的发展，适应机械化的生产方式，企业对工人尤其是对机械工人的教育运动在英国各地蓬勃开展起来。在英国工人讲习所运动的影响下，美国在产业革命中也兴起了工人讲习所运动。虽然工业化的发展要求工人熟练掌握机器操作技能及有关的基础知识，但由于大学及各类工程教育的发展相对滞后于工业化的进程，掌握工程技术的员工极度缺乏，产业革命加速技术革新并对劳动力的专业水平提出更高的要求，导致了厂办学校的盛行，例如在制造业、保险业、印刷业和化工等行业中，许多企业选择为它们自己的员工提供培训与发展计划。厂办学校面向接受过初等教育的员工，对其进行技能培训，采取班级授课集体教育的方式进行技能培训，较学徒制大大提高了培训效率，满足了企业对熟练技工的迫切需求。但培训对象以生产一线的员工和学徒工为主，培训层次及培训地位不高。

第二次产业革命出现了电力机械化和半自动化生产，由于工业化的大规模生产，不仅需要掌握复杂的机械化、电气化的生产方式，而且需要具有管理理论和管理水平的经营者，以提高生产效率。因此，针对经营管理者的教育培训在工业生产中变得越来越重要的情况，企业需要能够胜任工业化生产的经营管理者，由此产生了企业管理教育培训的最初需求。由于高等教育中的工商管理教育相对滞后，难以满足产业革命对企业管理者的大量需求。因此企业培训对象开始拓展至经营管理者及大学毕业生，培训层次与培训地位显著提升，企业大学由此萌芽①。

1914 年通用电器公司（GE）Charles Steinmetz 倡导创办企业学校（Corporation Schools），企业学校的创办是企业大学萌芽的重要标志之一。这一内部员工开发机构起初设立的目的是供给并保持高素质的员工队伍，其中学校服务聚焦于企业目标。随着产业革命的发展并遍及制造业、保险业、出版业、公共事业和化工业等各行业，企业学校也越来越普及。

1927 年通用汽车公司创建了"通用汽车工程与管理学院（General Motors Engineering and Management Institute，GMI)"，Meister 将通用汽车公司作为第一家在企业内部创建大学的企业②。无论是"通用电器（GE）"创建的"企业学校"还是"通用汽车（GM）"创建的 GMI，虽然当时都没有考虑将它们称为企业大学，而企业大学这一术语当时也不存在，但他们试图把培训和学习带入职场工作中，从而为促进美国职场学习的发展做出了贡献，并影响了以后数十年企业教育的发展。GMI 的基本原则是通过人力资本开发来提高生产效率，这一原则也是当今企业大学创建的基础。

20 世纪四五十年代至今，第三次产业革命推动人类社会进入信息时代，实现了生产方式的自动化，并向信息化、智能化方向发展。由于电子计算机的大力发展和广泛应用，出现由电子计算机控制的全自动生产线，生产率空前提高，产业结构发生重大调整。很多企业的一线生产工人的数量大为减少，管理人员

---

① 张竞. 企业大学研究 [M]. 北京：经济科学出版社，2011.

② Meister, J. C. Corporate University: Partnership Opportunities for Education [J]. CAEL Forum, 1998, 20 (2): 27 – 29.

和工程技术人员大幅增加，技术水平和管理水平成为企业生存发展的决定性条件。企业大学更为注重对管理人员和工程技术人员进行的系统培训，并开始全面支持企业的战略发展，更加重视将实现企业目标与帮助员工实现个人价值结合起来。

1955 年迪士尼大学成立，目的是想通过教育培养高素质员工以实现服务企业的核心目标。迪士尼大学不断强化与公司各业务部门的互动伙伴关系，并为之提供更多便利的学习机会。他们不是让员工来学习中心参加集中学习，而是主动为各部门提供支持。

成立于 1974 年的摩托罗拉大学聚焦于企业的核心价值与能力，它同样注重与母体企业的各业务部门间的伙伴关系，摩托罗拉大学的所有学习项目都与业务部门密切联系，并且有些学习项目（如商业管理等）已获得官方正式认可。与迪士尼大学不同的是，摩托罗拉大学在 20 世纪 90 年代已经拓展了它的合作伙伴。摩托罗拉公司与拥有企业大学的企业分享最佳实践，还与高中、学院等传统的教育机构建立更紧密的联系。

从 20 年代到 80 年代，银行业机构、保险公司、管理咨询公司、建筑企业、电子技术和工程公司、健康医疗组织、计算机公司与纺织企业等行业领域的少数企业大学的系统化、专业化与正规化程度得到一定的提高并获得了学位教育资质。由于大多数企业没有时间和资源获得正式认可的学位教育资质，企业因此开始寻求大学等高教机构帮助培训他们的员工，与大学开展合作，实现资源共享、优势互补，从而提高人力资本开发的质量和效率。企业通过与大学等高教机构建立伙伴关系，可以利用来自不同大学、学院等高教机构的各专业领域最好的教育项目。

80 年代初，欧美企业大学兴起，这时的企业大学具有实体教学场所、教学设施，其主要功能是为管理人员提供充分具体的专业培训，并改善内部沟通与协作，塑造企业个性与文化，解释说明企业战略等。

80 年代以来，由于产业领域科技革新，生产实践领域各种知识更新的加速，培训需求日益增加，企业更加关注员工的知识技能的发展与企业发展的一致性，并愿意出资为企业的所有员工提供培训与教育，从而提高生产效率和核心竞争力。

90 年代末，一些在企业领导水平和人力资源管理方面最为先进的企业，或者是以学习型组织为发展定位的企业，开始将企业大学作为强有力且高效的工具来促进组织和管理方面进行必要的变革，以实施其全球战略①。

二、企业大学实践发展现状

虽然早在 1927 年，美国通用汽车公司就创办了第一所企业大学，但直到 20 世纪 50 年代后期企业大学才开始成长；到 80 年代初美国已有 400 所企业大学，而到 90 年代企业大学才获得真正的发展，其数量增长至 1600 所，其中 40% 是财富 500 强企业；到 2000 年企业大学已增至 2400 所，财富 500 强中 80% 的企业已经拥有或计划创办企业大学 ②。在我国，企业大学的发展不过短短十几年的时间。1993 年，摩托罗拉中国区大学正式成立，中国大陆最早迎来"企业大学"这一全新企业培训理念和形式；1998 年 5 月，中国第一家本土企业大学——海信学院正式成立，标志着中国企业大学的创办正式拉开了序幕，中国本土企业大学开始兴起。

以摩托罗拉大学的创建为标志，现代企业大学在全球迅速崛起，从制造业迅速发展到技术咨询服务业、金融保险业、医疗卫生业、运输业以及农业等各个行业。欧洲企业大学俱乐部（European Club of Corporate Universities，ECCU）的研究显示：法国共有 30 所企业大学；英国有 12 所；德国有 5~10 所；北欧各国和荷兰共约有 5 所；澳洲和东南亚的大型企业也开始建立自己专门的教育机构。尤其是全球跨国公司更是掀起了一个兴办企业大学的高潮。譬如美国的通用电气、英特尔、微软、IBM、甲骨文、惠普、麦当劳、迪斯尼与花旗银行等企业都已建立了比较成熟的企业大学；德国的大型企业贝特尔斯曼公司、戴姆勒－克莱斯勒公司、汉莎航空公司、西门子公司、联盟保险公司以及德意志银行等也都有自己的企业大学③。并且大多数组织在员工培训开发经费上的投入

---

① Belet, *D. Turn Your Corporate University into an Efficient Learning Organisation Development Tool* [J]. Paper Presented at the European Conference on Educational Research, Lahti, BLV Learning Partners, France, 1999 (9): 22 – 25.

② Judy. C. Nixon, Marilyn. M. Helms. *Corporate University vs. Higher Education Institutions* [J]. Industrial and Commercial Training, 2002, 34 (4): 144 – 150.

③ Judy. C. *Nixon, Marilyn. M. Helms. Corporate University vs. Higher Education Institutions* [J]. Industrial and Commercial Training, 2002, 34 (4): 144 – 150.

占员工薪金的 3% 至 6%，平均水平达 4% 左右①。企业大学成为 20 世纪后期至 21 世纪发达国家继续教育领域一个令人瞩目的现象。

企业大学已经扩展至全球的每一个角落，当欧洲以近十多年来涌现出的大量企业大学引以为豪时，企业大学数量不断增长的现象也出现在中国及很多其他亚洲国家、澳大利亚、南美和非洲部分国家。企业大学全球协会（Global Council of Corporate Universities，Global CCU）咨询委员会的企业大学代表成员来自美国、加拿大、阿根廷、法国、西班牙、瑞士、俄罗斯、阿联酋、中国、新加坡、印度、澳大利亚和南非。其中跨国公司的企业大学在世界各地建立分校，如摩托罗拉大学已在中国运行多年，最近麦当劳的汉堡大学也在中国开设第七个分校②。世界各地企业大学竞相成立、蓬勃发展，其迅猛发展的势头也带动了相关领域的深入研究。

我国企业大学总体还处于起步阶段，但发展势头不容小觑。在全球经济一体化的进程中，中国作为重要的新兴经济体已成为世界经济发展的重要引擎，中国企业也获得了前所未有的发展，它们通过上市而不断规范，通过标杆学习而不断进步，通过广泛深入地参与全球市场竞争而不断强大。2010 年 7 月 17 日至 18 日，首届"中国企业大学发展论坛暨 CLO 首席学习官峰会"在北京召开，该论坛暨峰会由中国人力资源开发研究会与国家发展和改革委员会培训中心联合主办。根据此次论坛主办方透露的信息，中国企业借鉴跨国企业人才培养模式，目前已经正式创办了 400 多所企业大学③。

三、企业大学实践发展述评

（一）企业大学形态各异、各具特色

企业大学的蓬勃发展造就了在发展水平、所属行业、服务范围、筹资模式、运营机制、组织关系与功能结构等方面各具特色的企业大学。企业大学的所属

---

① Shah，A，Sterrett，C，Chesser，J，Wilmore，J. *Meeting the Need for Employees Development in the 21st Century* [J]. S. A. M. Advanced Management Journal，2001，Spring，66（2）：22，7.

② Allen，Mark. *Corporate Universities* 2010：*Globalization and Greater Sophistication* [J]. Journal of International Management Studies，2010，5（1）：48 – 53.

③ 中国人力资源开发研究会. 首席学习官职业发展报告 [EB/OL]. （2010 – 07 – 21） [2012 – 06 – 20] http：//news. xinhuanet. com/edu/2010 – 07/21/c_ 13408234. htm.

企业既有总资产不足 3 亿美元、员工总数不足 500 人的小型企业，也有涉足多种经营领域的大型跨国集团企业；所属行业既有餐饮零售等传统行业，也有信息技术等高科技行业以及金融保险等高端服务业；存在形式有虚拟网络大学形式，也有实体大学形式，或二者兼有；服务范围有专门服务母体企业的，也有同时服务价值链、服务产业行业乃至面向社会提供公共服务的；在隶属层级关系上，有的由母体企业董事长领导，有的由 CEO 领导，有的则由人力资源部经理负责；筹资模式既有母体企业预算拨款的，也有企业大学自筹经费的；创办主体除了企业组织外，还有非营利组织、政府部门和军队等；所提供的学习项目既有正式认可的学位项目，也有行业权威认证的学习项目，还有企业内部认可的学习项目。

同时，由于企业大学没有准入门槛、外部监管部门以及统一的评定标准，众多自封的形态各异、各具特色的企业大学在办学质量、办学效益和办学水平上也难免良莠不齐。然而企业大学的迅猛发展势头在知识经济社会、信息时代和全球经济一体化的 21 世纪，可谓势不可挡！

（二）我国本土企业大学的发展

我国本土企业大学还处于起步阶段，在实践中不仅存在一些误区，发展环境也有待改善。目前高等教育市场、在职教育培训市场尚不发达，企业大学发展受到一定制约。多数企业大学运营模式、筹资模式相对单一；知识生产服务能力还相对较弱，专业化水平不高；制度化体系化建设还有待完善；尤其缺乏不可替代的核心能力。

但有些企业大学能够根据自身的发展需要积极探索、勇于尝试。例如，一些行业的龙头企业探索建立行业内的企业大学联盟，创建企业大学协会，积极交流分享实践经验，开展互助合作；一些产业的高端企业则开展培训价值链成员的服务，在共享先进的企业学习管理经验和方法的同时密切了企业间的战略伙伴关系；有些企业大学尝试探索面向客户的产品体验与文化营销，以服务母体企业的核心业务；还有些企业以企业大学为基础投资教育产业。此外，由于我国的一些国有企业诸如电网、邮政等发展的历史原因。所属的企业大学在开展员工在职教育的同时，兼具党校、职前职业教育的职能，并使培训资源得到优化整合，形成了具有中国特色的企业大学模式。这些探索实践拓展了企业大学的职能，丰富了企业大学的发展经验，创新了企业大学的发展模式。

（三）企业大学发展环境

社会环境。进入知识经济时代，知识要素不仅是企业发展的核心与战略要素，更是企业发展的基础要素。目前经济全球化更进一步加快了知识更新速度、扩展了知识更新范围，促进了技术创新、产业升级和管理变革。企业更加依赖学习力以适应日益复杂的发展环境和日益激烈的市场竞争，企业大学成为服务企业发展战略、应对发展挑战的重要工具。企业大学基于专业化的知识生产服务和系统高效的学习解决方案，不断提升企业的市场竞争力和可持续发展能力。

企业组织环境。欧美国家企业组织发展历史较长，组织进化完善，经营理念成熟，企业文化厚重。同时，高度发达的市场经济与优越的企业成长环境，孕育了成熟发达、形态多样的企业组织，并造就了大量雄踞产业高端、行业龙头的集团企业，也自然孕育了无数优秀的企业大学。我国的企业组织整体而言发展则并不成熟，现代企业制度在一些企业中尚不完善。但随着国企改革的深入，随着市场经济的发展完善，尤其在积极参与国际市场的竞争中，在经济全球一体化的进程中，我国企业实现了跨越式发展，企业大学也随之蓬勃发展。

教育资源与环境。欧美企业大学发展得益于丰富的教育资源与环境，并且能够实现教育培训基于市场的专业化的分工与合作。尤其是美国拥有多元成熟与发达完备的现代高等教育体系：有实力雄厚的科研院所、灵活多样的社区学院；有能够快速适应市场、及时满足市场需求的营利性高等教育公司（其提供的教育培训服务不仅能满足成人在职学习的个性化需求，而且具有一定的性价比优势）；更有服务社会的大学理念及其完善成熟的体制机制。此外从事专业研究且提供专业服务的企业大学咨询公司、研究机构也发挥着推动和引领企业大学发展的重要作用。再则相对发达的教育培训市场促进了教育培训资源的有效配置，促进了在职教育培训产业化的发展成熟，促进了校企间产学研的有机融合，孕育了大量开发供给学习产品与服务的培训供应商。他们不仅提供学习项目，而且开发学习工具、学习资源与学习环境。充分的市场竞争在保障产品与服务的品质的同时，也提升了他们的专业化水平。诸多优质的教育资源与环境为企业大学持续健康发展提供了有力的保障，使企业大学能够拥有高品质的学习伙伴，并建立学习联盟，实现资源共享、优势互补。

基于教育培训产业链的专业化分工协作，与培训供应商建立学习伙伴关系有助于互利共赢、提高教育培训的质量和效率。有效整合市场资源能使企业大学聚焦于企业发展战略、聚焦于自身的核心能力上，而不用事必躬亲于企业大学知识生产服务的每个环节这不仅提高了企业大学的服务效率，而且依托教育培训产业链的专业化分工也有助于提升企业大学的服务品质。因此，在职教育培训的市场资源与环境、市场化产业化程度对企业大学的发展发挥着重要作用。而我国教育培训市场不够发达，产业化发展不成熟，市场资源相对不足且分布不均衡，配置效率也自然不高。同时，高等教育体系不够发达，高教机构服务在职教育培训市场的体制机制不够健全。校企间的产学研有机融合存在诸多障碍，难以形成基于市场机制的优势互补合作共赢的学习联盟。在职教育培训的市场资源不足致使企业大学在资源整合利用上相对制约了企业大学的发展。

技术环境。企业大学兴起于信息时代，国内外众多企业大学积极应用信息技术、人工智能、网络技术、多媒体技术和卫星通信技术，甚至有些企业大学只发展或优先发展远程网络虚拟大学。尤其对于分支机构和运营网点众多的服务业，如邮政、电信、金融保险和连锁经营的餐饮零售业等，远程网络学习具有诸多不可替代的优势，如边际成本可以忽略，具有显著的经济与规模效益，信息可以突破时空限制进行实时无损传递，支持在线实时交流互动等。此外，基于信息技术还能有效实现智能知识管理、教学管理、多媒体教学、智能学习、网络协作学习及创建虚拟学习社区等。信息技术成为知识生产的重要生产力，也为我国企业大学实现跨越式发展提供支持。

（四）企业大学实践中的误区

由于企业大学是由母体企业出资创办并服务于母体企业战略发展的教育培训机构，而不以对外服务为主，因此无须外部评价与监管，无须统一的准入标准和资质要求。同时由于母体企业的实际情况与需求各不相同，致使实践中的企业大学也形态各异、各具特色，这也是符合企业大学服务于母体企业这一根本属性的。然而在实践中一些企业却并未基于这一根本属性，并未基于自身的实际情况、实际需求来建设发展企业大学，而是盲目跟风与效仿。

有些企业尚未对企业大学产生实质性需求，就盲目从众、匆匆上马，致使企业大学定位不清、职能不明且基础不牢，除了自我宣传炒作外，并未发挥实际效能。有些企业同样脱离自身的实际情况与需求而盲目效仿标杆企业大学，片面追求不切实际的目标，如盲目开展正式认可的学位项目；盲目开展对外服务、市场服务；片面追求营利能力，甚至盲目将利润中心作为自己的发展目标。

由于未能基于自身的实际情况和实际需求，未能深入认识企业大学的共性特征及其一般规律，因此走入发展误区。这不仅浪费企业资源，影响企业生产效率，甚至累及企业发展。

另外，为了能更好地服务母体企业，企业大学必然要与母体企业的具体生产实践相融合，然而有些企业大学未能遵循这一内在逻辑，建成了相对独立的企业大学，未能使企业大学与各业务及职能部门紧密协同，致使企业培训与生产实践脱节，虽然强化了教育培训，但培训绩效并不显著，企业大学效能也因此难以充分发挥。还有一些企业大学既没有认清企业大学的根本属性，也不遵循企业大学的内在逻辑，混淆了企业大学与正规大学、营利性高教公司的区别，并按照正规大学的学科专业逻辑建设发展企业大学，一味强调学科专业、课程体系和师资体系，而忽视企业自身的实际情况与需求，致使企业大学的发展不伦不类。

能否更好地满足母体企业的实际需求是考察企业大学成功与否的关键。成熟的欧美企业一般都是基于实用主义与逐利本性，为切实服务母体企业发展战略、改善工作绩效和提升竞争优势而创办企业大学，并获得了成功。由此可见企业大学并非华而不实的装饰，也非直接为母体企业创造产值利润的主营业务和营利工具，同样不是母体企业下属的高教公司。企业大学实践告诉我们：只有首先明确企业大学的本质属性和内在逻辑，基于自身的实际情况与需求，对企业大学予以准确的定性定位，才能量体裁衣、有的放矢且充分发挥企业大学效能，服务好母体企业。同时也只有这样才有助于进一步认识企业大学的本质属性和内在逻辑，从而促进企业大学健康发展不断成熟，否则易浑然不觉地走入误区。

第二节　企业大学理论研究

一、企业大学研究主体与研究视角

（一）研究主体

1. 咨询公司

在企业大学实践领域中，提供营利性市场服务的企业大学咨询公司在创办运营管理企业大学以及企业教育培训等方面提供相关咨询服务。咨询公司一般具有一定的专业研究能力和相对成熟有效的研究工具、研究方法以及规范的研究程序。咨询公司对企业大学的发展状况、最新动态及最佳实践进行调研并归纳总结，基于自身对企业大学、企业培训领域的研究基础和实践经验，提供相关市场服务，如评选分享最佳实践、提供企业学习解决方案等。由于市场竞争的压力、业务发展的驱动，以专业研究为基础的业界知名咨询公司具有一定的研究水平与实力。咨询公司还广泛参与业内专业协会、科研院所等专业研究机构举办的学术交流会议，并与培训供应商、教育机构等企业学习伙伴及企业大学进行广泛的专业交流。咨询公司基于调查研究及时发布的行业内最新发展动态信息，不仅强化了其在业界的影响力，还拓展了业务市场。相关的咨询公司有：企业大学咨询公司（Corporate University Xchange，Inc. CUX）、智能伙伴公司（Intellectual Partnerships Co Ltd，iPCo）、全球学习资源公司（Global Learning Resources，Inc. GLR）以及国内的凯洛格公司（KeyLogic）等。

2. 大学及科研院所

一般比较集中在综合性研究型大学的商学院、管理学院与教育学院等，如哈佛商学院、宾夕法尼亚大学教育学院；国内的北京大学教育学院企业与教育研究中心、中山大学管理学院企业大学研究中心等。大学及科研院所的主要优势在于具有与之相关联的比较全面的综合学科体系，如管理学、经济学、教育学和心理学等，便于进行多学科间协作，开展系统全面深入的研究。同时又能与业界及相关领域的实践部门、研究机构进行交流合作，从而总结相关的实践经验以进行理论研究。其研究的范围也相对宽泛；研究对象广泛，关注不同国家、不同行业的企业大学；基于对实践领域的案例调研及相关学科的理论研究，方法上主要进行归纳总结、理论建构，并注重一般原理、普遍规律、本质属性等方面的研究，注重相关学科专业的建设发展。

3. 专业研究机构

有关企业大学的问题已经成为当今企业界和学术界的讨论热点，相关的研究机构也不断发展。尤其是企业大学、在职继续教育的非营利的专业研究机构包括政府的教育与劳动等主管部门下设的研究机构、行业协会下属的职业教育研究机构、企业大学以及行业内企业大学联盟等研究机构。如，企业大学全球协会（Global Council of Corporate Universities，Global CCU）、美国培训与发展协会（ASTD）、丹麦企业学术合作组织协会（Danish Association of Corporate Academies Partnership of Organizition，DACAPO）、欧洲企业大学俱乐部（European Club of Corporate Universities，ECCU）、全球企业大学及企业学院协会（Global Association of Corporate Universities and Academies，G – ACUA）、中国国家发展和改革委员会主管的中国人力资源开发研究会、摩托罗拉大学、GE 克劳顿管理学院（杰克·韦尔奇领导发展中心）和中国通信业企业大学教学研究会等。不同的研究机构研究目的、研究范围和研究对象有所不同，有的关注世界范围不同行业的培训与发展，有的专注于国家政策研究，有的聚焦于本行业企业大学的最佳实践。

企业大学相关的专业学术刊物有：*Corporate University Review*、*Human Resource Development Quarterly*、*Chief Learning Officer*、*Training and Development Journal*、*Human Resource Development International*、*Journal of Workplace Learning*《中国人力资源开发》等。

（二）研究视角

1. 企业管理视角

由于企业大学的产生发展源于母体企业的内在需求，母体企业又孕育和发展了企业大学，且企业大学实践的发展先于理论研究，因此母体企业的内在需求、企业大学实践发展成为促进企业大学理论研究的重要动力。目前企业大学的研究视角更多的侧重企业管理，更多地关注企业大学在企业经营管理中所发挥的作用、职能，如何设计、创建、管理、发展企业大学来更好地服务于母体企业，如何更好地服务于母体企业的经营目标、发展战略、组织变革、经营管理、核心业务、文化建设、绩效改善以及人力资本开发等。

另外，从上述研究主体也不难看出对企业大学的关注主要来自与企业管理密切相关的领域，如企业自身、服务于企业的咨询公司、从事"企业管理"等相关学科专业教学与科研工作的大学、科研院所与专业研究机构等。

从学科专业领域来看，企业大学研究也更多地集中在企业管理、人力资源管理等学科专业领域，其研究视角也自然是以企业管理、人力资源管理等学科专业视角进行研究。

2. 高等教育视角

根植于企业生产实践的企业大学，其产生发展相对独立于传统高等教育领域。由于产业界、企业界与教育领域各自的文化理念、价值取向和运营模式等存在较大差异，传统高等教育领域与产业界之间的实质性合作与交流一直难以深入开展，并且企业大学的迅猛发展也是近些年的事情。因此，高等教育领域尤其是国内高等教育界，一直以来对企业大学关注不够、研究不深，因此，一些高等教育学科领域的学者对企业大学语焉不详，甚至认识偏颇。

从已有的高等教育视角下的企业大学研究来看，多数研究都聚焦于"企业大学是不是大学？"这个问题上。高等教育学科领域的学者常用严格意义上的"大学"标准来评判企业大学，认为企业大学不具有学术性，缺乏基本的学术原则，不具备大学资质，尤其在学科发展与研究上难以达到大学水准。

从教育视角来看，事实上企业大学主要从事在职成人继续教育，是继续教育、成人教育、终身教育与高等职业教育的重要组成部分。从高等教育组织机构的视角来看，企业大学与传统大学、行业性大学、商学院、高职院校与高等教育公司等一些高教组织机构相关相近。然而，企业大学的研究却缺乏从教育视角对企业大学进行深入的研究，缺乏基于职业教育、成人教育、终身教育与高等教育等教育学科领域的综合研究，缺乏从高等教育组织机构的视角对企业大学与相关相近的高教组织进行系统全面的比较研究。

从高等教育视角研究企业大学，能够更全面深入地认识作为一个"高等教育实体"与"高等教育组织机构"的企业大学所具有的教育功能、教育目的、组织性质、组织运行逻辑、师生特点、课程体系、学习内容、学习方式、学习评价以及人才培养模式等教育教学特征。

从高等教育视角研究企业大学，可以完全立足于高等教育，从高等教育面临的时代挑战着眼，探讨企业大学的价值及其对高等教育多元化创新发展的启示。

此外，还可从高等教育视角研究企业大学的发展历史，在企业大学的发展过程中审视企业大学与高等教育的关系，尤其是知识经济时代，企业大学的发展带给现代高等教育的启示与借鉴。

随着知识经济的发展，企业大学越来越成为沟通高等教育界与产业界的重要桥梁，成为终身教育体系、国家创新体系的重要组成部分，成为发展学习型社会的重要力量。企业大学的实践发展与理论研究对高等教育的影响也越来越大，企业大学也将会受到高等教育领域越来越多的关注，尤其是企业大学的经营理念以及在实现知识应用价值、开发人力资本等方面的经验值得高等教育界学习借鉴。

二、企业大学理论研究述评

企业大学理论研究的重点是考察有关企业大学的发展规律、属性特征和企业大学组织性质、组织运行规律及企业大学对高等教育的影响等研究内容，主要涉及企业大学的概念、发展动因、发展阶段、属性特征与职能角色等。

（一）企业大学概念

企业大学（Corporate University 或 Enterprise University）也称公司大学（Company University）、企业学院（Corporate College 或 Enterprise Academy）、企业商学院（Corporate Business School）等。"企业大学"这一术语为 20 世纪 50 年代由迪斯尼公司首先采用，直到 80 年代中期才逐渐流行。目前这一术语仍然只是被粗略地定义和运用。由于企业大学的实施方式在不同的企业之间有所不同，同时技术和竞争要求企业大学不断调整、改变以保持最佳状态，因此对企业大学进行定义并非易事①。

国内外学者从不同角度，对"企业大学"的概念进行了界定，具有一定代表性的企业大学概念既有很多一致的观点，又从不同角度反映了企业大学的属性、职能、特点等。概括而言，企业大学主要指由母体企业出资创办、管理，不具有独立法人地位，隶属于母体企业的满足企业学习需求的具有战略地位的组织机构。

企业大学的目的在于发展个人和组织的能力，获得持续竞争优势、提升组织绩效。企业大学的职能是以服务母体企业发展战略为核心，因此不局限于人力资源开发与管理、专业技能培训等传统职能，具有知识管理、文化传承传播、变革组织、创新管理、应对知识更新、服务全球化战略、促进企业成为学习型企业、开发社会资本、发展社会关系以及整合内外资源等职能。

企业大学的特点：战略性，将教育开发与企业经营战略密切结合；系统性，即企业大学在整个企业组织系统内对全体员工的学习进行统筹协调以达成组织

---

① Densford, L. *Learning From the Best: APQC finds what makes a CU successful* [J]. Corporate University Review, 1998, 6 (1): 13 – 15.

目标；个性化、多样化，即根据企业目标为企业员工提供量身定制的持续教育工具，不同的企业发展战略、经营目标不同，企业大学因此呈现多样化的发展态势。

企业大学的服务对象：为实现企业的战略目标而对企业员工、客户以及价值链合作伙伴提供相关的教育培训。

企业大学的实质是个人和组织的学习与创新、是连续的终身学习的过程，不只是组织机构、学习项目及实体化或虚拟化存在的学习场所。企业大学所强调的学习、创新是渗透在企业管理体系和组织运作之中的，其学习、创新已超越了管理模式，学习、创新成为企业的生存方式、发展基础和文化理念。学习、创新的主体是人，体现了企业对人力资本价值的尊重，对个人和组织的学习能力、创新能力的渴求。

（二）企业大学的发展动因

综合国内外学者的代表性观点可知企业大学产生发展的原因主要有：知识经济社会的发展；知识更新加速；经济全球化趋势；市场竞争日益加剧；信息技术的发展；企业组织的学习能力、知识创新能力、人力资本与智力资本日益重要；高新技术产业、新兴后工业产业的发展及其对基于专有知识的专门教育培训的迫切需求。企业大学能有效开发人力与智力资本，提升企业的学习能力、创新能力，应对经济全球化挑战和日益激烈的市场竞争，帮助员工适应角色转变和新技术环境，提供企业急需的系统的专门教育，提高企业的竞争力。

随着扁平化和柔性组织的出现，学习型组织的相关理论与实践的发展，以及经济全球化和知识经济发展，促进了企业的战略转型、兼并、收购和业务拓展，并因此导致企业组织的重组与变革不断加剧。而企业大学能够有效支持企业经营战略，推动组织变革，促进学习型组织建设。

人口数量变化与人才供给不足，技能型、知识型员工的短缺，尤其是新兴产业。另外，更加注重终身任职能力，对员工和管理者的素质能力有了更高的要求。企业大学不仅能持续开发和培养所需人才，而且通过提供学习和发展机会来吸引和留住优秀员工，并有效提升员工的持续就业能力、任职能力。

企业大学能增强企业的营利能力，通过提升员工的能力素质并将其迅速转化为商业利益，并且具有可衡量的财务收益。企业大学作为集中培训的工具，能围绕企业的经营战略目标协调培训与开发活动，并且有助于整合、统筹、协调、共享和集约管理教育培训资源，避免资源浪费、重复建设，使企业教育培训更具成本效益优势、更具投资价值，并培养员工的全局观念、战略意识、跨部门协作能力等。

此外，教育系统的多样化发展，教育市场发生转型，教育专业化分工不断细化，非传统非正式的高等教育、职业教育蓬勃发展，企业不满意传统大学等公共教育机构培养出的毕业生，而企业大学的内部员工教育项目既具有一定的成本效益，还更能满足企业自身发展的需要。

以上这些因素都是企业大学产生发展的重要因素，这些因素既有企业现实经济利益的驱动，更有对企业发展战略的考量；既有外在环境的影响，更有企业内在实质性的需求；既有人才培养人才储备等教育培训视角，更有系统综合的企业管理视角。诸多因素对企业大学的产生发展起了重要的影响和推动作用。

（三）企业大学的发展阶段

国内外学者针对企业大学发展阶段的相关论述，体现了企业大学职能的不断进化，更反映了知识要素在企业生产实践中的地位作用在不断提高。从总体上看，知识要素的地位作用存在本质差异的知识经济时代的企业大学和工业经济时代的存在本质不同，相应的发展环境也有很大差异。然而，即使在相同时代，以知识要素为基础要素的知识型、创新型、学习型企业又与其他企业有本质不同，其下属的企业大学也存在本质差异，这说明企业大学存在不同发展阶段的区别与知识要素在企业生产实践中的地位作用有密切联系。

企业大学的不同发展阶段的本质差异体现在企业对专业化知识生产服务、对知识要素的实质性需求由局限于某一方面而发展到全面，企业大学的职能与核心能力也随之不断完善和拓展。企业大学不同发展阶段的本质差异也应体现在知识要素的开发供给能力、知识创新能力、企业组织的学习能力等核心能力、以及核心能力所发挥的职能上。同时，企业大学的发展成熟还需要企业大学外在发展环境的系统支持，尤其是知识要素市场的成熟完善、高等教育体系的成熟完善与多样化发展以及学习伙伴、教育培训价值链成员的共同发展等。

（四）企业大学的属性特征

有关企业大学的属性特征的研究相对较多，有企业管理视角的研究，也有高等教育视角的研究；有比较研究，也有案例研究。综合而言，企业大学的属性特征有：企业大学由母体企业出资创办，产权归母体企业所有，经费来源以母体企业预算拨款为主，服务母体企业内部员工为主（为了更好地服务企业发展战略，有的也包括顾客、供应商等价值链成员），围绕母体企业的发展战略提供专业化的知识生产服务；不同的企业大学具有不同的职能倾向、服务聚焦，且与母体企业密切相关，符合母体企业的要求，满足母体企业的个性化需求，并无普适的理想模式；企业大学强调持续学习的过程、注重学习服务，而非物理场所；企业大学又是集中学习的实体，能够围绕战略对学习资源过程进行统筹协调与集约管理，避免重复建设和资源浪费，实现资源共享、教育培训效益最大化；企业大学强调要围绕企业战略进行系统性学习、泛在学习、及时学习、持续学习与终身学习，强调学习要与具体生产实践、工作过程相融合，强调绩效导向的学习；企业大学是投资，而非成本；企业大学是发展学习型组织的催化剂，与组织学习、知识管理密切相关。

（五）企业大学的职能角色

在企业大学概念、发展动因、发展阶段与特征属性等相关研究中，企业大学的职能也有所体现。综合来看，企业大学职能角色具有多样性。由于不同的企业有不同的特质，或是所属行业不同、发展阶段不同，或是发展战略、经营理念与管理模式不同，各自的企业大学能够满足母体企业各自不同的需求、符合不同的要求，也因此有不同的职能倾向。但总结起来企业大学职能主要有三类：其一，作为企业教育培训组织的基本职能。包括围绕企业战略整合、协调、统筹、共享、集约管理学习资源与过程，实现最大化最优化的学习效率和知识效能。满足组织日益增长的学习需求，促进个人与组织的学习能力创新能力的增长，满足员工终身学习和职业发展需要，满足组织学习的个性化多样化需求，为企业组织和员工提供专业化的知识生产服务，以应对由于知识经济发展、知识更新乃至经济全球化所带来的挑战，适应变化日益加剧的企业发展环境。其二，企业大学职能不仅仅局限于内部教育培训，其在企业的日常经营管理中发挥着重要作用。企业大学以服务发展战略为核心，为企业战略决策、变革转型、组织发展、知识管理、文化建设、政策制定、制度设计、人力资本开发和职业生涯管理等提供持续的全方位支持，还能有效提高工作绩效、吸引留住优秀员工、提升盈利能力且带来可衡量的经济效益等。其三，企业大学的社会职能。为了实现企业可持续的健康发展、实现企业的长远战略，企业大学不仅要服务价值链成员，建立合作联盟、发展伙伴关系，而且要积极传承企业文化精神、恪守企业道德规范、树立企业价值观以及承担社会责任。同时，企业大学作为终身教育体系、知识创新体系的重要组成部分，促进了产业与教育、实践与理论的密切联系，从而推动整个社会范围的知识扩散、知识循环、知识创新和知识发展。

虽然企业大学职能具有多样性，但这些职能都是以企业发展战略为核心，其职能的实现都是以知识、学习为基础，都有赖于知识要素的开发与供给，有赖于知识效能的转化，有赖于学习力向生产力的转化，其最大化、最优化的转化则体现了企业的竞争力，而这也正是企业大学的核心能力与核心价值所在。

（六）企业大学理论研究存在的不足

企业大学实践先于理论研究并推动理论研究，研究内容也大多聚焦于企业大学的实践领域，如：企业大学的最佳实践、最新模式、成功经验和最新动态等。实践也为研究提供了丰富生动的研究素材，并使研究更有针对性、实用性。尤其是咨询公司的研究为企业大学实践开发了实用的模板、工具和方法；为创建运营管理企业大学提供指导和支持；及时反映了企业大学的最新发展动态。然而，通过对企业大学概念、发展动因、发展阶段、属性特征与职能角色的考察分析，不难看出企业大学的理论研究还相对薄弱，企业大学的理论建构还有待完善。在企业大学的发展规律、共性特征和组织性质、组织运行规律及企业大学对现代高等教育的影响上缺乏全面深入的系统研究，主要表现在以下几个方面：

1. 企业大学的纵向历史研究相对不足

虽然有些研究阐述了企业大学的发展历史，但历史的纵深尺度和视野相对有限，局限于在职教育培训的发展历史，未能从宏观层面综合审视人类社会生产实践领域的知识发展、专业教育发展；对知识要素在社会生产实践中的地位作用及其演变过程缺乏深入研究，未能综合社会发展的相关因素、剖析企业大学产生发展的历史必然性及其客观发展规律，对企业大学产生发展的各个阶段的发展特征和发展趋势缺乏深入分析。总之，探究历史发展脉络并综合分析相关因素有助于发现企业大学的本质属性及其客观规律，能为企业大学理论建构打下基础并提供逻辑线索和系统分析框架。

2. 企业大学的横向比较研究相对不足

企业大学比较研究不够深入广泛，其组织性质和组织运行逻辑的研究尚待深入，因此有必要将企业大学与相关相近的高教组织机构进行全面深入地比较研究。把企业大学作为现代高等教育系统中的重要一员，作为国家终身教育体系、国家创新体系的重要组成部分进行系统剖析，从而深入认识企业大学的属性、特征、内涵、外延与内在逻辑。目前与企业大学相关相近的高教组织机构具体涉及传统大学、行业性大学、商学院、高等职业院校、创业型大学和营利性高等教育公司等。

3. 企业大学的共性特征研究相对不足

由于企业个体差异较大，又受行业发展、体制制度、市场环境、经济状况和文化理念等诸多内外因素的影响，使企业大学最佳实践、成功经验的复制与推广受到一定的局限，因此对其共性特征、一般规律、内在逻辑及本质属性的研究尤为重要。在微观层面上，需要深入研究企业大学内部运行的客观规律，剖析成功个案的主客观条件、内外环境因素、共性特征和一般规律。同时还需深入分析企业生产实践中知识要素的地位作用、知识要素的供给开发及知识的特点类型；知识生产服务的内在逻辑、资源环境与制度机制；知识发展与应用的一般原理等。

4. 企业大学的研究视角相对较窄

企业大学研究缺乏综合视角，缺乏跨学科综合研究。企业大学实践领域的研究大多是从企业管理、组织发展的视角针对具体的企业大学个案进行研究。尽管研究主体有业界、学界等不同组织机构，有管理学、教育学等不同学科背景，但各相关学科缺乏深入广泛的交流，缺乏跨学科跨领域的协同研究，大多是基于各自的学科专业、实践经验、研究基础而对企业大学进行的审视研究。即使是教育学科领域的研究者也未能综合高等教育、职业教育与成人教育等学科视角进行深入研究，更不必说综合管理学、教育学等不同学科领域进行跨学科的综合研究。狭隘的学科视角局限了研究的深度和广度，如同盲人摸象难免会导致片面肤浅的认识，难以认识到企业大学的本质属性特征和内在逻辑规律并予以准确的定性和定位。如，一些教育领域的研究者单纯从高等教育领域传统大学的视角审视和评判企业大学，以是否遵循大学基本学术原则、是否达到一定的学术研究水平、是否具有颁发学位资格等传统大学的学科专业逻辑与学术标准来衡量和界定。同样，企业大学实践者也常被学科专业逻辑所误导而片面追求完备的课程体系、师资体系与专业建设等，片面追求正式认可的学历学位教育资质。所以对于企业大学这一理论与实践都在不断发展完善的新生事物而言，目前更需要全面深入的系统研究，需要追根溯源、理清脉络、多方比较与综合研究。

本章小结

　　本章围绕企业大学的发展规律、共性特征和组织性质及组织运行逻辑对企业大学实践发展与理论研究进行述评。其中针对企业大学的实践发展简要评述了企业大学的总体特征及我国本土企业大学的发展，并分析评述了企业大学的发展环境及企业大学实践发展中的误区。企业大学的理论研究述评主要涉及企业大学的概念、发展动因、发展阶段、属性特征、职能角色等方面，最后分析了理论研究中存在的不足。

第二章

企业大学产生发展的历史透析

虽然现代企业大学蓬勃发展是近十几年的事情，但自 1927 年通用汽车公司创办第一家企业大学到现在也有近百年历史。回顾企业大学及企业培训的发展历程，有助于发现企业大学发展的客观规律。本章将基于企业大学产生发展的历史分析企业大学的发展特征、总体发展规律与趋势及发展过程中的相关因素。

第一节　企业大学发展历程分析

一、厂办学校的兴起：20 世纪 10 年代前

（一）概述

18 世纪 60 年代到 19 世纪上半叶，英国发起了以蒸汽机的发明和广泛运用为主要标志的第一次产业革命，使人类社会进入蒸汽时代，实现了生产方式的机械化，机器生产代替手工劳动。其主要特点是：许多技术发明都来源于工匠的实践经验，科学与技术尚未真正结合；最先且主要发生在英国，其他国家的发展进程相对缓慢；主要在轻工业部门；金属冶炼业与机器制造业等成为新兴产业。第一次产业革命完成后，英国成为"世界工厂"，是世界上第一个工业化国家。

19 世纪以后，由于生产方式的机械化，对工人尤其是对机械工人的教育运动在英国各地蓬勃开展起来。1820 年以伦敦的机械工人克拉克·斯顿创办机械

工人讲习所为标志，兴起了以机械工人为主要对象的培训活动①。到19世纪上半叶，这一形式的技术教育发展成全国性的运动，又称"机械工人讲习所运动"，该运动很快波及欧美。但此时，英国高等教育中相关的工程教育发展相对滞后，直到19世纪60年代初，工程教育才有所发展，但提供工程教育的学校屈指可数。

在英国工人讲习所运动的影响下，美国在产业革命中也兴起了工人讲习所运动。到1825年，纽约、波士顿、费城巴尔的摩等地先后成立了机械工人讲习所或机械学校。19世纪50年代末60年代初，美国的工业革命基本完成，机械工人讲习所向更广泛的范围发展。而与此同时，美国大学直到19世纪初才诞生了一批从事工程教育的工程院校，且在1862年以前工程教育发展缓慢，1866年以前的31年间，一共只有300名左右的工科毕业生②。

为了适应产业革命的发展，适应机械化的生产方式，企业需要全面培训员工，使之能适应越来越复杂的机械工作，美国厂办学校兴起，面向接受过初等教育的员工，对其进行技能培训。纽约的印刷出版公司为适应机械化生产的需要，于1875年设立工人补习班，一周两个晚上，学习英语、数学和机械制图等与工作直接相关的课程；1900年，林恩工厂把岗位工作与教育培训结合起来，主要学习机械方面的课程；1901年鲍德温铁道公司为员工开办三个学习班，分别面向不同文化程度和工作性质的员工。这些厂办学校采取班级授课集体教育的方式进行技能培训，较学徒制大大提高了培训效率，满足了企业对熟练技工的迫切需求。由于工业化的发展，要求工人熟练掌握机器操作技能及有关的基础知识，但因为大学及各类工程教育的发展相对滞后于工业化的进程，掌握工程技术的员工极度缺乏，产业革命加速技术革新并对劳动力的专业水平提出更高的要求，因此导致了厂办学校的盛行，例如在制造业、保险业、印刷业和化工等行业中，许多企业选择为它们自己的员工提供培训与发展计划③。

---

① 日本世界教育史研究会编. 六国技术教育史［M］. 李永连，赵秀琴，李秀英，译. 北京：科学教育出版社，1984：23－36.

② 王沛民，顾建民，刘伟民. 工程教育基础［M］. 杭州：浙江大学出版社，1994：180－189.

③ Cranch，E. *Corporate Classroom*［J］. European Journal of Engineering Education，1987，12（3）：237－252.

（二）特征

厂办学校兴起于20世纪10年代前，即1914年通用电气公司（GE）倡导创办的"企业学校"前，适值生产方式机械化的蒸汽时代。生产方式机械化催生了"机械工人讲习所运动"，并促使在职培训由旧学徒制发展为厂办学校的班级授课集中培训方式，培训效率大大提高，但厂办学校的培训职能单一，培训层次及培训地位也不高。

厂办学校的培训需求。厂办学校的主要职能局限于服务企业核心业务，满足于企业对熟练技工的迫切需求。但第一次产业革命实现了生产方式的机械化，原来的旧学徒制度难以满足机械化生产对大量熟练技工的需求，同时高等教育中职前专业教育、工程教育发展滞后于工业化进程，高级专业技术人才与工程技术人才极度匮乏，因此机械工人讲习所、厂办学校因此应运而生，工厂主对工人进行有组织的技能培训和管理培训，开始了早期的在职培训。培训的内容集中在操作技能的培训上。

厂办学校的培训对象。培训面向接受过初等教育的员工，对其进行技能培训。培训对象以生产一线的员工和学徒工为主，培训层次及培训地位不高。由于培训对象对待培训的态度是消极的，培训是被动进行的，培训不顾及工人的生理特点，不考虑员工的能力素质培养，更不关心员工职业发展，只是为了提高员工操作的熟练程度，一味地让员工适应机器的运转，使员工在生产实践中沦为机器的附庸。

厂办学校的培训方式。在职培训由旧学徒制发展为厂办学校的班级授课集中培训方式，尽管培训方式较为单一，培训时间较短，尚未形成系统的培训理论，但与旧学徒制相比，培训采取了班级授课集中培训方式，并与具体的岗位工作相结合，其培训效率大大提高，教育培训水平能够达到正规学校教育水平，有效缓解了由于大学及各类工程教育的发展相对滞后于工业化的进程而导致掌握工程技术的员工极度缺乏的紧张状况。

二、企业大学的萌芽：20世纪10～50年代

（一）概述

19世纪70年代至19世纪末20世纪初，以美国、德国为主发起的以电力发明及广泛应用为主要标志的第二次产业革命（电力革命）将人类社会带入电气时代，实现了生产方式的电气化。其特点主要有：科学开始与工业生产紧密结合；在几个资本主义国家同时发生，规模广泛，发展迅速；一些国家的两次工业革命交叉进行；侧重于重工业部门；电力工业、化学工业、汽车制造业和造船业等成为新兴产业。第二次产业革命中，美国和德国的科学技术发明和应用较多，资本主义经济发展速度加快。

第二次产业革命出现了电力机械化和半自动化生产，以生产设备的电驱动和操控为中心，大量的工业产品被生产出来，生产由单机向流水线发展，生产力大为提高。同时，马克斯·韦伯的科层制理论促进了企业组织的发展，一些经营管理者开始意识到员工素质对于企业的重要性，他们开始对员工进行分类管理和培训。工业化的大规模生产，不仅需要掌握复杂的机械化、电气化的生产方式，而且需要具有管理理论和水平的经营者，以提高生产效率。因此，针对经营管理者的教育培训在工业生产中变得越来越重要，企业需要能够胜任工业化生产的经营管理者，由此产生了企业管理教育培训的最初需求。

高等教育中的工商管理教育最早起源于美国，直到 1881 年世界上第一个大学层次的商学院——沃顿商学院在宾夕法尼亚大学建立，旨在培养能担任政府和企业重要职位的高级管理人才；1900 年第一所研究生层次的商学院在达特茅斯学院成立；1908 年哈佛大学商学院成立，并首先创办了世界第一个两年制的 MBA 教育项目①。但商学院的学生数量少，难以满足产业革命对企业管理者的大量需求，企业大学由此萌芽。

1913 年美国设立了全国企业教育协会，由关心员工教育培训的企业组成，注册企业来自铁路、电信电话、煤气、机械、汽车与炼钢等不同行业。该协会特别关心经营管理者、大学毕业生与高级熟练技工的特别培训计划，由此培训对象开始拓展至经营管理者及大学毕业生。

1914 年通用电器公司（GE）Charles Steinmetz 倡导创办企业学校（Corporation Schools），它的创办是企业大学萌芽的重要标志之一。这一内部员工开发机构的起初目的是供给并保持高素质的员工队伍，但学校服务聚焦于企业目标，很少关注正式认可的学分和文凭，同时学历学位教育的局限与滞后，也难以满足企业发展需求，因此随着产业革命的发展并遍及制造业、保险业、出版业、

---

① 陈晓红．MBA 教育的起源、本质和发展趋势［J］．现代大学教育，2002（3）：19 – 20.

公共事业和化工业等各行业，企业学校也越来越普及。由于当时学历学位并非必要，因此许多企业为自己的员工选择、定制、提供开发项目，并自主决定学习内容①。

　　1917 年 6 月，美国联邦政府设立了职业教育委员会，在此期间，许多企业成立了专门的员工培训机构，如美国的国际商用机械公司于 1916 年创办了培训中心。1919 年联邦职业教育委员会开始研究工长与产业监督者的职业训练方法，进行职务分析和职务研究，并在 1921 年发展成为一种新型的培训方式——"工长会议"。这一培训方式在 1925 年后在企业开始普及，以通用汽车公司的经验最为著名②。

　　1927 年 9 月，通用汽车公司召开所属 17 家工厂的代表会议，专门研究了培训问题，确定了企业内生产主管人员的培训计划与培训内容；同年创建了"通用汽车工程与管理学院（General Motors Engineering and Management Institute，GMI)"，Meister 将通用汽车公司作为第一家在企业内部创建大学的企业③。通用汽车工程与管理学院的创建，应是企业大学萌芽的重要标志之一。无论是"通用电器"创建的"企业学校"还是"通用汽车"创建的 GMI，当时都没有考虑将它们称为企业大学，而这一术语当时也不存在，但他们试图把培训和学习带入职场工作中，从而为促进美国职场学习的发展做出了贡献，并影响了以后数十年企业教育的发展。起初的 GMI 没有任何教育伙伴，员工开发的培训课程和项目完全依靠自己设计、传递，企业的教育培训完全是内部的并保持中心地位。然而，这些没有外界教育伙伴帮助的人力资本投资与开发却提高了企业教育的权威性与认可度。至 20 世纪早期和中期，一些企业在内部员工开发项目上获得了认可④。GMI 的基本原则是通过人力资本开发来提高生产效率，这一原则也是当今企业大学创建的基础。GMI 试图培养更多的知识型员工以提高产

①　Cranch，E. *Corporate Classroom* [J]. European Journal of Engineering Education，1987，12（3）：237 – 252.

②　日本世界教育史研究会编. 六国技术教育史 [M]. 李永连，赵秀琴，李秀英，译. 北京：科学教育出版社，1984：23 – 36.

③　Meister，J. C. *Corporate University*：*Partnership Opportunities for Education* [J]. CAEL Forum，V12，N3，1997：27 – 29.

④　Eurich，N. *Corporate classrooms*：*The learning business* [M]. Princeton：The Carnegie Foundation for the Advancement of Teaching，1985.

量和竞争力，并强调教育培训与工作绩效相结合，强调针对不同的员工开设不同的教育培训内容，因此开始了适合不同层面员工的不同类型教育培训活动，萌生了最早的通过企业大学途径形成学习型组织的经营理念。

（二）特征

20世纪10～50年代，即自1914年通用电气公司（GE）倡导创办"企业学校"到1955年迪士尼大学成立前，企业大学开始萌芽，此时正处于生产方式电气化的电气时代。1914年通用电器公司（GE）倡导创办"企业学校"和1927年通用汽车公司（GM）创建的第一家企业大学——"通用汽车工程与管理学院（GMI）"是企业大学开始萌芽的重要标志。

由于针对经营管理者的教育培训在工业生产中变得越来越重要，产生了企业管理的教育培训的最初需求，企业大学因此应运而生，服务企业的经营管理成为早期企业大学的主要职能；培训对象开始面向经营管理者及专业技术人员，培训对象大多接受过高等教育；教育培训实施分类管理和培训，教育培训层次达到高等教育层次，教育培训的层次与地位显著提升。

早期企业大学的培训需求及培训导向。第二次产业革命实现了生产方式的电气化，工业化的大规模生产使得企业管理者的教育培训在工业生产中变得越来越重要，此时的高等教育中的工商管理教育相对滞后，企业管理的教育培训需求由此产生。强调教育培训服务企业目标，以提高工作绩效为导向，通过教育培训提高生产率和竞争力。

早期企业大学的培训对象。为满足企业生产实践的需求，为企业培养更多高素质的管理人才及专业技术人才，企业在职教育培训的对象开始扩展至企业经营管理者及刚入职且具有大学学历的员工。这不仅扩展了培训对象，而且提升了培训层次。

早期企业大学的培训实施及培训内容。企业大学成为企业内部专门的培训机构，为了能自主掌控培训计划、自主决定培训内容，企业大学几乎不与外部合作，主要在企业内部集中培训，但非常强调内部合作，目的是形成内部的一致。企业意识到员工素质对于企业的重要性，并强调针对不同的员工开设不同的教育培训内容，对员工的教育培训实施分类管理和培训。培训通常是阶段性和有步骤的；培训内容是程序化、结构化的知识；培训方式相对单一，一般采取课堂集中面授；注重培训方法的研究，培训理论不断发展；培训内容自主决定，并以企业专有知识为主，通常不强调正式的职业认证资格，也很少关注正式认可的学分或文凭。

三、企业大学的发展：20 世纪 50 年代至今

（一）概述

20 世纪四五十年代至今，由发达资本主义国家发起的以电子计算机的广泛应用及原子能、电子计算机、航天工程与生物技术等领域取得重大突破为主要标志的第三次产业革命推动人类社会进入信息时代，实现了生产方式的信息化与智能化。其主要特点有：科学技术转化为直接生产力的速度加快；科学技术各领域之间相互渗透；新技术成为社会生产力中最活跃的因素；信息工业、电子工业、核工业和航天工业等成为新兴产业。第三次产业革命中，各国都注重充分利用现代科学技术成果，提高劳动生产率，发展新兴产业。

美国战后迅速崛起，产业革命促进了生产和经济的快速发展，企业对员工的知识能力有了进一步的要求，对人才的需求显得尤为迫切，美国国会和政府高度重视对现有员工的在职继续教育培训，通过了一系列有关员工教育的法案，美国的在职教育培训获得了很大发展，企业大学发展也进入了新阶段①。

由于电子计算机的大力发展和广泛应用，出现由电子计算机控制的全自动生产线，生产率空前提高，产业结构发生重大调整。很多企业的一线生产工人的数量大为减少，管理人员和工程技术人员大幅增加；技术水平和管理水平成为企业生存发展的决定性条件。企业战略的决策、制定与实施对企业发展具有越来越重要的意义。在这种条件下，为获取竞争优势，企业大学更为注重对管理人员和工程技术人员进行的系统培训，并对培训效果进行评估。企业大学为企业的战略发展提供全面支持，更加重视将实现企业经营目标与帮助员工实现个人价值结合起来；一些外包性的培训公司开始出现在培训市场上。企业在重视知识创新的前提下，开始多方位多层次地利用大学和培训公司对员工进行培训。

1955 年迪士尼大学成立，目的是想通过教育培养具有很强胜任力的高素质

---

① 张竞. 企业大学研究［M］. 北京：经济科学出版社，2011（8）：66.

员工来服务企业的核心目标，即"为顾客生产快乐"①。迪士尼大学的最初设想是创建能够授予文凭的企业内部大学（开始并不具备资质），员工在这里可以从各种不同的课程班毕业。企业大学的培训项目始终坚持和强调课程内容与迪士尼公司的核心价值理念密切联系。迪士尼大学就是 Meister 所描述的现代企业大学的重要范例。自成立以来，迪士尼大学不断强化与公司各业务部门的互动伙伴关系，并为之提供更多便利的学习机会。不是让员工来学习中心参加集中学习，而是主动为各部门提供支持。教育主管与各业务部门主管共同准备教育培训项目以满足各部门的实际需求。由于这些项目与业务部门的工作直接相关，因此业务部门经理对培训项目的目标和内容有明确要求。当还完全没有与大学或教育培训公司、咨询公司建立伙伴关系时，迪士尼大学以发展紧密的内部伙伴关系，积极服务内部伙伴并达到了较高的服务水平，也因此获得了丰厚的回报。

另一家认识到内部伙伴重要性的企业大学是成立于 1974 年的摩托罗拉大学，它也是 Meister 所描述的现代企业大学的重要范例，它作为企业下属的教育培训机构聚焦于企业的核心价值与能力。为了能完全自主持续控制学习项目，起初摩托罗拉大学几乎不与外部合作因为摩托罗拉大学在几个学习项目上（包括商业管理）已经获得正式认可。与迪士尼大学相同，摩托罗拉大学的所有学习项目（不管是否获得正式认可）都与业务部门密切联系；与迪士尼大学不同的是，摩托罗拉大学在 90 年代已经拓展了它的合作伙伴。摩托罗拉公司与拥有企业大学的企业分享最佳实践，还与高中、学院等传统的教育机构建立更紧密的联系。它邀请工商业和教育界领导参加其主办的论坛，分享有关美国未来教育与工作的设想和理念。由于技术领域缺乏熟练技工，摩托罗拉大学认识到它的角色在于供给开发新一代高素质技术员工，它在美国劳动力再教育中持有开放合作的立场。尽管最初他们倾向于单干，但现在摩托罗拉已成为发展产业与教育合作伙伴关系的典范。1989 年摩托罗拉已经开始依靠当地的社区学院培训它的员工②，自从那时起，摩托罗拉公司开始拓展定义的教育伙伴关系；现在

---

① Densford, L. At Disney, education underpins excellence [J]. Corporate University Review, 1996, 4 (3): 14 – 18.

② Wiggenhorn, W. Motorola u: When training becomes an education [J]. Harvard Business Review, 1990 (4): 71 – 83.

公司已与大学等高教机构开展（与公司绩效密切相关的）学位教育合作，他们的共同兴趣在于帮助大学等高等教育机构培养能胜任高技术环境岗位的毕业生（未来员工）。

80 年代初，欧美企业大学兴起，这时的企业大学具有实体教学场所、教学设施，其主要功能是为管理人员提供充分具体的专业培训，并改善内部沟通与协作，塑造企业个性与文化，解释说明企业战略等；90 年代初在美国、英国及一些北欧国家的企业大学出现了明显的趋势：很多"企业大学""企业培训中心"更名为"企业学习中心"，这反映了企业更加注重个人与团队的主动学习过程，而不仅是由专家来传递灌输知识这一传统学习方式；90 年代末企业大学出现另一个趋势，尤其是那些在企业领导水平和人力资源管理方面最为先进的企业，或者是以学习型组织为发展定位的企业，它们的企业大学越来越作为强有力且高效的工具来促进组织和管理方面进行必要的变革，以实施其全球战略①。

80 年代以来，由于产业领域科技革新，生产实践领域各种知识更新加速，培训需求日益增加，企业更加关注员工的知识技能的发展与企业发展的一致性；更加愿意出资为企业的所有员工提供培训与教育，从而提高生产力和核心竞争力。Meister（1994）认为像 GE 和 GM 的企业大学能够提供类似自助餐厅般的学习课程、培训项目的企业园区课程、项目并不一定全部围绕经营计划，但却都与职场工作中的具体问题密切相关，大多数项目是为管理层设计，而很少为一线员工在 80 年代中期企业观念发生转变，开始考虑员工开发与企业成长的关系，通过员工开发项目来提高员工工作绩效，增强组织的核心能力更愿意投入培训经费到一线员工以换取提高生产效率和竞争优势的回报围绕整个组织的发展目标精选学习内容，由组织自定义专门的技能、知识和能力。这些企业大学培训的全部业务链，不仅包括他们的业务经理，还包括一线员工，甚至价值链成员，并通过培训向关键利益相关者反复灌输企业愿景、价值、传统和文化②。Meister（1994）注意到这种转变，并试图用术语的改变加以区分，他称像 GE 和

① Belet，D. *Turn Your Corporate University into an Efficient Learning Organisation Development Tool*［C］. Paper Presented at the European Conference on Educational Research，Lahti，BLV Learning Partners，France，1999，9：22 – 25.

② Meister，J. *Corporate quality universities*：*Lessons in building a world – class work force*［M］. New York：Irwin Professional Publishers，1994.

GM 的企业大学为"企业大学",而用新术语"企业质量大学(Corporate Quality University)"称这些正在发展的更具宽泛性多样化的企业大学,如迪士尼大学和摩托罗拉大学,因此职场学习由 GE、GM 严格控制的模式转向宽泛性多样化发展的企业大学。Meister(1997a,1997b)认为这种培训实践的转变是升级,她将"企业质量大学"描述为企业大学发展的高级阶段,但后来由于这一术语含义过于狭隘,她又恢复了企业大这一术语①②。

随着知识经济和经济全球化的发展,市场竞争日益激烈、科技发展日新月异、知识更新日益加速以及知识管理、学习型组织与职场学习的新理念等在企业实践中的影响,还有新兴产业熟练技术人才的匮乏及传统高教机构的局限等诸多内外因素,推动了企业大学发展并掀起了建设热潮。虽然企业大学实现了企业人力资本的持续开发,但还需要多种综合能力的全面提升,需要培养高素质知识型员工的学位教育……然而仅靠企业大学是难以承担的。虽然,从 20 年代到 80 年代,银行业机构、保险公司、管理咨询公司、建筑企业、电子技术和工程公司、健康医疗组织、计算机公司及纺织企业等行业领域的少数企业大学的系统化、专业化与正规化程度得到一定的提高并获得了学位教育资质,但是大多数企业没有时间和资源获得正式认可的学位教育资质,企业因此开始寻求大学等高教机构帮助培训他们的员工、与大学开展合作、实现资源共享、优势互补与从而提高人力资本开发的质量和效率。企业目前认识到通过与大学等高教机构建立伙伴关系,以充分利用来自不同大学、学院等高教机构的各专业领域最好的教育项目事实上,在 20 世纪 90 年代,全美 40% 的企业大学已经发展了这种伙伴关系(Meister,1997a)③。虽然这一趋势模糊了教育与培训的界线,即使企业和教育之间的联系越来越密切,美国的企业界和教育界都认识到:为了获得并保持一支有知识的、适应性强、具有竞争力的美国工人群体,他们不

---

①　Meister, J. 1997 *Survey of Corporate University Future Directions* [R]. New York:Corporate University Xchange, 1997.

②　Meister, J. *Corporate Universities:Partnership Opportunities for Education* [C]. CAEL Forum, V12, N3, 1997:27 – 29.

③　Meister, J. 1997 *Survey of Corporate University Future Directions* [R]. New York:Corporate University Xchange, 1997.

能再依赖传统的关系①。此外，企业大学还与培训市场中的培训公司、咨询公司、学习服务提供商、专业协会、研究机构，其他企业大学等组织开展合作，建立学习伙伴关系。

随着企业大学的开放性不断增强，其职能也不断拓展。企业大学不仅服务企业的经营管理、发展战略，而且促进知识生产与创新、加速知识更新与扩散，并为企业变革转型、组织发展、承担社会责任、传播企业文化与价值理念等提供全面支持。

"企业大学"术语至今已广泛认同，并代表和引领了企业培训的新理念、新趋势。企业大学更加强化学习的过程与实质；其教育培训理论、方法与模式不断创新、发展和完善；学习资源环境不断优化与完善，远程网络虚拟学习广泛应用；课堂面授不再是主流，打破时空局限的泛在学习与自主学习得以实现。

企业大学有效地促进企业成为学习型企业，并通过提升企业的学习能力使很多企业在日益激烈的市场竞争中、在技术飞速进步与知识快速更新的今天不仅更具适应性、灵活性，获得了顽强的生存能力，更增强了可持续发展的能力，还获得了丰厚的投资回报。

（二）特征

20 世纪 50 年代至今，即自 1955 年迪士尼大学成立以来，迪士尼大学、摩托罗拉大学等现代企业大学创建并获得蓬勃发展，这一时期也正处于生产方式信息化智能化的信息时代。

现代企业大学的教育培训对象由以管理人员和工程技术人员为主扩展为培训全部业务链乃至企业外部的价值链合作伙伴，企业大学能够实现全员、全面与全程的教育培训服务；其职能拓展至服务母体企业的发展战略，教育培训地位提升至战略地位；其专业化水平、正规性、权威性以及核心能力与价值等不断提高，部分企业大学的教育水平达到严格意义上的大学水平，具备创办正式认可的学习项目的能力，能够自主开办学历学位教育；他们更具开放性，发展企业大学联盟、加强外部合作，整合内外资源能力不断增强。

现代企业大学的培训对象。教育培训的对象由以管理人员和工程技术人员

---

① Cross，P. *New frontiers for higher education*：*Business and the professions* ［J］．Current Issues in Higher Education，1981（3）：1 - 7.

为主扩展为培训全部业务链，不仅包括业务经理，还包括一线员工以及企业外部价值链成员，甚至一些企业大学还面向外部市场提供培训服务，企业大学的筹资渠道因此拓展。教育培训实现全员覆盖的同时，也实现覆盖全部岗位与全部生产过程，企业大学因此能够实现全员、全面与全程的教育培训服务。企业大学更加关注员工的知识、技能的发展与企业绩效、企业发展战略的一致性，关注员工职业生涯规划与企业长远战略发展的统一性。

现代企业大学的职能地位。企业大学成为服务企业发展战略、经营管理、核心业务的重要战略工具，教育培训成为提高生产效率和竞争优势的重要投资，成为人力资本开发的主要途径。企业大学职能不断拓展，不仅服务企业的发展战略、经营管理与核心业务，而且为组织变革、知识管理、企业文化建设、对外交流、内外资源整合、承担社会责任与促进知识发展等提供全面支持。

现代企业大学的专业化水平不断提高，企业大学的正规性、权威性以及核心能力、核心价值等不断提高。一些企业大学自主开发的学习项目成为业界的权威认证；一些企业大学还获得授予正式认可的学位或学分的教育资质，甚至自主开办学历学位教育，达到严格意义上的大学水平，为扩展教育培训对象提供了必要的基础。企业大学知识创新与课程研发等核心能力不断增强，知识生产服务的质量与效能不断提高。企业大学教育培训的理念、理论、方法与模式不断创新、发展与完善。

现代企业大学更具开放性。开放性不仅体现在教育培训对象和职能的拓展，更体现在积极开展外部合作上。随着培训市场的发展、高等教育体系的完善以及自身的发展需求，企业大学积极与大学和学院等高教机构，培训公司、咨询公司、学习服务提供商以及专业协会、其他企业大学等发展全方位多层次的学习伙伴关系，实现资源整合、优势互补和互利共赢。

现代企业大学立足母体企业、注重知识创新。围绕企业发展目标，主动服务企业内部各个部门，自定义企业专门的知识、技能和能力，发展企业专有知识，发展内部伙伴关系。

现代企业大学更加注重学习的过程、学习的实质、学习的绩效及知识效能的转化。学习方式更加多样化，学习资源环境不断完善优化，基于信息技术能够便利实现泛在学习与自主学习。企业大学的办学质量与成本效益优势不断提高。

现代企业大学成为在职员工继续教育的主要机构，是人力资本开发流程与终身教育体系的重要组成部分。

四、企业大学总体发展的规律与趋势

企业大学的发展历程从厂办学校的兴起到企业大学的产生发展都与近现代的产业革命密切相关，其标志性事件也都是由产业革命引发，并且一般也都发生在产业革命所催生的新兴产业中：第一次产业革命实现生产方式的机械化，催生了"机械工人讲习所运动"并产生了厂办学校及班级授课的集中培训方式；第二次产业革命实现生产方式电气化，电力工业与汽车制造业等成为新兴产业，其中通用电气（GE）倡导创办"企业学校"，通用汽车（GM）则创办了第一家企业大学 GMI，同时也正是由于生产方式电气化才导致企业管理教育培训的最初需求的产生；第三次产业革命实现生产方式信息化智能化，电子工业与信息工业等新兴产业蓬勃发展，信息产业中的摩托罗拉公司创办的摩托罗拉大学成为现代企业大学的典范。

这一现象并非偶然，它反映了企业大学产生发展的内在必然规律：科学技术促进了产业革命，而产业革命又强化了科学技术的价值，科学技术逐渐成为第一生产力。尤其是经过第三次产业革命进入信息时代，以科技创新要素和人力资本要素为核心的知识要素在生产实践中的地位作用显著提高，这些由科技创新催生的新兴产业中的企业，它们的产生发展都是以最新的科技知识及企业自身的专有知识为基础。另外，知识要素不仅包括人力资本与科技创新要素，还包括与企业的发展战略、经营管理和核心业务等密切相关的知识要素；随着知识经济的发展，知识要素不仅成为企业发展的核心要素与战略要素，更是基础要素。同时，由于工程教育、工商管理教育等专业教育发展相对滞后，这些企业对相关专业人才的需求难以通过发展相对滞后的大学等高教机构乃至外部市场得以满足，因此开发供给知识要素的企业大学应运而生，并且企业大学的教育培训对象与职能不断扩展，专业化水平和知识生产服务能力不断提高，其在企业生产实践中的地位作用不断提高。由此可见，企业大学产生发展的根本动因源自母体企业自身发展对知识要素与对专业化的知识生产服务的内在实质性需求，这也是企业大学发展的客观规律。

从企业大学的发展历程可以看出企业大学发展的总体趋势有：1. 企业大学

的地位作用不断提高：随着知识要素在企业生产实践中的地位作用的不断提高而提高；2. 企业大学的教育培训对象不断扩展：由管理人员和技术人员为主扩展至全业务链，逐渐实现全员、全面、全程的教育培训服务，并进一步扩展至企业外部的价值链成员乃至教育培训市场的广大客户；3. 企业大学的职能不断拓展：由局限于服务核心业务不断拓展至经营管理、发展战略乃至对外交流、内外资源整合、组织变革、文化建设、承担社会责任、促进知识发展等各个方面；4. 企业大学的开放性不断增强：开放性不仅体现在教育培训对象、职能的拓展，更体现在积极开展外部合作上，企业大学的合作关系由企业内部不断拓展至企业外部。5. 企业大学知识生产服务水平不断提高：知识生产服务的核心能力——知识创新能力、知识生产服务的权威性和专业化水平以及知识生产服务的效率、质量都不断提高。但企业大学的实践发展始终基于母体企业的实际情况、实际需求与要求，并与母体企业的生产实践相融合。

第二节　企业大学产生发展的关键因素分析

一、相关概念描述

（一）知识要素

由上述企业大学产生发展历程可知：企业大学产生发展的根本动因源自母体企业自身发展对知识要素、知识生产服务的内在实质性需求。其中知识要素主要是与企业的生产实践密切联系的知识要素，包括科技创新要素、人力资本要素及与企业的发展战略、经营管理和核心业务等密切相关的知识要素。其中人是知识学习、创新与应用的主体，因此人力资本要素是知识要素的核心。

（二）知识生产服务

知识生产服务则主要指与生产实践密切联系的知识生产服务，通过知识生产服务实现知识要素的开发、应用，尤其是人力资本要素的开发与应用。

1. 知识生产服务的内容

知识生产服务的内容主要包括知识创新、知识分享与知识效能。

知识分享即知识学习，是知识生产服务的基础环节，是知识创新与效能的基础，企业大学更加注重持续学习的过程这一实质。

知识创新是知识生产服务的核心能力，是产生知识效能的关键，同时也是知识学习的最高成效，而创新的知识则是学习的重要内容。

知识效能也即学习绩效，因为企业学习是以改善工作绩效为导向的，所以知识生产服务的最终目的与宗旨就是最大化、最优化地实现知识效能。

2. 知识生产服务的实质

社会生产实践领域既是知识应用领域，同时也是知识创新领域。但无论是知识应用还是创新，其主体都是具有主观能动性的人。人们或是通过系统的专业化的教育、学习与认知，或是通过具体的工作实践、体验与感知，使生产实践领域的客观外显的专业知识技能得以主观内化为个体的主观的知识、技能、经验、智慧与能力。同时，人们也通过理论抽象、经验总结实现专业知识体系的发展、完善、建构与创新，从而外化为共识、共享、显性和客观的人类知识体系；通过具体的生产实践外化为对客观世界的改造，即外化为客观的知识体系和生产实践。知识生产服务是一个专业理论与生产实践交流互动、相互促进的过程，并且是以人为主体、以知识的内化外化为基础，如图 2.1 所示。

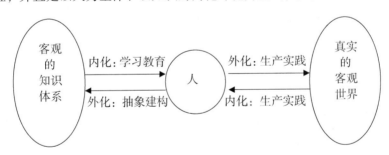

图 2.1　知识生产服务的实质

与生产实践密切联系的知识生产服务是由实现生产实践领域专业知识内化、外化的相关教育科研部门和生产实践部门提供的，他们不仅拥有专业知识，而且在实践中运用和发展专业知识。专业知识是对某一具体的生产实践领域的客观反映，而生产实践则是专业知识的具体运用，生产实践领域的专业知识的发展能够反映经济社会的发展状况。专业知识与生产实践都需要以人为主体实现内化与外化，在内、外化的过程中实现理论与实践相互促进共同发展，并推动经济社会的发展。因此，与社会生产实践密切联系的知识生产服务，一方面是促进人们对生产实践领域专业知识的内化，即专业教育与学习，其中既包括系统的专门的职前专业教育与学习，也包括融合在生产实践中的在职继续教育与学习。另一方面则是人们在生产实践中实现专业知识的外化，即生产实践过程中的知识应用与创新，运用知识改造客观世界、实现知识效能，并完善发展和创新客观知识体系。

另外，知识生产服务也是传统大学等高教机构的主要职能，知识分享即教学，知识创新即科研，知识效能则指服务社会。企业大学与传统大学的侧重有所不同，企业大学注重知识效能的实现，并且其知识生产服务是与企业生产实践相融合的，而传统大学则更注重教学与科研，与企业生产实践保持相对独立。但随着服务社会这一职能的不断强化，传统大学与生产实践领域的关系将越来越密切。

3. 知识生产服务的目的

根据知识生产服务的目的的不同，知识生产服务主要有非营利的公共服务、营利的市场服务和自助服务。其中非营利的公共服务主要是以公共资源为依托的非营利组织向社会公众提供的非营利服务，如传统大学等高教机构、政府部门的研究咨询机构、行业协会的教育咨询机构等；营利的市场服务主要是以私有资源为基础的私营组织为满足市场需求而提供的营利的市场服务，如培训公司和咨询公司、高等教育公司等；自助服务则是由母体组织自主出资创办的隶属于母体组织的专业服务机构，为母体组织提供专业化的知识生产服务以满足母体组织的内在需求。企业大学是由母体企业自主出资创办，隶属于母体企业，为母体企业提供自助服务的教育培训机构，其为母体企业开发与供给知识要素，提供专业化的知识生产服务。除了企业外，还有非营利组织、政府部门等也都可以创办提供自助服务的"大学"。

（三）知识要素市场

知识要素市场的实质是通过市场机制实现知识要素的市场配置。知识要素市场基于能够反映知识要素内在价值及市场供需状况的价格机制实现知识要素的合理高效的市场配置，促进知识要素的生产、开发、供给、交易、流通、应用与转化，并最终实现知识的应用价值。知识要素市场包括人才市场、教育培训市场、咨询服务市场和科技服务市场等。

（四）创新型、知识型、学习型企业

在创新型、知识型与学习型企业的生存发展中，知识要素具有显著的地位作用，因为知识要素是这类企业生产实践中的基础性要素，这类企业对知识要素及知识生产服务具有内生实质性需求。这类企业主要通过学习与创新来实现知识应用价值、创造产值利润，学习能力与创新能力则是这类企业发展的核心能力与核心竞争力。

创新性、知识性与学习性是这类企业的重要特征。其中创新性不仅体现在核心业务、产品服务上的科技创新，也体现在经营管理、战略决策等方面的创新与智慧；知识性不仅体现在以专深的知识、经验为基础的核心业务上，还体现在经营管理、战略决策的知识与经验上；要将知识要素转化为知识效能、实现各方面的创新则必然要以学习为基础，这类企业的学习是全员、全面与全程的，企业组织通过学习使自身更具灵活性与适应性；学习能力是企业获得持续发展的基本能力，学习是知识内、外化的基础，是不断创新与增长智慧的基础。

二、企业大学产生发展的内在驱动因素

（一）产生因素——知识要素

从企业大学发展历程不难看出企业大学的产生源于企业自身发展对知识要素及知识生产服务的内在实质性需求，因此企业大学的产生具有历史必然性，并具有不可替代性。早在工业经济时代，已有企业组织对知识要素及自助式的知识生产服务产生了内在实质性需求并创建了企业大学，这些企业并不一定是当时的行业龙头或产业高端，但却大多是源自产业科技革命或生产实践领域的知识创新所催生的新兴行业与产业，并且其创造产值利润的核心业务是以知识要素为基础的，它们具有创新型、知识型与学习型企业的特质，即知识要素是企业生产实践中的基础要素，在生产实践中具有重要地位与作用。

1927 年美国通用汽车公司成立的 GMI，1955 年迪士尼公司创建的企业大学，这些早期企业大学的职能主要是服务于能够为企业创造产值和利润的核心业务，并满足核心业务对专业技能人才的需求。这些企业之所以难以从人才市场及大学毕业生中获得所需的专门人才，其主要原因是这些企业大多属于新兴行业与新兴产业，并且具有创新型、知识型与学习型企业特质。企业核心业务大多是提供以生产实践领域的知识创新为基础的新产品、新服务；其岗位知识

技能源自生产实践领域的知识创新。生产实践领的知识创新主导企业的核心业务，它们大多所属的企业专有知识与核心知识，尚未发展转化成为行业产业乃至社会的共有知识，尚未创立建设相应的学科专业，尚未有专业化的教育组织机构培养相应的专业人才，其真正符合企业需求的专业人才的培养过程，也难以与企业的生产实践相割裂。

20世纪信息技术的突飞猛进带来通信领域的产业革命，并且生产实践领域的知识创新、技术革新始终占据主导地位，并不断引领通信领域的科技发展，因此导致了通信行业的专业技术人才的短缺，催生了通信行业的企业大学，这些企业大学也因此获得了蓬勃发展。

另外，教育培训公司、咨询公司、会计师及律师事务所等核心业务和以专业知识、专业经验为基础的知识型企业组织需要对知识经验进行及时系统的整理，需要建立强大高效的知识管理系统来支持日常的核心业务，而知识管理系统的优劣会直接影响创造产值利润的核心业务。因此，这些知识型企业的知识管理服务成为企业发展的刚性需求，它们在服务核心业务的过程中发挥着不可替代的重要作用，同时这些企业也是最早建立知识管理系统，其功能性能也是其他行业难以比肩的，服务企业核心业务的知识管理服务也自然成为其企业大学的核心职能。

由此可见，企业大学产生的根本原因在于母体企业自身发展对知识要素及知识生产服务的内在实质性需求。企业大学诞生于创新型、知识型与学习型企业组织，这些企业大多是源自产业科技革命或生产实践领域的知识创新所催生的新兴行业、新兴产业，并且其创造产值利润的核心业务是以知识要素为基础的。早期的企业大学职能则主要是服务于核心业务，并且主要通过培养专业技术人才来实现，根植于生产实践的企业大学在专业技术人才培养上同时具有一定的不可替代性。

虽然企业大学与知识经济密切相关，但其反映的内在本质则是企业大学与企业生产实践中知识要素的地位作用密切相关，这也正是企业大学并非始创于知识经济时代，而是发端于工业经济时代的以知识要素为基础的创新型、知识型与学习型企业的根本原因。但企业大学在知识经济时代获得了前所未有的蓬勃发展。

（二）发展因素——知识经济

企业大学的产生源于企业自身发展对知识要素及知识生产服务的实质性需求，其蓬勃发展同样源于企业自身发展对知识要素及知识生产服务的实质性需求，且在知识经济时代获得蓬勃的发展同样具有历史必然性。

1. 知识要素的地位作用

进入知识经济时代，知识要素在社会生产实践中占据主导地位，创新能力与学习能力是不可替代、难以模仿、难以复制且难以通过市场交易而轻易获取的稀缺能力。知识要素不仅是增强企业组织市场竞争力的核心要素，是服务企业发展战略、经营管理的战略要素，更是生产实践不可或缺的基础要素。随着企业大学的建立，供给开发知识要素的研发部门、决策管理部门和培训部门的相关职能能够实现系统整合，从而为企业发展战略提供更为高效更为专业的知识生产服务。

（1）创新能力、学习能力成为生产实践领域的重要能力

在以知识要素为基础为主导的求新求变的知识经济时代，依赖传统生产要素形成发展与竞争优势的企业已经不再具有昔日的优势地位，其必然与很多新兴企业重新站在同一起跑线上，且以企业的自主创新能力与学习能力谋求新的发展，适应新的环境。例如，21 世纪全球信息产业发展可窥一斑，不论是行业巨头或是产业新秀，如果保守僵化，不能敏锐洞悉市场发展，不能引领和适应市场，就必然会被市场淘汰。所以，只有一直求新求变，才能立于不败之地。

知识经济时代，企业发展创新并形成自身的核心竞争力在很大程度上要依赖企业的自主创新能力和学习能力，即知识外化和内化能力。虽然人力资本要素与科技创新要素可以通过知识要素市场获取，但组织的个性化的创新能力和学习能力却很难通过市场交易一次性获得，它需要组织自身长期的精心培养，具有一定的稀缺性，且不可替代、不易获取、难以复制且难以模仿，是知识经济社会企业的核心竞争力所在。

（2）知识要素成为创新产品服务、获取超额利润、占据产业高端的核心竞争性要素

知识经济社会，企业组织不再片面追求以传统生产要素为基础的生产能力、生产规模与生产效率，不再单纯追求成本控制、价格优势以及市场占有率，而是注重知识创新能力，注重产品研发的投入，注重产品服务的差异化、个性化、

多样化与人性化，注重主动创造市场、赢得市场、培植市场与引领市场。同时，产业行业的高端也不再由具有传统生产要素优势的企业组织所占据，而是让位于能够研发生产高附加值、高科技创新产品的创新型企业。它们创新领域知识、革新专业技术、制定行业标准并引领产业发展，获得由高附加值产生的超额利润。知识要素成为创新产品服务、获取超额利润和占据产业高端的核心竞争性要素。

（3）知识经济时代需要企业组织不断学习，使其大脑不断进化、智慧不断增长，以应对日益复杂多变的生存发展环境，用知识创新服务企业的发展战略，知识要素因之成为服务企业发展战略的战略要素

在经济全球一体化的信息时代，在市场竞争日益激烈、跨国跨文化跨行业并购重组日益频繁、企业变革转型日趋平常、新兴产业行业、新兴市场日益拓展以及生存发展环境日益复杂多变的新形势下，那种工业经济时代以传统生产要素为基础的强化产能而创新不足的"四肢发达、头脑简单"的企业发展模式、片面保守的战略谋划、一成不变且简单机械的经营管理与僵化低效的组织结构早已难以适应知识经济的发展。企业需要更具开放性、包容性、灵活性与适应性的发展模式，需要有智慧、有远见的发展战略，需要灵活变通、不断改进的经营管理，需要利于激发创新活力的扁平的组织结构。企业在注重生产的同时，更要注重研发与创新；在注重执行的同时，更要注重决策与变革；诸多创新与变革都需要企业以知识内化外化为基础的学习能力和创新能力的有力支撑；需要不断进化企业的大脑、增长企业的智慧，使其能够适应并促进知识经济的发展，拥有强劲的市场竞争力和可持续发展能力。

（4）知识经济时代，知识要素在社会生产实践中不仅是核心要素、战略要素，更是社会生产实践不可或缺的基础要素，其主要体现在日益提高的专业化水平上。

首先，生产力水平有了极大提高，生产工具高度发达，劳动者素质普遍提高。随着科技迅猛发展，信息时代的到来，生产工具不仅实现了社会生产的机械化与电气化，而且信息化、网络化与智能化水平不断提高，生产工具不仅使人们从繁重复杂重复机械单调的体力劳动中得以解放，同时也能部分替代人类进行一定的"脑力劳动"，实现社会生产的智能化，并成为知识生产知识创新的有力工具。随着生产工具的高度发达，人机分工发生了质变，机器在解放人的

同时，也使人更加专注于机器无法替代的智慧型与创造性工作，从而真正实现人的价值。人不再是机器的附庸；机器回归工具本位，成为人的工具，受人役使的同时也是人的智慧的成果，使得在生产伦理中实现以人为本的价值回归。

从事机器无法替代的智慧型、创造性工作的知识型员工必须具备更高的能力素质，并且需要持续不断地进行专业学习，才能胜任富有挑战的工作岗位，因此创新能力、学习能力和可持续发展能力必然成为重要的职业能力。其中每名员工的创造性工作必须与组织目标、战略相契合，其系统思维、全局观念和战略意识需要强化，聪明才智需要整合转化为组织的创新能力与学习能力，升华为组织智慧，从而形成合力实现组织的发展战略、促进组织的可持续发展。另外，职前高等教育也得以普及，并且在职继续教育更加发达更加专业、终身教育体系得以建立完善、人力资本开发供给体系也发展完备。总体而言，知识型员工在知识经济时代占劳动者的主流，劳动者的整体素质、受教育程度普遍提高，中高级专业人才的总体占比和需求都相对较高，知识要素成为社会生产实践的基础要素。

其次，知识型、创新型与学习型企业组织占据社会生产的主导地位，社会生产协作高度发达。随着社会生产专业化水平的提高，各行业的企业组织都形成了自身的专业知识、专有知识体系以及自主知识产权，并拥有了核心科技，从而逐步转型发展为以知识要素为基础的知识型、创新型与学习型企业组织，知识型、创新型与学习型企业组织不仅占据产业高端，更占据着整个社会生产的主导地位。尤其是随着科技的迅猛发展，信息网络技术、人工智能、生命科学与新能源新材料的研发应用等重要科技成果所引发的产业革命已渗透到各个生产实践领域，使知识要素成为产业发展的重要基础，即便传统产业也深受影响而不断变革发展。例如，知识经济下的传统餐饮业也需要综合运用食品科学、营养科学、养生学及生物技术等现代科技成果，以促使其科技含量不断提高，市场竞争力不断增强。知识型、创新型与学习型企业组织在知识经济时代蓬勃发展、势不可挡，迸发出旺盛的生命力与无穷的活力。

各专业领域的生产实践在不断分化深化的同时开始深入地交叉融合，这种不同行业产业间的交叉融合生产协作是生产实践领域重要的创新之源，不仅能引领产业发展，而且能够不断孕育新兴产业。以知识交叉融合创新为基础的生产协作打破了传统产业间的界限，产业形态不再局限于工业、农业与服务业等传统产业形态,其立体交叉融合发展的产业集群、产业链,以知识融合创新为基础、以创新产品和服务为载体,整合了众多产业行业,整合了人才、技术与管理等众多生产要素,使高度发达的社会生产协作在经济全球化的信息时代已突破行业、产业、国家、种族、文化及地域的限制,而一个创新产品从设计生产到零部件组装可能涉及不同的产业行业企业、不同的国家地区。同时,高度发达的全球市场促进了资源在全球范围内进行高效优化配置,激烈的市场竞争也有力地促进了企业组织创新能力的提升。由于众多产业行业企业难以脱离经济全球化而独立发展,即使实力雄厚的行业龙头企业也难以在其他各行业都能独占鳌头,产业行业间的联系越来越紧密、相互依存度越来越高,企业组织需要与来自不同行业产业的上下线最后伙伴深入合作、密切交流,这必然对企业组织的创新与学习能力提出了更高的要求。

最后,企业组织成为知识创新的重要主体,生产实践成为重要的知识创新之源,生产实践领域的知识更新、知识创新不断加速。

企业组织成为知识创新的重要主体。随着知识经济的发展充分彰显知识的应用价值,在市场机制的作用下,企业组织不断发展完善,其运营机制、模式、制度与文化环境越来越有利于知识创新;其专有知识、专业知识体系不断发展完善;其知识创新能力不断增强,不断创造实现知识的应用价值,成为知识创新的重要主体。

生产实践成为重要的知识创新之源。创造实现知识应用价值的生产实践成为重要的知识创新之源,从产品创新、管理创新到市场创新、商业模式创新,基于生产实践的知识创新无处不在,无时不在。知识创新的类型、内容、形式、规模与频度均得到很大发展,知识要素成为生产实践领域重要的基础性要素。同时生产实践与科学研究的关系也越来越密切,生产实践成为推动科学研究的重要动力,不断促进并实现生产实践发展与学科专业发展的交流合作与优势互补、实践与理论的密切联系以及产学研的优化整合。由生产实践驱动的科学研究所占比例越来越大,并且其效能优势、经济效益和社会效益也日益显著。

生产实践领域的知识更新、知识创新日益加速。生产实践领域的知识生命周期越来越短,知识创新与更新日益加速,岗位知识技能不断更新,这进一步强化了在职继续教育与学习、人力资本开发的重要价值。知识更新与创新日益加速促进了知识的发展以及知识经济的繁荣,提高了知识更新创新的效能,也体现了专业化的知识生产服务水平的提高，同时社会生产实践对专业化的知识生产服务的需求也更为旺盛与迫切。在注重提升创新能力的同时，企业组织对员工的学习能力、通识能力、可持续任职能力与可持续发展能力也更为重视，并注重培养企业组织的能力学习和文化学习，以适应知识的快速更新。

由此可见，知识经济时代创新型、知识型与学习型企业是企业的主体，企业则是知识创新的重要主体，企业生产实践成为知识创新的重要源泉，创新能力与学习能力成为企业组织发展的重要能力。知识要素不仅是核心要素、战略要素，更是基础要素，知识的应用价值得到空前彰显。因此开发供给知识要素、提供专业化知识生产服务的企业大学，必然获得前所未有的蓬勃发展。

2. 知识要素的生产配置

知识经济社会，知识生产服务的专业化水平不断提高，无论是生产知识要素的组织机构，还是配置知识要素的市场及市场机制、制度与环境都不断发展完善。

（1）生产开发知识要素、提供专业化知识生产服务的组织机构不断发展完善，包括公共服务、市场服务和自助服务。开发供给知识要素、提供专业化知识生产服务的组织有：相对独立于生产实践的非营利的公共教育科研服务组织，如传统大学等高教机构、科研院所等；与生产实践紧密联系的服务市场需求的营利性的知识生产服务组织，如营利性高教公司、教育培训公司等；与生产实践相融合由母体企业创办隶属于并服务于母体企业的知识生产服务组织，如企业大学、企业的培训部门、研发部门与决策部门等。它们成为知识经济社会知识要素的重要生产部门，共同参与人力资本开发或知识创新，是知识经济的重要基础设施。其中市场服务和自助服务能够与生产实践紧密联系，它们具有利于组织创新的体制、机制，其组织创新能力与学习能力不断增强，使其成为更具优势的知识创新主体。它们能够适应激烈的市场竞争，提供最具竞争力的知识生产服务；它们在知识经济社会中的地位作用越来越显著，发展也越来越迅猛，并不断成长为知识创新的重要主体和推动力量。

（2）配置知识要素的市场及其机制、制度及环境不断发展完善规范成熟。知识要素成为知识经济的基础性要素，知识要素市场及其机制、制度与环境也发展完善并成为知识经济的重要基础设施和关键标志。知识要素市场包括教育培训市场、人才市场、咨询服务市场与科技服务市场等。知识经济的发展需求促进了知识要素市场的发展繁荣，同时，基于知识要素市场又能够方便获取并高效配置人力资本、科技创新等知识要素，从而进一步促进知识经济的发展，二者相互促进、共同发展。

知识要素市场以能够体现知识生产服务成本及市场供需状况的价格机制为基础；以知识产权、知识专利等法律法规来保障知识要素所有者的权益；以知识资本化来彰显知识价值、鼓励知识创新；以明确的交易规则来有效降低交易成本，并保障知识要素的供需双方能够自愿公平地交易。此外，知识要素市场在为相分离的供需双方提供交易平台的同时，也为供需双方一体化的自助式的知识生产服务部门提供一定的市场参考，以提升自身的市场竞争水平，并使其有机会由原来的成本部门转变为利润部门。

知识要素市场不仅能够持续激发个人乃至组织参与知识创新的热情与活力，更能够量化知识价值，降低交易成本，保障交易公平，从而促进知识要素的生产开发、交易流通与消费转化，实现高效优化与合理配置知识要素及相关资源，有力地促进知识生产服务的社会化与市场化，促进知识要素转化为现实生产力，促进知识应用价值的实现，促进了知识经济的蓬勃发展。

（3）从国家到企业组织乃至个人都重视对人力资本、知识创新的投入与开发。在国家层面，不仅建立和完善了保护知识产权的法律法规，促进知识要素生产开发、交易流通、消费转化的知识要素市场及相关的体制、机制、制度与环境等，而且建立和完善了国家创新体系与终身教育体系。同时在国家层面整合教育、科研、产业与企业等各方的知识资源，促进各方融合创新，发挥整合优势，实现政产学研的有机融合、资源共享及优势互补，并更加注重社会发展要以人为本且注重发展的可持续性问题。企业组织则把学习与创新提升至战略高度，创办企业大学以服务发展战略、经营管理与核心业务，并不断完善学习与创新的制度、机制、环境与文化的建设，整合优化企业资源为企业发展战略提供更加专业系统的知识生产服务，以学习能力、创新能力打造企业的核心竞争力，实现可持续的健康发展。

3. 生产实践领域的知识发展

知识经济社会不断完善的知识经济体制、制度、机制与文化环境，强化彰显了知识的应用价值并促进知识价值的高效实现。围绕知识价值实现、基于知识发展的客观规律形成了知识要素的循环体系。所谓知识要素循环体系，就是基于知识要素自身的价值和知识发展规律，在知识要素市场的作用下促进知识价值、知识效能的最大化和最优化地实现，促进知识生产、创新、交流、扩散与转化，促进知识的不断发展更新。知识要素的循环体系中包括知识的萌生、活跃、休眠、死亡和更新等知识要素生命进化周期的各个发展阶段，以及不同阶段知识的内化、外化和进化的各种形态。

　　企业组织在生产实践中不断进行知识创新并不断积累知识经验，企业大学专业化的知识生产服务不仅促进知识应用价值、知识效能的实现，而且更促进了企业专有知识的不断发展完善并理论化、系统化；其应用价值，通过知识要素循环体系和知识要素市场得到了更广泛的实现。在专业的生产实践领域，具有创新实力的企业组织，其专有知识很可能会转化为业内共识并形成行业技术标准。同样，在战略决策、经营管理等方面也存在大量具有丰富的实战经验、成熟的理论体系的企业组织，它们的成功经验、成熟理论不仅得到业界的推崇，甚至成为学科专业的经典理论。如，摩托罗拉大学在品质管理方面所做出的杰出贡献，他们的六西格玛理论与实践得到业界的广泛认同，甚至被奉为经典。

　　生产实践领域的知识创新遵循知识发展规律，在知识要素市场的作用下，在知识要素循环体系中经历了知识生命进化周期：首先，企业组织在生产实践中进行知识创新并外化为产品、服务以及企业的经营管理、战略决策等知识成果与知识效能，同时在知识应用过程中也得以改进并不断完善，进而发展为企业成熟的系统的专有知识，并从企业专有知识发展为行业共有知识，甚至成为社会公共教育中的学科专业知识与基础知识，通过基础教育、专业教育进行知识内化来实现专业人才培养。专业人才则在企业的生产实践中进行知识创新知识外化，如此循环发展。在整个过程中，人是知识内外化的主体，人在生产实践中通过知识的内外化实现知识的发展进化，人力资本要素是知识要素的核心。企业大学则通过专业化的知识生产服务不仅促进生产实践领域的知识创新，而且在知识要素循环体系中促进专有知识转化为共有知识；在分享利用知识要素的同时更为知识要素市场开发供给源自企业生产实践领域的知识要素；既是知识要素的重要生产者和消费者，又是知识要素供应链乃至国家知识创新体系的重要组成部分；实现了企业人力资本要素开发，既成为职前与职后人力资本开发价值链的重要组成部分，又是国家终身教育体系中的重要组成部分。

　　知识要素的循环发展更新还需要依托知识要素市场，需要完善知识要素的市场供需、市场交易和市场配置等市场机制，其中市场机制为知识要素循环提供了重要驱动力。知识要素市场能够使知识要素的循环发展更新更有效率，通过市场应用能够检验知识的应用价值，通过市场供需能够反映知识的价值，通过市场交易配置则能实现知识的价值。知识发展的一个重要条件在于知识的开放交流，只有不断接受各种检验、质疑、批判、改进与验证，知识才能不断发展完善。因此知识要素市场促进了知识的开放交流、促进了知识的发展。

随着生产实践逐渐成为知识创新的重要源泉，企业组织不断成长为生产实践领域知识创新的重要主体，企业大学专业化的知识生产服务能力将不断增强，其职能也将不断拓展，为知识经济社会创造知识财富、开发人力资本，从而实现企业的社会价值。企业大学将在知识要素循环体系、知识要素市场中扮演越来越重要的角色。

三、企业大学产生发展的外在驱动因素

企业大学产生发展的根本原因在于企业对知识要素、知识生产服务的内生实质性需求，因此开发供给知识要素、提供知识生产服务的相关部门必然成为企业大学产生发展的重要相关因素，在此着重分析开发供给人力资本要素的教育培训部门，主要包括：相对独立于生产实践的非营利的公共教育服务组织，如，传统大学等高教机构；与生产实践紧密联系的服务市场需求的营利性的教育培训组织，如，营利性高教公司、教育培训公司等；还包括与生产实践相融合由母体企业创办隶属并服务于母体企业的知识生产服务组织，如企业大学、企业的培训部门等。

（一）市场服务

在市场机制的作用下，提供市场服务的教育培训组织根据市场需求开发供给知识要素，并促进知识要素的高效配置，实现知识应用价值。虽然他们能够提供灵活、多样、及时与便捷的个性化的市场服务，满足市场需求，但由于较难与某个具体企业的具体生产实践相融合，也具有一定的局限性。

进入知识经济时代，教育培训尤其是职后继续教育的市场服务高度发达，提供市场服务的组织机构及其行业规范不断发展成熟，相关的政策法规制度环境不断完善，使知识要素在市场机制的作用下得以高效开发与配置。市场服务以知识要素市场为基础高效配置教育培训资源，使知识的应用价值通过市场机

制得以强化，从而进一步激发了知识生产创新的热情与活力，及时满足市场与生产实践的需求。同时激烈的市场竞争也促进了教育培训服务质量、效率与性价比的提高，促进了培训服务的多样化与个性化的发展，培训的类型内容不断成熟丰富。然而，面向市场的教育培训服务的知识内容，大多局限于行业通用的一般专业知识技能以及相对比较成熟、能够标准化规模化供给的知识资源，而难以及时且持续地提供专业实践领域专业性强的核心知识内容以及企业组织具有自主知识产权的专有知识内容。究其原因在于市场服务虽能与生产实践紧密联系，但毕竟不是与生产实践融合为一体；市场服务的提供者毕竟不是企业组织自身，不是生产实践中知识创新的主体。虽然市场服务能够与企业组织密切合作，及时了解调研客户需求并研发相关培训项目，满足生产实践与市场的需求，但由于诸多原因而难以方便快捷深入获取企业组织专业实践领域的核心及专有知识，更难以成为这些知识的创新主体。市场服务的优势和专业化水平主要体现在对具体知识内容的表现形式进行加工、整合与创新，并通过专业化个性化的教学方式方法促进知识技能的学习掌握，目前对专业实践领域的核心知识、专有知识的创新相对力不从心，虽然这是知识经济时代企业组织发展的核心能力并且应成为企业大学的核心价值。此外，由于市场服务以购买力为基础、以营利为目的，因此难以克服其自身与生俱来的弱点。

（二）公共服务

提供社会公共服务的非营利的传统大学等高教机构，在人力资本开发方面具有一定的质量和效率优势，也为企业分担了一定的人力资本开发的显性成本。但由于相对独立于企业的生产实践，在开发供给企业所需的知识要素方面也自然具有一定局限性。如，专业教育存在滞后性，知识更新难以与企业生产实践同步，难以为企业专门提供个性化、便利、及时与持续的服务，灵活性、适应性与应变性相对不足，相对滞后、僵化与保守，并且公共服务在专有知识、核心知识的创新方面与市场服务具有同样的局限性，其根源主要在于公共服务同样难以与具体企业的生产实践深入地融为一体。公共服务更注重与生产实践密切相关的基本能力和通识能力的培养、注重行业通用共有能力的培养、注重学习者的可塑性和可持续发展能力的培养，但在满足教育培训个性化多样化需求的方面，恐怕要逊于市场服务。

社会生产的专业化分工提高了生产的质量与效率，近现代的大学发展变革同样离不开专业化分工，大学主要承担着人才培养、科学研究及服务社会等职能。目前专业化分工保障了质量与效率，但在一定程度上也使大学与其他社会生产实践保持相对独立，也因此导致在培养社会生产实践领域所需的最新的应用型专业人才及应用技术开发等方面具有一定的滞后与局限性。例如，上述企业大学发展过程中高等教育领域的工程教育、工商管理教育等职前专业教育都相对滞后于产业需求与工业化进程。产生滞后的原因是企业生产实践的这些最新知识转化为大学教育的学科专业知识需要一不断完善和不断系统化、体系化的过程。企业在无法从外部获得所需的专业人才时，必然要自主进行人力资本开发，同时要求保障知识要素开发供给的质量和效率、保障知识生产服务的专业化水平，企业大学因此应运而生。由于企业大学与企业生产实践相融合，因此具备其他高教组织无法替代的先天优势。

即使在专业教育相对成熟发达的知识经济时代，企业的学习与人才需求也难以通过外部服务获得完全满足，毕竟传统大学等高教机构乃至提供市场服务的教育培训组织都不是专门为某个具体企业服务的，尤其是以企业专有知识为基础的创新型、知识型与学习型企业，其对核心人才的需求更难以依靠外部服务获得满足。另外，随着知识更新加速，职前专业教育已不再是一劳永逸，在职继续教育成为持续、系统的终身教育。并且传统大学等高教机构与企业大学有本质不同，各自遵循不同的逻辑，在人才培养的方式、方法、目标与过程等都有较大差异。

（三）自助服务

为母体企业开发供给知识要素、提供专业化的知识生产服务的企业大学与母体企业的生产实践相融合，在人力资本开发方面具有不可替代的优势，能基于自身的核心能力为母体企业持续提供及时的个性化与专业化的自助服务。

在知识更新日益加速的知识经济时代，创新型、知识型与学习型企业成为企业的主体，企业的生产实践日益成为知识创新的重要源泉，企业日益成为知识创新与知识应用的主体，人力资本、科技创新等知识要素的供给开发相应的也成为企业的重要生产环节，成为企业的必要投资。企业大学具有与母体企业的具体生产实践相融合的天然的不可替代的优势，并能够依据生产实践的逻辑来为母体企业提供专业化、自助式的知识生产服务，其知识的生产、创新、开发和应用都与企业生产实践相融合。企业生产实践是知识创新的重要源泉，企业所需的知识要素大部分源自企业自身的生产实践，一旦脱离生产实践则难以获取真正符合企业需要的知识要素。因此无论是人力资本要素还是科技创新要素，都离不开企业具体的生产实践。

企业大学还是企业核心知识、专有知识的拥有者和生产者，因为它既是知识要素的生产者、创新者，又是知识要素的应用者与消费者，这使企业大学的知识生产服务不仅具有服务能力与服务实力，而且具有服务的内在动力和意愿，服务也更具有针对性、具有更高的质量与效率。正是具有与生产实践相融合的独特优势，知识效能才得以最大化最优化的实现；知识生产服务才能切实服务企业的发展战略、经营管理与核心业务，才得以深入企业生产实践的各个环节，服务企业生产实践的全过程全方位，服务企业的全体员工，并真正满足企业发展的知识与学习需求。与此同时也成就了企业大学自身的发展繁荣，并使企业大学逐步形成符合自身规律的运营模式、规范体系与成熟流程，进入更加专业化的高级发展阶段。

虽然企业大学在为母体企业提供服务方面具有不可替代性，但企业大学也同样存在一定的局限性。随着企业对能力的需求越来越多样化，仅靠企业大学自身实难满足或不具有成本效益优势，企业也必然要寻求外部支持，整合外部资源，发展合作伙伴关系并建立大学联盟。由于在人力资本开发上的市场服务、公共服务与自助服务具有各自的优势，存在互补性、存在合作的潜力与优势，它们的紧密合作，尤其是基于知识要素市场的合作，有助于实现资源整合、优势互补与互利共赢。

以上三方面在供给开发人力资本上有着相关的责任和利益。企业组织在无法从外部获得所需的人力资本时，企业有责任自主开发，并获得相应的利益回报。同时企业也希望外部的传统大学等高教机构或市场服务能够满足自身的人才需求，因此企业有促进知识不断发展完善，促进知识广泛传播交流以及促进知识系统化的意愿和责任。提供公共服务的传统大学等非营利的高教机构，有责任满足来自社会公众的不同的学习需求，有责任满足国家经济发展与产业发展等方面的需求，同时作为教育产品的提供者和人才市场的供给者，其有责任满足消费者即学习者及用人单位的需求，从而促进招生与就业，实现自身的持续发展。其间的市场服务提供者则会在市场机制的作用下，根据市场需求提供相应市场服务，从而获取利润，满足投资者的利益需求。而国家为了促进经济发展、产业发展乃至国民素质的提高，有责任提供国家层面的支持，建立健全知识要素市场，完善相关政策法规机制制度，提供良好的发展环境，并促进政产学研的有机整合。

综上所述，企业大学诞生于创新型、知识型与学习型企业组织，企业大学产生的根本原因在于母体企业自身发展对知识要素及知识生产服务的内生实质性需求。知识经济时代的创新型、知识型与学习型企业成为企业的主体，企业成为知识创新的重要主体，企业生产实践成为知识创新的重要源泉，知识要素不仅是企业组织发展的核心要素、战略要素，更是基础要素，知识的应用价值得到空前彰显，开发供给知识要素、提供专业化知识生产服务的企业大学必然获得前所未有的蓬勃发展。因此，企业大学的产生及其蓬勃发展具有历史必然性。

市场服务、公共服务和自助服务在人力资本开发上具有各自的优势，虽然三者的密切合作有助于实现资源整合、优势互补和互利共赢。但为母体企业开发供给知识要素、提供自助服务的企业大学能够与母体企业的具体生产实践相融合，能基于自身的核心能力为母体企业持续提供及时的个性化、专业化的自助服务，具有天然的不可替代的优势。因此，企业大学的地位作用具有不可替代性，他强化了企业大学产生发展的历史必然性。

本章小结

本章的主要内容具体包括：基于企业大学产生发展的历史，归纳总结了企业大学不同发展阶段的主要特征，分析了企业大学的总体发展规律与趋势；着重分析了企业大学产生发展的驱动因素，论述企业大学产生发展的历史必然性和不可替代性。

第三章

国内外企业大学现状解析

进入知识经济时代，企业大学获得蓬勃发展，虽然不同的母体企业有不同的发展实际与需求，其下属的企业大学因此也形态各异、各具特色，但它们却存在共性特征。然而仅对一两个典型企业大学进行深入研究，很难全面了解企业大学的发展现状，更难以由此抽象归纳出企业大学的共性特征，因此不仅需要进行深入的实践调研，还需要深入剖析能够多侧面多角度反映现代企业大学发展现状的典型案例。

本章将基于研究者在典型企业大学的实践调研，并结合能够多侧面多角度反映现代企业大学发展现状的典型案例，来全面展示企业大学的发展现状，梳理归纳企业大学的不同特点，并着重分析阐述企业大学的共性特征、组织性质、组织运行逻辑以及企业大学的一些重要问题。

第一节　企业大学实践案例

一、案例研究简述

（一）国内企业大学研究

本研究选取来自国内央企、外企与民企的三家典型企业大学①作为实践调

_____

① 注：本文作者曾于 2010 年在北京大学教育学院"企业与教育研究中心"访学，访学期间参与了有关企业大学的实践调研及访谈，并负责独立撰写《中国电信学院调研报告及访谈纪要》《爱立信中国学院调研报告及访谈纪要》和《国美培训中心调研报告及访谈纪要》。

研对象，即中国电信学院、爱立信中国学院和国美培训中心。其中国美培训中心是在原国美商学院的基础上建立的。原国美商学院主要服务企业内中高层管理者的培训，随着服务对象逐步拓展，培训体系逐步完善。国美培训中心于2009年成立，虽冠以"培训中心"之名，但就其专业化程度来看，堪称国内典型企业大学，目前国美电器公司也正在积极筹建国美大学。从三家企业大学所属的行业来看，中国电信学院与爱立信中国学院的母体企业都属于信息技术行业，而国美培训中心的母体企业则属于家电零售服务行业。

调研内容涉及企业大学的组织架构与内部关系、运营管理、培训、课程、师资、知识管理及外部合作等方面。调研方法主要采取访谈、问卷、实地考察与实习实践（通过参与企业大学的研发项目）等方法。虽然对这三家企业大学进行了深入的实践调研，但很难从三家企业大学归纳出企业大学的共性特征，因此本研究还通过文献研究，尤其是通过企业大学官网调研了国内的一些典型企业大学，如神舟学院、微软亚洲研究院和摩托罗拉（中国）大学等。

（二）国外企业大学研究

由于研究条件所限，国外企业大学典型案例研究主要是基于文献研究，也包括对企业大学官网的调研。其中的文献主要是企业大学研究领域比较有影响的权威著作，例如，珍妮·C·梅斯特的《企业大学：为企业培养世界一流员工》和马克·艾伦编著的《下一代企业大学——发展个人与组织能力的新理念》等。虽然本研究中的众多国外企业大学案例都引自这两部著作，但并非"以引代论"，而是对文献的进一步挖掘，因为所引内容并非作者的观点或结论，而是典型企业大学的一些客观指标，如某企业大学的具体服务对象是哪些、是否开设官方认可的学位项目以及与哪些机构建立联盟等。本研究主要是通过研究众多典型案例来归纳分析企业大学的共性特征，这是本研究的重点和价值所在，并占据了主要篇幅。

正是通过对从属于不同行业、不同产业的众多典型企业大学的调研，选取能够多侧面多角度地反映现代企业大学发展现状、发展特征的典型企业大学案例进行研究，才不至于以偏概全，才能相对系统全面地反映现代企业大学的发展现状，分析归纳出现代企业大学的共性特征。本研究共归纳分析出现代企业大学的内部关系、外部关系、项目认证与服务范围、运营模式、存在形式和所属组织的规模与性质等六个方面的特征，从这六个方面展现了现代企业大学的发展现状，每一方面都以典型企业大学案例作为依据，详见表 3.1。

表3.1 企业大学共性特征分析中所涉及的典型案例

内容	企业大学典型案例
内部关系	中国电信学院、国美培训中心、摩托罗拉大学、美国国家半导体公司大学。
外部关系	爱立信中国学院、惠而浦布兰迪维克里克绩效中心、伊顿零售学院、梅佳泰克学院、理特管理学院、南方公司和艾莫里大学的联盟、摩托罗拉大学与社区学院的合作、沃里克制造研究组与企业的合作模式、洛德学院与虚拟教育机构的合作、凤凰城大学与美国电话电报公司商业与技术学院的合作、全球无线教育联盟、美国联合保健公司与伦斯勒学院的联盟。
项目认证与服务范围	爱立信中国学院、神舟学院、摩托罗拉大学、微软亚洲研究院、理特管理学院、南加利福尼亚水务公司员工开发大学、GE商学院、哈雷－戴维森大学、布施学习中心。
运营模式	中国电信学院、爱立信中国学院、惠普商学院。
存在形式	中国电信学院、爱立信学院、甲骨文大学、戴尔大学等。
所属组织的规模与属性	爱立信学院、Enclos大学、犹太联合会大学、切斯特菲尔德大学等。

二、中国电信学院

2004 年为落实人才战略，服务企业战略转型，中国电信集团公司决定筹建中国电信学院[①]以培养服务企业发展战略的高素质人才。2008 年 4 月 10 日中国电信学院在上海的中国电信信息园区成立，学院在原有的中国电信股份有限公司培训事业部和中国电信（无锡）培训中心的基础上组建而成。

（一）使命与发展定位

学院的使命与办学宗旨是：服务集团战略，助推企业转型变革。学院定位：一个基地，四个平台。其中一个基地，即将建设成为中国电信领导力发展研究支撑和培养基地；四个平台即：第一、面向集团全体员工，传播企业文化、宣

---

① 北京大学企业与教育研究中心，中国电信学院调研报告及访谈纪要［R］．企业大学案例，北京大学企业与教育研究中心，2011，5.

贯企业战略、统一员工理念、推动企业转型变革的平台。第二、汇聚和传递最佳实践，助力成功经验快速复制和规模分享的知识管理平台。第三、根据中国电信战略需要，发展员工关键能力的平台。第四、面向内外客户以知识共享创造价值的平台。

（二）组织架构与内部关系

中国电信集团公司副总经理张晨霜兼学院院长，体现学院的创建和发展深得企业高管的重视和支持，在组织与制度上确立了学院的权威性和战略地位，确保学院具有高效的执行力。

学院设立教学指导委员会，由集团公司的人力资源部、综合部、企业战略部、市场部、网络发展部和客户服务部等14个委员单位组成，委员会成员都是来自各委员单位的领导。委员会召集年度会议，以促进内部交流与反馈，并制定有关培训的方针政策，确保培训服务于公司的战略。此举不仅使学院工作有针对性、实效性，更使学院的各项工作因得到整个系统的多方支持而具有更强的执行效能。更重要的是教学指导委员会作为制度、机制层面的有力保障，强化了学院在企业发展中的重要作用。

集团公司拥有"集团公司—省级公司—地市级公司"的三级培训体系。学院作为集团公司的培训管理部门对省级、地市级公司的培训部门予以业务指导并与之开展合作。集团公司的人力资源部负责制定集团公司的培训计划并委托学院承担相应的培训项目，人力资源部与学院存在着密切的业务关系，二者具有相同的汇报层级。

学院组织架构是依据学院所服务的具体对象，即公司各业务条线，成立了四个教研中心，即领导力教研中心（领导力发展研究中心）、核心员工教研中心、VIP客户教研中心和在线学习教研中心（负责运营管理中国电信网上大学），还设立了为各教研中心提供协助、支持并承担相关管理职能的教务部和综合管理部，共计六个部门。各教研中心所提供的知识服务是面向事关企业战略发展的核心业务部门或战略人群的。例如，"领导力教研中心"是面向企业各级管理者、企业战略部等服务对象的；"VIP客户教研中心"则是面向企业市场部、客户服务部等部门。基于知识服务的各教研中心已成为集团公司主要业务部门的战略合作伙伴，但他们并不满足于仅提供服务和支持，而把主动引领发展作为更高的追求。学院倡导不仅要服务战略，更要主动引领战略；服务一线，更要主动引领一线。

（三）运营管理

由母体企业创办并经营管理的企业大学，必然强化企业经营意识，对此学院以企业化经营提升办学效益。市场竞争、成本效益、投资收益、品牌质量、注重实践、讲求实效与绩效导向等企业经营意识、商业管理理念体现在中国电信学院管理的各个方面：在人员考评上采取基于 KPI 的绩效管理；在具体的课程开发和培训实施过程采取项目管理与项目经理负责制，其中项目管理保障了课程开发的效率和质量；在前期立项调研中则强调以企业战略为导向，密切结合一线业务实际，满足市场需求，调研总结最佳实践案例，贴近业务实战，注重实效；在项目策划和设计上注重品牌影响、质量效益；注重培训效果的考评，强化培训在促进员工能力提升的同时，提高员工及组织的工作绩效；通过客户培训及文化营销（即面向客户的文化体验活动），来促进企业价值与客户价值的共同成长；最大化发挥学院的交流平台功能，加强与同行企业、企业价值链上下线的合作伙伴及其所属企业大学等各方的交流合作，实现优势互补，促进共同发展；追踪企业大学业界的先进理念、方法与技术，发挥网络大学跨时空的高效学习平台功能，开发移动学习试用平台，建设泛在学习的资源与环境；学院凭借自身发展所积累的知识经验及所练就的核心能力，尝试自主对外提供有偿咨询服务，以知识服务社会，同时为学院创造经济效益等。

在资源利用上，学院强调基于共赢的整合学院内外的师资、课程与培训等多种学习资源，做基于整合与创新能力的资源操盘手，并发挥资源的最大效能。学院积极与外部培训机构开展合作并利用相关资源，重点在课程开发、培训办班和网上应用等方面开展合作。本着"互补、共赢"的原则，把非核心与事务性的工作进行市场化外包，巧借外力、用足资源。同时，加强对培训机构办班的过程管控和质量考核，保障办班的效果。通过签署基于共赢的合作协议先后与集团公司内的三家研究院、四家设计院以及六家省级培训中心开展课程开发合作，聚焦企业急需的培训内容和紧缺人才的培养，为集团战略转型和全业务经营做好支撑工作。另外，学院还积极跟踪世界同行的著名企业大学及培训业界的发展趋势，与摩托罗拉、中兴、华为和高通等通信行业的企业大学开展学习交流与合作，与国际培训组织初步建立起合作意向，提升学院教研水平，主办或协办大型对外合作论坛和会议，扩大学院影响力。基于共赢的合作，不仅使合作各方的教学资源得以共享、优势互补，而且带动了各方业务上的合作，密切了战略合作伙伴关系，拓展了企业价值链，体现学院的巧实力。

学院还尤为重视知识效能的最大化最优化实现。首先，为促进知识的融会贯通，以知识点、主题知识为单元进行课程建设，以便于能够灵活地整合在逻辑上相互关联的课程知识，以打破课程间的界限，强化知识的内在关联，增强知识的复用，尤其对于外聘的专家、院士与业内高管所主讲的含金量高、指导性强的精品课程知识，更应得到充分复用，延长知识生命周期以发挥其最大效能。第二，为提高学习效果，使知识易于员工理解、内化和迁移，并提高员工的职业能力素质和工作绩效，强调知识要结合实际案例、贴近实战和工学结合，完善学习绩效评估机制，探索基于 WLP（Workplace Learning and Performance，职场学习与绩效）的培训模式，建立促进员工主动学习的激励机制和学习文化。第三，为提高学习效率，知识内容及表示形式要结构化、标准化和规范化，以高效推进知识的共享与重用及成功经验的复制与推广。通过发布网上大学《应用工作白皮书》《应用经验精选》以及编写 E－learning 服务手册，以指导各省统一规范地开展网络学习，充分发挥网上大学知识分享平台的功能，发挥互联网"跨时空、扁平、高效、持续、实时交互"的特点，以有影响力的培训品牌吸引管理者和员工主动学习，实现成功经验"低成本、短平快、广覆盖"的复制，这也是打造软实力的重要体现。此外，在全集团内注重培训实施的标准化的培训内容，已成为集团专业部门的考核规范，体现出学院在培训能力上的专业性和权威性。

（四）培训服务与管理

1. 培训服务内容

学院紧密围绕企业战略和全业务发展提供培训和咨询服务，主要涉及领导力培训；员工专业培训；网络大学学习服务；客户培训服务等。其中针对企业内部：面向中高级管理人员开展领导力培训，面向企业骨干人才开展业务培训；针对企业外部：面向企业大客户、营销代理商和企业的上下游产业链的合作伙伴提供培训和咨询服务，从而更好地服务企业转型，促进全业务发展。

在中国电信网上大学的学习服务方面，已经为建立基于岗位能力提升的学习体系提供技术支持，并实施大规模在线岗位技能认证等项目，全面进入企业学习与绩效高度整合、与人才综合管理整合的新阶段。

领导力培训是学院教学和研究的重要内容，是培养服务企业发展战略的高素质人才的核心。学院正逐步形成有中国电信特色的领导力培训与发展体系，在体系构建方面，建成了包括领导力素质模型、领导力测评、行动学习项目和效果评估等环节在内的闭环系统，形成了基于战略的领导力发展体系，并在培养模式与培养对象、开发模式、行动学习等方面实现了突破。服务于集团公司的"领导力测评中心"正成为学院倾力打造的核心部门，它也是集团人力资源部的战略合作伙伴，为企业培养后备管理人才。

1. 培训项目管理

（1）项目来源

学院主要承担的面向企业内部的培训项目，主要来自两个方面。其一，计划内承接项目。即承接来自人力资源部及集团各业务部门的委托培训项目。其二，计划外自主立项。即学院结合企业战略发展需求，基于对各业务部门的调研，针对其业务发展需求，自主设立的培训项目。立项的原则是优先满足与企业战略发展密切相关的业务需求，重点扶持企业战略发展转型的最核心最重要的能力培养。在教学研究、项目策划等方面也都以企业发展战略为重要依据，聚焦关乎企业战略发展的核心业务。

（2）项目开发管理

基于项目经理负责制，按项目管理流程的具体实施，其流程环节包括：前期——调研、立项；中期——研发、实施、测评、反馈、改进；后期——评审、改进、推广、应用。

首先，基于实地调研考察发现事关企业战略发展的来自生产和管理一线的问题和需求。依据其重要性进行甄别、筛选，并经过立项审核最终确定项目。立项审核包括对项目意义、项目预算、可行性分析、具体实施预案和预期目标效果等方面的审核。

在项目研发中有自主研发、合作研发与市场采购等形式。学院通过引进内化、与社会培训咨询机构联合开发以及整合内部资源自主开发等方式，提高学院课程开发能力，完善课程体系，打造品牌学习项目。

无论自主研发或是合作研发，如需要供应商完成指定项目任务时则要组织项目招投标。由立项部门推荐若干有资质的并且研发能力强的业界优秀的供应商参加立项招标会，参与招标会的还有教务部、综合管理部及企业内外专家等。

由专家评委进行打分、遴选并确定供应商，签订项目合同。项目开发大多数是合作研发，一般先期由学院业务部门根据实地调研进行精心策划、科学实施，在项目实施中首先根据实际情况把一些具体任务交由供应商完成并签订具体的项目合同，再由业务部门向供应商提出具体要求，有时会根据实际情况提供相关素材，有时甚至会提供具体的教学设计的脚本等。

在具体的项目研发中要遵循项目研发的流程，如课程开发遵循 ADDIE 流程，其中要求对课程内容形式等进行细致的教学设计；输出的课程产品都有明确、具体、翔实的要求和标准，从课程的大纲、题库、电子课件、教案文本到提供辅助教学的讲师与学生手册等，在内容和形式上的都有具体的要求和标准。

在项目评审中，结合立项时所阐述的要达到的成果和预期目标等进行评审。学院要求项目评审不能局限于所提交的项目成果，关键看项目成果的具体应用效果，对应用实施进行效果追踪，及时反馈并改进。此外，有关课程的复用次数、覆盖人数、生命周期与课程内容更新机制等成为项目评审的重要指标。通过科学有效的项目评审促进项目成果发挥实效，从而达到改进个人和组织绩效的最终目标。

（五）课程

在课程建设方面，学院围绕集团战略和关键业务发展所需初步形成了企业管理与领导力发展、专业课程、营销课程和通用课程四大类课程体系。从公司高管培训到一线员工培训，从前端的市场营销培训到后端的专业技术培训，聚焦新岗位、新技能新业务。至今已经开展了 28 个项目的课程开发工作，投入使用了《战略绩效管理》《引领转型》《挑战时刻》《网优无忧》等 14 门课程。通过自主办班培训 6838 人，覆盖全国 31 个省。

网络课程。开展基于岗位的课程梳理和建设，先后开发课件 274 门，采购课件 46 门，推荐精品资源包 28 个，精品课程 320 门。课程开发的有效实施，不仅盘活了全集团的培训资源，而且为探索实践"职场学习"起到了重要作用。

课程开发。先后与集团公司内部的三家研究院、四家设计院和六家省级培训部门开展课程开发合作，并与摩托罗拉、中兴等企业大学开展交流学习与合作，与国际培训组织也初步建立起合作意向。充分利用整合集团内外各方的课程资源，发挥资源的最大效能，以众包、自主与联合等方式实施课程项目的开发建设。此外，还制定了《课程开发的管理办法》，编制了《中国电信学院课程手册 2009 版》，使课程开发规范化、标准化与程序化，从而确保了课程开发的质量与效率。

（六）师资

学院本着"内外结合、以内为主"的原则，逐步组建和形成一支高水平、高素质的师资队伍。学院正不断完善师资管理体系，实施师资队伍体系化、系统化培养，逐步实现"建设—培养—指导—讲课—认证—激励"的配套管理。进一步管理好集团内训师、课程讲师、外聘讲师和客座教授等资源，聘请集团公司二级岗以上的高端管理者为学院的特聘教授，不断充实丰富师资库。

学院充分发掘利用企业内部的人才资源，通过课程讲师、内训师、网络讲师和特聘教授的选拔培养认证办法和相应激励机制，把企业内部的业务骨干与高端管理者转化为学院的优秀师资，并成为师资队伍的中坚力量。学院以培养全国各省骨干内训师为抓手，通过三级培训体系基本实现了全方位、立体化的覆盖，满足了大规模的培训需求。网上大学还构建了"培训师家园"，搭建在线经验分享、知识学习、信息收集和沟通交流的综合平台，以加强内训师的培养。通过搭建知识库和知识社区，采取众包方式，所有内容源自员工，又服务于员工，并实现了知识管理由员工自发到组织引导的升级，使来自企业不同岗位的员工都有机会成为教师，成为学习资源建设的主体。来自一线岗位的内训师有丰富的实践经验和对知识的认知体验，能够生动而高效地分享知识，并以教促研，形成良性循环；企业外部教师资源也得到充分高效利用：对各教研中心的外聘讲师资源进行有效整合，实现资源共享；充分发挥客座教授的作用，并通过"天翼大讲堂"等网络平台将他们的专题授课内容跨时空传播，或将客座教授的课程资源以主题嵌入、融合办班的形式加以高效利用。学院还建立完善"领导培养领导"的高端内训师的培养机制，并把学习文化融入培训项目中。如，在《引领转型》这一领导力课程项目中所开设的以省公司经理为内训师的高级教练班就是基于领导培养领导的培养机制，并策划建立"引领俱乐部"的学习平台，以提升内训师们的活跃度。

（七）组织学习与企业文化

在促进组织学习方面学院所做的工作有：发展组织愿景；获得高层管理者的支持；创造持续学习的氛围；围绕学习重新构造政策和结构；奖励个人和团队的学习行为；将学习融入所有政策和程序中；建立卓越示范中心和样板项目；

测量学习活动的财务和非财务效果；为学习创造时间和空间；促进员工自主泛在学习；搭建集知识管理、跨区域交流、协同创新等功能于一体的非正式学习平台；在高端管理者中试行移动学习，构建泛在学习环境。

企业的学习方式有：课堂面授、内部研讨、跨界交流、导师制、现代学徒制、教练辅导、传帮带、岗位实训、沙盘实战模拟、案例分享、读书分享会、项目驱动、绩效分析反馈、多媒体交互学习、网上大学在线学习、网络协作学习、虚拟学习社区互动和移动学习等。

学院对企业文化的养成发挥着主导作用：通过培训研讨，对企业文化建设目标和现状差距达成共识；通过领导力培训和评估，改变企业中高层管理者行为；通过新制度宣贯，宣传企业文化；通过在课件中渗透企业文化元素并结合案例，促进企业文化与员工工作有效结合；通过企业大学对外宣传企业文化，建立企业的品牌形象；开展职场学习项目推动学习型企业建设。

（八）创新能力

学院作为企业转型的创新平台、服务企业发展的战略工具，其角色是企业创新、企业发展的引领者，为企业发展提供策略、理念、方法和工具的支撑，以迎接新机遇，应对新挑战，因此，创新成为学院发展的不竭动力。学院积极鼓励和倡导创新，营造创新的文化氛围，畅通创新渠道，搭建创新平台，练就创新能力，建立健全有利于创新的管理措施与机制，并追踪国内外业界先进的理念、方法和技术。在培训运营、课程开发、师资管理和网大服务四大体系的硬实力建设中，在文化和品牌的软实力建设中，在有效整合内外资源的巧实力建设中，自内容至形式处处体现了创新的理念、方法和举措，练就了学院的核心能力，创造了学院的核心价值。

学院在打造和练就自身的知识创新能力上进行了系统而科学的探索与实践，从畅通创新渠道、练就核心能力到搭建创新平台，从营造创新文化氛围到建立创新机制制度，知识创新体系已初见雏形，并不断完善。

1. 畅通创新渠道，强化调研能力

一线实践是知识创新的源泉，在实践中学习、交流和研究则是创新的必由之路。学院通过服务企业发展的调查研究和内外交流平台，连接并畅通了创新的渠道。服务企业发展的调查研究要兼顾集团要求与基层所需：根据集团战略要求进行调研，提供有针对性的基于学习的解决方案；同时通过深入基层调研明察基层的学习需求，并基于知识创新、知识服务满足其学习需求。调查研究成为知识创新的活水之源、动力之基，调查研究能力是知识创新能力的重要组成部分。正是基于对一线核心员工学习效能的调查研究，使"社会渠道标准化能力提升解决方案"这一培训项目突破了传统培训模式，探索实践了基于WLP的培训模式。基于项目研究能力，学院生成多项重要研究成果，充分显示了专业化水平。例如：《构建和实施中国电信基于战略的领导力发展体系》荣获2009全国通信行业企业管理现代化创新成果一等奖；2009年10月《专业技术业务人才培养实践经验》论文在国际商务学会（Academy of International Business，AIB）纽约年会上研讨交流；2009年12月在北京发布了国内首部《企业学习信息化白皮书》；网上大学获得美国培训及发展协会（American Society for Training and Development，ASTD）2008年度最佳实践奖，等。

1. 整合知识资源，练就核心能力

项目策划与设计是学院的核心能力，也是知识创新的核心。通过统筹立项确保项目服务于企业战略及与之相关的核心业务；项目管理保障了课程开发的效率和质量；项目调研是项目研发的重要基础；而项目策划与设计则是确保项目质量、达成项目目标的关键，是知识创新并形成创新成果或方案的核心环节，也是整个项目研发过程中的难点和知识创新能力的集中体现。

通过自主策划、设计、研发并实施精品课程及培训项目，不断强化和练就了项目策划设计的核心能力。学院自主策划设计的项目有："天翼大讲堂""对话发展""添翼振翅""e旅阳光""挑战时刻""放飞天翼""网优无忧"和"转型实践"等。学院在项目策划设计中注重塑造培训品牌，以扩大影响力，使项目发挥最大效益，并形成了有一定影响力的培训品牌；如以"添翼振翅"品牌影响力高效支撑了集团行业应用的规模突破；依靠"放飞天翼——职场学习与绩效"这一品牌项目的影响力，使得在更广的范围内推动了培训模式的变革；面向高端客户的"世博尊享版"和面向一般客户的"世博体验版"两类客户体验方案则融入文化营销这一崭新的培训理念，提升了学院的巧实力。

学院基于成本效益原则高效整合各方资源，本着"互补、共赢"的原则，整合培训市场的优质成熟资源，把非核心、简单的、具有通用性与可替代性的工作进行市场化外包以巧借外力，不仅节约了成本、提高了效益，而且能够专注于项目的策划与设计，从而练就了自身的核心能力，彰显了自身的核心价值。

3. 搭建创新平台,追踪和引领业内先进理念

学院搭建了知识库和知识社区,采取众包方式,鼓励一线员工创新,并积累和分享实践案例,使知识内容源于员工服务于员工,连接和畅通了源自一线实践的、便捷的创新通道。另外,学院教学指导委员会的年度会议促进了集团公司各部门间的内部交流与反馈,成为交流的平台与知识创新的源泉。

为最大化发挥学院的交流平台功能,学院不仅与集团内部的各业务部门、研究机构、培训部门有密切的合作关系,也与企业产业链的上下游伙伴、企业客户以及高校、科研院所、行业协会、业内学术研究组织和标杆企业大学等诸方加强交流与合作,实现优势互补,促进共同发展。通过主办或协办大型对外合作论坛和会议,在扩大学院影响力的同时,密切跟踪企业大学及企业培训的发展趋势,追踪、学习、分享、内化和引领业界的先进理念、方法与技术,使学院发展处于业界领先水平。如,学院引入"职场学习与绩效"的理念,以"放飞天翼"为标杆在传统培训模式上实现突破,把学习作为提升工作绩效的有力工具,有效解决培训与评估的脱节、培训与绩效的脱节以及个人绩效与组织绩效的脱节等问题,实现业务流、工作流与培训流的结合。再如,学院遵循国际优秀企业大学的领导力开发原则,即"基于工作"和"行动学习"原则,把解决实际工作问题与专业化领导力开发有机地结合起来,探索集团公司中高级经理能力培养的新路径。

4. 营造创新氛围,建立创新机制

学院建立有利于创新的基于项目的扁平化、柔性化管理机制,使学院员工能够基于项目互相融合,协作互助、优势互补,打破组织部门的边界限制,使来自不同视角的新思想能够相互交流、碰撞和启发,以利于产生创新成果,进而高水平地完成项目的策划与设计等工作。学院还把创新要求融入组织与员工的 KPI 绩效管理中,并以项目创新为导向,制定多种与薪酬挂钩的激励措施以鼓励创新。如,设立创新奖、进行创新项目评选等。正是通过持续不断的创新,输出更多有价值的创新成果,使学院正逐步成为集团公司的创新基地。

(九)核心价值

学院的核心价值在于基于知识创新能力,为企业提供个性化、专业化、持续性、系统性、泛在性和高效能的知识服务,提供高效的基于学习的解决方案,提升企业的学习力,以应对知识更新的挑战。

1. 个性化、专业化的知识服务

每个企业所需要的知识服务都体现了很强的针对性、独特性和专业性，与企业发展的实际状况密切联系，从产品定位、生产研发、经营管理到企业文化、发展战略、行业趋势等处处都体现企业自身的独特性和专业性。电信学院正是以企业发展需求为依据，以企业的战略、业务和人才培养为知识服务的核心，为企业量身定做、对症下药，提供个性化、专业化的知识服务。

2. 持续性、系统性的知识服务

电信学院正是通过培训运营、课程开发、师资管理和网大服务四大体系的体系化建设，不断巩固自身的硬实力，同时练就可持续的知识创新能力提升自身的软实力，为母体企业提供持续性、系统性的知识服务。

3. 泛在性的知识服务

企业学习强调以绩效为导向，学习与工作相结合。员工在工作的任何时间、任何环节都能随时随地获得有效的知识服务，以利于在工作过程中解决实际问题，克服困难与障碍，改善工作绩效，提高工作能力。电信学院正构建完善的知识管理体系，并基于信息技术逐步优化泛在学习的资源与环境，从而进一步提升职场学习绩效。

4. 高效能的知识服务

绩效导向是企业学习的重要特征，企业学习的目的就是要最大化、最优化地实现知识效能，提高组织绩效，增强市场竞争力，这也是衡量企业大学知识服务水平的重要标准，是衡量企业大学价值实现的重要依据。电信学院注重知识效能，强化学习绩效并能科学有效地进行评估，完善了知识服务流程中重要的反馈机制，使之成为闭环系统，促进知识服务的不断改进和完善，切实将知识高效转化为企业绩效，实现知识效能的最大化、最优化。

（十）外部合作与联盟

学院作为企业的教学研究部门，在对外交流合作中具有很强的灵活性和更宽阔的交流空间，其合作伙伴遍及行业内外、价值链上下。学院在促进企业的业务发展、资源整合、价值链拓展、密切企业间战略合作伙伴关系、促进企业价值与客户价值的共同成长、基于核心能力服务社会等方面也同样发挥着重要作用。例如，学院在客户培训中融入文化营销的培训理念，通过策划设计"e旅阳光"文化体验活动，提高了业务签约的成功率，不仅促进了企业价值与客户价值的共同成长，而且搭建了与客户的沟通平台，为持续推进圈子营销奠定了基础。如，学院与华为大学、高通大学的合作不仅是学院和两家设备商在教学合作模式上的创新，更是一种企业间伙伴关系的升华，是一种战略合作的创新，是对产业价值链条的整合。再如，学院基于自身的核心能力和优势资源以及办学经验，尝试开展对外培训咨询服务，以"东航 E - learning 咨询项目"实现了学院首次自主对外提供有偿服务，从而为社会创作价值。

学院不仅与集团内部的各业务部门、研究机构与培训部门有密切的合作关系，也与高校、科研院所、行业协会及标杆企业大学等都建立了广泛而深入的战略合作伙伴关系，在基于共赢的合作中，最大化地实现了知识共享、资源整合和价值提升。考察学院与高校、科研院所合作的项目有：2010 年与北京大学合作进行"企业大学构建指标体系"和"OnlineTTT 网络内训师培训"的项目研究；2009 年与上海交通大学合作进行"创新营销"的课程项目研发；2009 年与沃顿商学院合作开发"高级营销管理研修项目"；2007 年与厦门大学合作开发"CFO 培训项目"等。

电信学院积极与行业协会及业内标杆企业大学、著名研究机构协会等进行交流合作，主要有：2009 年 10 月参与美国国际商务学会（AIB）纽约年会的研讨交流；2009 年 11 月联合 ASTD、DDI 举办了秋季行业趋势发展讲座；2009 年11 月学院牵头以中国电信学院、中国移动管理学院和中国联通学院为依托，成立"中国通信业企业大学教学研究会"并举办企业大学论坛；2009 年 12 月学院与中国在线教育资讯网联合举办了首届中国企业学习信息化论坛；2009 年 12 月学院与摩托罗拉大学联合举办了第二届全球企业大学发展高峰论坛；2010 年 6 月学院作为理事单位参加亚太企业大学沙龙活动；2010 年 5 月学院参加中国通信业企业大学教学研究会 2010 年第一次论坛。

三、爱立信中国学院

爱立信中国学院①成立于 1997 年，是爱立信学院在全球分支机构中的佼佼者。他作为爱立信全球年培训量最大的学习机构，是中国电信业最早起步并服

---

① 北京大学企业与教育研究中心，爱立信中国学院调研报告及访谈纪要［R］．企业大学案例，北京大学企业与教育研究中心，2011，5．

务于公司内外培训需求、提供管理类学位教育及技术培训并集咨询、研发、教学和服务于一体的综合性企业大学。

（一）使命与发展定位

爱立信中国学院致力于为爱立信的员工与合作伙伴提供终身教育的机会，创造一个增强业务技能的学习环境，塑造并推广专业精神与业务风范，为员工与客户提供知识和技能，促进公司业务发展。

为了更好地实施人才本地化战略，学院通过有计划、有针对性地为公司员工、运营商以及中国信息产业相关的主管部门提供终身学习的机会，营造了一个适合培养中国未来电信产业领导人的国际学习环境，成为本地化人才的培育基地。培训成为协助开拓市场，在中国建立和推动长期战略合作伙伴关系的重要手段，以本土化培训带动本土化市场。

（二）组织架构

爱立信中国学院是爱立信（中国）公司下属的二级部门，学院院长为专职高层管理人员，学院汇报对象是爱立信（中国）公司总裁。为了保持独立性和中立性，并建立培训平台的品牌，学院在公司拥有相对独立的组织和运作，并受学院指导委员会领导。

指导委员会主席由爱立信中国及东亚区副总裁兼首席技术官兼任。指导委员会虽然不是学院的直接领导，但是委员会成员多由爱立信中国乃至爱立信全球的高层管理者担任；虽不是专职岗位，但是每年定期召开一到两次的会议，通过会议来决定和协调学院发展的一些重大事项。委员会负责确定培训方向，明确服务对象，制定培训与发展的长远规划，定义学院的使命和愿景，树立学院在公司和产业里的形象等。委员会通过制定有关培训的大政方针，以确保培训服务于公司的战略和业务，因而也成为推行学院理念的重要渠道。指导委员会成为学院内外部非常强有力的支撑。

学院健全的组织结构，是其培训活动开展得有声有色的基础和前提。学院包括高管教育部、学习服务部、员工培训部、课程发展部、市场部和行政部等。其中高管教育部面向通信行业的高级管理层人员提供培训服务，该部门直接汇报向学院院长；学习服务部面向大众客户提供培训服务，该部门除了向学院院长汇报外，还直接汇报给服务业务部总经理；员工培训部则面向公司内部员工提供培训服务，该部门除了向学院院长汇报外，还直接汇报给人力资源部总经理；学院为学习服务部和员工培训部提供统一的沟通和管理的平台；课程发展部主要负责设计和讲授爱立信的各类培训课程；市场部负责开发培训市场，反馈用户信息，使课程设置更适应中国市场的情况和用户的要求；行政部负责培训课程的所有行政工作，包括在公司内部网上发出培训计划、提供学员名单、发结业证书、提供餐饮住宿以及出行、保洁等工作。

学院与公司的人力资源部既是相互独立平行的两个部门，共同接受理事会的管理，二者又存在一定的业务联系，尤其在公司内部员工培训方面联系密切，学院与人力资源部相互支持，在服务企业战略上共同发挥着重要作用。

（三）培训

针对当前国内电信业对培训的需求，学院开发设置了一系列专业技能、管理技能与领导技能的培训课程和教育项目。围绕技术发展和客户需求，学院每年向电信运营企业和爱立信内部员工提供 5 万余学员的各类培训。

学院的目标客户覆盖了通信行业高管及专业技术人员，学院提供两类学习服务：1. 高管学习。针对通信行业的高级管理层人员提供各类继续教育服务，包括学位项目、定制化的非学位项目、海外短期学习考察、学习论坛和读书会等相关主题活动。2. 学习与能力发展服务。针对通信行业的广大从业者，提供有关技术及管理方面的专业培训课程和项目，包括能力管理咨询、领导力和电信管理培训及各类技术培训。

1. 学位培训项目

学院拥有全球高品质的教育合作伙伴，与全球近十家顶级高校建立了合作伙伴关系，其中包括复旦大学、上海交通大学、美国杜克大学、法国雷恩商业学院、挪威工商管理学院、澳大利亚国立大学及英国剑桥大学等。十几年来，学院为近千名中国电信精英提供了信息通信管理硕士、国际管理硕士、工商管理硕士和工商管理博士等学位教育，并为 5 万多名行业从业者提供了电信管理和技术的相关培训。作为国内企业提供学历及高管教育的先行者，学院的高管学习部针对行业高管的能力培养，累积了丰富的教育实践经验。

研修学位项目的学员大部分是爱立信的客户，约占总学员人数的四分之三，这些客户包括一些政府官员和通信运营商，爱立信通常会为这些客户赞助部分学习费用。另一部分学员就是爱立信的经理人员，一般由各个部门推荐，爱立信免费为他们提供这个教育机会，这部分学员一般为不脱产学习。学员通过两年的在职学习，可以获得由合作院校颁发在国际上认可的管理硕士学位。管理硕士课程是专门为中国通信业的管理人员设计，旨在传授现代管理技能。

另外，学院还与中国的电信运营商一起做很多短期的工商管理培训，主要针对他们公司运营中的一些重大战略性问题，这类培训的工作量很大，也是学院培训的主要内容之一。

2. 培训管理与质量保证

学院成立以来，每年开设的课程量达到 4 至 7 万学员日，班级学员满意度能持续在 90% 以上，这与完备的质量管理体系和精细化的管理是分不开的。

学院是爱立信中国公司下属的一个集研发、管理、服务和培训四大功能于一身的重要部门。它既执行爱立信的管理流程，也接受爱立信全球培训部门特有的专业管理体系的考核认证。比如以欧洲的质量保证体系 EFQM 为基础的爱立信培训机构认证体系，其中便包括战略、规划与执行力等诸多方面的考量，每两年更新一次。这使学院的整体管理流程保持高度的完整性和实用性。除了整体的管理体系，学院还有严谨的课程开发体系，为学院打造系列精品课程提供了有力的保障。公司还有成熟和完善的"学习产品开发流程（LDP）"，明确规定了项目发起者、项目经理及具体开发人员在学习产品开发过程中的职责等，从而有效地保证了学习产品的质量。

此外，爱立信学院在全球的分支机构都有严格的质量保证体系；每个教师都要经过严格培养和认证；每一课程组织都要精益求精。爱立信中国学院不仅通过了 ISO9000/14000 质量体系认证，还通过了全球培训中心体系认证。

3. 培训评估

学院的评估机制和方法与爱立信公司是相同的，都是根据平衡记分卡发展而来的。主要考察五项指标，即财务、客户、竞争力、内部效率与员工等，这些指标也都是支撑学院战略发展的。财务指标一般与每年的工作绩效本身有密切联系；市场客户指标则考察客户的满意度、客户对学院培训工作的评价等；竞争力则考察学院跟竞争对手相比处于什么样的位置；内部效率则反映在很多方面，比如说单位时间完成多少工作量，或者每年每人的工作效率等；员工方面则主要考察员工对其上级或学院领导的评价。每年都根据这些指标来设定学院工作的 KPI，并且设定严格的流程，年底还要进行评价反馈，以促进培训工作的改进和创新，并分享成功的经验。

4. 培训方式与培训环境

针对设定的培训目标和培训对象，除课堂培训方式外，学院积极运用多元化先进培训技术和手段来增强培训效果实现培训目标，例如虚拟课堂、远端接入、任务式培训、实战演练、现场实践、导师指导、网上教学、多媒体教学与学习活动等。为与电信运营商共同完成员工培训任务，学院投巨资建设在中国的培训基地，无论是 GSM、GPRS、EDGE、WCDMA、TD–SCDMA、IMS、还是增值业务系统，爱立信在中国都建有与现网一致的培训试验环境。

（四）师资

学院规划了专业教师的职业发展路径，明确了资格审定要求与流程，确保他们能力的不断提高；对外聘老师严格考核，并与其中一些优秀供应商建立长期合作伙伴关系。学院共拥有近 50 位经统一认证、经验丰富的本地专职培训讲师，并可共享来自全球 28 个核心培训中心的 450 余名认证师资。学院的技术培训讲师都为专职，半数以上教师具有海外执教和工作经历，具有课程及产品开发能力，92% 具备硕士以上学历。

此外，学院更高的要求培训经理不仅要了解公司的业务和发展战略，更要了解员工的职业发展需要，并在此基础上把握培训的总体方向；通过课程的设计和资源的选择，保证培训达到既定的要求。培训经理必须掌握企业的经营情况、发展战略、公司文化与市场竞争态势，并且利用各个层面的不同沟通渠道，了解企业中各级各类人员的关注点和发展需要，只有这样，培训经理才能准确地把握并在一定程度上引导培训需求。另一方面，培训经理又必须具备培训的专业素质，了解培训的规律以及培训的最新理念与技术，熟知培训市场的动态，具有设计课程的专业能力和准确审视培训资源的专业眼光并能做出有效评估。

（五）课程

1. 课程体系

学院建立的课程体系面向各级员工和经理提供 300 多门面授课程以及 2000 多门网上课程，系统全面地满足不同岗位、不同层级员工或经理在不同阶段的能力发展需求。包括技术类课程，为销售、服务与项目经理等特定人群提供的专业培训以及学院同国际知名院校合作为中国电信行业的管理人员包括爱立信公司管理人员提供的 MBA 课程。而学院的对外课程体系也根据每年行业的发展特点和客户需求，不断调整、更新目录。

课程内容涵盖管理培训（领导力与商务）与技术培训（网络规划、硬件安装、网络集成、系统运维、网络优化等诸多方面）。爱立信中国学院的课程体系由四个部分组成：1. 针对所有员工的基础素质系列，包括公司文化历史、主要业务、基本财务、市场销售和项目管理等；2. 不同功能岗位的系列课程：根据员工具体隶属的岗位系列，提供不同的培训课程，包括市场销售系列、研发系列、项目管理系列、服务部门系列、采购物流系列、行政管理系列等；3. 不同领导层级的系列课程：针对中层、中高层和高层管理者的领导力课程；4. 公司产品相关的课程：与公司所生产和提供的产品紧密相关的系列培训课程。

学院的课程体系紧密围绕企业的战略方向，牢牢把握企业的培训需求。爱立信的培训需求调研可以分为"自上而下"和"自下而上"两部分，前者在于了解公司的战略、发展目标与核心理念，制定出符合战略方向的培训计划；后者在于通过各种途径，分析并了解员工的培训需求。

2. 课程开发

学院在课程建设方面有十几个专职工作人员，主要做项目课程开发、课程推广、授课、课程管理与市场推广等工作。爱立信公司有一套非常完善的项目研发体系，并整合为四个角度，有人员的视角、组织的视角、业务的视角与知识分享视角等，利用这个工具来指导课程开发。这套研发体系以爱立信的通用项目管理流程为基础，考虑培训课程开发的特点，从课程开发的前期调研、可行性研究到不同教学类型课程的具体开发过程，再到开发中的质量控制，以及开发之后的市场推广与反馈，都做了专门指导并建有全套的课件模板和开发工具，为学院打造系列精品课程提供了有力的保障。爱立信的培训专家利用该套体系配合强大的数据库，使课程开发如虎添翼。

学院的绝大部分课程都是根据部门需求量身定制的。企业大学在成熟阶段，定制课程会越来越多，培训对象对学习方式、培训方式与培训内容的要求更高，只有从员工、客户的实际情况和需求出发，才能量身定制出最适合的培训方案。学院将课程设置模块化，根据具体需求、具体方案，提炼知识点，加入新内容，最后开发成新课程。近年来，该"量身定制"的概念越来越被公司内外客户所接受，其优势在于能够针对培训对象所面临的不同现状，设计独特而有针对性的解决方案，从而帮助各部门达成具体的培训目标和工作目标。学院在"量身订制"的项目中则更加突显自身专业化、系统化、本地化的优势。

（六）知识管理

学院对建立知识管理的机制，促进跨部门的知识分享，提高实践中产生的知识的复用率也给予大力的支持和推动。爱立信几年前就从 IT 系统上实现了全球知识分享的功能，通过虚拟社团的形式让全球各地的员工一起进行实时互动、分享知识和相互支持。现在的虚拟社团活跃着几十个知识社区，每个社区都有指定的兼职管理员，社区成员可以浏览也可以发布相关内容。爱立信中国学院积极鼓励讲师利用社区平台参与全球经验分享，近两年更是将知识分享定为很多业务部门经理的绩效考核指标，同时要求提升发布内容的数量和质量。学院还提供更加符合时代发展的学习方式，为此学院打破了常规的"你教我学"的传统模式，创造性地推出了"learning 2.0"的概念，主张在创造知识的同时，强调个人与个人以及组织与组织之间的知识分享。

（七）外部合作与联盟

爱立信中国学院成立于 1997 年，通过与挪威管理学院及复旦大学的合作，创办了中国第一届电信专业的管理硕士研究生班，首批学员于 1999 年 12 月 16 日正式毕业。此后，学院还与澳大利亚国立大学合作开设了国际管理硕士课程，进一步加速了与国际化接轨的进程。目前，学院已与国内外著名大学如：北京大学国家发展研究院、清华大学经管学院、复旦大学管理学院、上海交通大学安泰管理学院、挪威工商管理学院、澳大利亚国立大学、英国剑桥大学、美国杜克大学和法国雷恩商学院等建立了战略合作伙伴关系。进一步提升了学院在学术领域的影响力，提高了办学层次，拓展了服务领域。

在与学界密切联系的同时，学院更成为通信业内企业大学的标杆和行业内的领跑者。学院是国内通信行业企业大学协会的重要会员、美国培训与发展协会（ASTD）会员。学院举办的面向国内外通信行业高管的年度爱立信中国学院论坛在业内颇具影响力。

学院还积极与政府部门合作，积极参与信息产业部"TOP200"项目为通信产业不同工作岗位、不同专业的技术人员提供了 50 万学员日的培训，为电信领域高级技术人才提供了先进、实用的短期培训。为近千名中国电信精英提供了学位教育，成为国内企业提供学历及高管教育的先行者。

学院与企业及产业价值链上下游的投资商、供应商、客户以及代理商等合作伙伴建立战略合作关系，长期为通信行业的专业人士销售和提供多达200门技术及管理培训课程，每年的营业额高达数亿人民币。学院还与国外的电信运营商合作为中国的同行们提供许多先进经验。通过对产业价值连上相关企业的人才的培养来促进产业的发展并有效支持企业自身的业务发展，培训成为协助开拓市场、在中国建立和推动长期战略合作伙伴关系的重要手段。

另外，通过十多年的积累，爱立信中国学院已与国内外的培训公司、大学以及一些咨询公司等众多优质培训机构建立了长期合作关系，学院熟知各方优质培训资源各自的特点和优势，爱立信学院凭借其专业水平，成为连接和整合客户培训需求与培训资源的专业平台。

四、国美培训中心

2005年2月20日，中国家电连锁行业的第一家企业大学——国美商学院正式成立，学院主要培养公司中高层领导。为了更好地服务企业发展战略，拓展培训对象，完善培训体系，国美培训中心①在国美商学院的基础上于2009年7月21日成立。同时，北京国美零售培训学校（Store of learning，SOL）也正式开始运营。2009年8月31日，中心下属的国美E学院成功上线。

（一）使命与理念

作为家电零售服务业，全体一线销售人员的服务质量与销售能力对企业生存发展至关重要，企业的产值利润都是由一线销售人员在销售服务中创造出来的。因此，贴近实战的持续的系统的学习自然就非常重要，尤其是能够不断总结提炼出来自一线销售服务的最佳实践并进行快速复制推广是企业竞争力的更重要体现，这些既是企业大学所应承担的责任，又是其价值所在。

国美培训中心以提升单店盈利能力为核心开展培训工作，以满足企业发展战略的能力需求，并大力开展在线学习以降低运营成本，提高培训效率，从而更好地服务企业发展战略。

中心提倡以全员性、适应性及超前性、持续性培训为主，以为用而学、学以致用为目的，树立运用知识、发展能力与提高素质的学习观念，以积极主动、

---

① 北京大学企业与教育研究中心，国美培训中心调研报告及访谈纪要［R］．企业大学案例，北京大学企业与教育研究中心，2011，5．

认真求实和经验共享的学习态度参加培训，通过以问题为中心、善于提炼与知行结合的学习方法，发掘每个人的最大潜力。

（二）组织架构

公司目前拥有总部—大区—分部—门店四级培训体系。总部培训中心负责总部员工培训、公司整体培训规划以及人才培养体系建设；大区人力资源部负责大区人员培训并监督大区所辖分部的培训实施；分部人力资源部门负责新员工入职培训及分部职能部门人员培训，分部的门店经营管理部负责门店员工业务类培训。

总部培训中心隶属于集团公司的人力资源部，中心主任由集团公司人力资源副总监兼任，汇报对象是集团公司的分管领导。总部培训中心由总部培训部、营运培训部、E - LEARNING 部、领导力开发部、企业文化建设部组成。

（三）培训

1. 培训管理

由于培训中心是面向企业内部培训，因此经费完全由企业保障，财务管理主要采取项目预算制。公司注重培训绩效考核并建立完善的培训绩效考核指标体系，针对培训中心的考核指标有：培训预算执行率；培训费用使用效率；培训项目完成率；学员满意度；讲师体系完善度；课程满意度；内部知识文档化程度；课程体系完善度；培训工作对业务的支持程度；文化传播度等。

培训项目的运营管理体现了基于项目的扁平化柔性管理理念，即由培训中心根据企业战略需求、岗位业务需求和人才培养需求进行培训项目立项，由企业各部门相关人员组成项目小组，基于项目任务进行协作。培训项目开发实施管理流程大致为：1. 各部门提出培训设想；2. 共同探讨并分析需求；3. 提交初步培训方案；4. 按项目管理标准流程制定实施方案；5. 实施培训；6. 对培训效果进行（线上）问卷调查并进行分析；7. 评估培训效果；8. 跟踪服务及顾问式咨询。

培训中心在企业整体层面相继建立和完善了各项培训制度，如：讲师管理制度；SOL 标准化建设制度；国美 E 学院上线制度；领导力培训制度；远程学历教育制度等，为企业大学的发展营造了良好的制度环境，并促进企业大学的规范化管理。

2. 培训体系

随着 2009 年国美集团的战略调整、优化转型，面向全员、全岗位的内部培训更显得尤为重要。国美将培训体系看作企业发展的核心竞争力，并在四级培训体系的基础上搭建了全方位实战型培训体系，包括四大培训平台，分别是：面向 100 位公司高管开放的高管管理俱乐部；面向 2 万名中高层管理人员开放的国美大讲堂；面向 20 万名门店营运体系员工的国美零售培训学校；面向公司全体 22 万人的国美 E 学院，是行业最大的人才培育基地。

（1）高管管理俱乐部

高管管理俱乐部是面向公司 100 位高管的培训平台，是面向公司内部培养具备现代零售知识以积极应对国际化竞争的高级人才。之所以称其为俱乐部，是因为这个培训平台提供了宽松、民主的环境，以利于企业高端创新人才的培养，从而更好地服务企业的战略转型。基于这个平台运作的培训项目有高管研修班、高管个人进修的奖学金项目以及出国考察团等项目。国美高管研修班注重绩效导向的培训，其有别于一般高校商学院注重系统学习理论知识的教学风格。例如，在国美高管研修班积极启动行动学习项目，面向全国高管征集困扰国美运营管理的实际问题，100 名高管以行动学习方式进行课题攻关。

（2）国美大讲堂

国美大讲堂则是面向企业内部重点培养中高层管理人才，进行国美企业文化、领导力及服务艺术等方面的培训，以保障公司快速扩张及战略转型阶段对人才的需要。例如，"国美管理大讲堂"以集团高管为讲师，以公司战略变革为内容，向全国各大区、分部的同事进行讲解。

（3）国美零售培训学校

培训中心在公司新时期新战略的指引下，为了达成培训为公司运营体系服务的核心目标，创建了国美零售培训学校（简称 SOL）。SOL 是面向全国 20 万员工开放的营运培训平台，也是国美培训体系中的基础平台，用以支撑门店全岗位的菜单式培训，同时也为使普通促销员、营业员快速成长为店长提供系统的培训支持。该模式的最大特点是"前店后校"，即基于一家正常运营的门店，开发一所与门店业务密切相关的培训学校。SOL 提供了课堂教学与实际操练紧密结合的培训模式。课堂教学采取讲师授课→员工根据教材自学→书面测试的模式；实际操练则在门店日常工作中进行，采取教练辅导→现场训练→实操考核的模式。因此门店接受培训的员工就有讲师和教练两位老师,其中讲师来自分部中高级管理层,负责课堂教学及书面测试,课堂教学除了教师面授外,还有国美 E 学院这一网络远程教学平台;教练则来自店内管理层,负责实操示范与辅导以及实操的考核。每家 SOL 有讲师、教练各 10 名左右。经过讲师的课堂理论教学之后,学员在教练的指导下在门店进行岗位实操的培训,密切联系了理论与实践,做到在实践中理解内化理论、在理论中总结反思实践,提高了培训的效果和效率。"前店后校"培训模式的核心是岗位实操考核,学员能否毕业并非仅看书面考试成绩,而是最终取决于岗位实际操作是否达到标准。

国美电器的每一位销售人员都会定期接受 SOL 的培训,在专业知识、服务礼仪等方面进行系统化、持久性的学习和提升,不断满足消费者日益提升的服务需求。从营业员到品类主任,再到副店长、店长,SOL 都有相应的必修课程设置,能够实现从营业员到店长的全岗位培训。通过阶梯式培训,国美在最大程度上帮助大学生和普通营业员一步一步成长为合格的店长。

截至 2010 年 11 月,在全国 6 个大区,已开设 70 多家国美零售培训学校,完成对 1255 位店长的资格认证与岗位实操认证,712 位教练的资格认证并已开发了门店店长应知应会手册、门店主任应知应会手册、全品类商品手册、领导力提升培训标准课件与三合一培训课件,合计 5 项实用工具。

(4) 国美 E 学院

国美培训中心下属的 E - LEARNING 培训部专职负责国美 E 学院的运营与管理,主要职责有网络课程设计、开发、采购、推广以及网络系统管理与维护等。

国美 E 学院网络学习平台的功能有课程学习、考试报名、在线考试、调查问卷、论坛发帖、积分奖励查询与兑换、电子图书馆、个人学习档案建立及查询等。同时,网络平台还提供相关的管理功能,如培训进度管理、培训课程开班考试管理和培训经费管理、报表查询等功能。通过系统建设,国美网上培训管理系统,即培训综合管理平台已逐步完善,已实现培训管理、在线学习、在线考试、讲师管理、资源管理与员工职业发展等功能。

国美 E 学院积极推行电子课件制作工程,课件主题有商品知识、ERP 系统和销售技巧等;课件来源有自主开发、市场直接采购、市场外包。学院具备一定的自主策划、设计和开发课件的专业能力,同时又具有共同的业务经验基础,能深刻理解企业自身的知识需求，这些都有助于设计开发高质量的课件产品。市场采购的课件可直接使用，一般是相对成熟的通用素质能力课程。市场外包课件基于商务、服务、技术、价格等评价指标通过市场招标、竞标形式确定供应商，由课件供应商为企业量身定做课件产品。

国美 E－LEARNING 的有效应用与推广，得益于学习资源与环境的建设、丰富多彩的网络学习活动的开展、网络学习制度与激励措施的建立完善以及公司学习文化的建设。鼓励教师和学员积极参与网络教学，建立健全了相关的网络教学制度和激励措施。

国美 E 学院的成功上线，解决分散在全国各地员工的学习成长问题。网络学习突破时空界限扩展了培训覆盖范围，从总部到终端的远程学习，实现了统一标准化无损失的快速复制，弥补面对面课堂培训的不足，有助于灵活安排员工培训时间，提高了学习的效率，大大节省了培训成本。

国美 E 学院基于岗位胜任模型不断完善网络课程建设，完善不同职级与不同部门的课程体系。在学习方式上倡导混合式学习，在突出岗位实践操作的同时强化面授、网络教学和移动学习。不断丰富学习资源，拓展学习途径，充分发挥书籍、手册、录像、网络社区、移动通信工具、在线研讨会、视频会议电话会议等多种学习媒介各自的优势，提高学习效率和效果，从而实现泛在学习，使国美 E 学院成为公司有效知识管理与共享的重要平台。

（1）国美培训体系的特征有：

第一，实战型培训。所有不能转化企业组织绩效的培训，国美都尽量避免去做，而是做能够在实践当中驱动业绩提升的，或使员工心智和行为得到切实改善的培训。

第二，网络化发展。国美拥有 1200 多家门店，覆盖了全国各个城市，其网络化的运营系统，必须通过网络化的培训方式来满足培训需求。具体的体现在两个方面：一个是物理的网络，2010 年底国美已建设完成由 70 多所国美售培训学校所构成的大学网；另一个是虚拟的网络，就是国美 E 学院远程教育平台，其优势在于降低培训成本，提高培训效率，培训内容能无损复制、跨时空传播，以实现最佳实践的推广，而且学员完全可以灵活选择自己方便的时间去学习。

第三，全岗位覆盖。假设国美运营着一架商业机器，这架机器每个部件的运行效率都决定着整体效率，若任意一个岗位无法满足要求，就会影响整体效率，成为木桶效应中的"短板"。国美就是出于这样的假设，把所有岗位都纳入培训体系。

第四，低成本驱动。零售业是微利行业，低成本驱动是公司各项业务的宗旨，培训业务也不例外。但培训更注重的是优化成本结构，最显著的优化就是基于信息技术的网络培训。传统面授培训大部分费用支付在交通费与食宿费，在总培训预算不变的情况下，结构优化使得培训效益实现倍增。

（四）师资

国美的讲师体系是按集团公司的组织架构划分为总部、大区与分部三级，每一级都有自己的教师队伍，但绝大多数是企业内部的兼职教师。公司正逐步完善讲师、教练的资格认证体系，从而科学规范地进行师资队伍的建设。

全国共计 70 多家国美零售培训学校，在 SOL 培训每位员工的两位讲师一般是来自大区或分部的管理层，负责课堂教学及书面测试；两位教练则来自门店内的管理层，负责实操示范与辅导以及实操的考核。

公司积极倡导来自公司内部的业务骨干和有丰富经验的管理者兼职培训讲师和教练，把参与公司重大培训项目、具有讲师与教练的资质，作为员工与管理者评优、晋级的重要条件，并把承担示范、辅导和讲授等培训任务作为团队管理者应尽的职责。

总部讲师大概有 20 名，多由管理者兼任，主要负责培训项目的规划、组织、实施、考核与验收等。在"领导力 201"培训项目中，为了更好地统一规范实施，确保培训质量及培训目标的达成，总部讲师要到各个大区巡讲指导。巡讲对象有店长和种子讲师，种子讲师多是行政总监或经理等兼任，接受巡讲培训的种子讲师再将统一规范的培训内容、培训过程与培训方式传授给更多的零售学校的讲师。

（五）课程

国美电器的每一位销售人员都会定期接受 SOL 的培训，其中营业员要必修 3 门核心课程，包含 1 门中级课程；店长要必修 10 门核心课程，包含 5 门中高级课程。这些课程分为三大类：一是文化影响力方面的课程，例如组织文化认同、顾客服务；二是专业能力方面的课程，例如岗位知识技能、职业敏感度、执行力等；三是领导力方面的课程，例如团队建设、组织成员发展、学习与创新能力等。通过这样的阶梯式培训，国美在最大程度上帮助普通营业员一步一步成长为合格的店长。

国美的课程规划完全以服务战略为依据，并且根据战略的轻重缓急进行规划建设。由于在连锁经营的家电零售业中，门店店长的领导力至关重要，是提升单店盈利能力的关键，因此"中级领导力201"培训项目作为服务企业战略的首要培训项目，必须首先把资源投放到针对门店店长的"中级领导力201"培训项目，然后是副店长、主任，及店长的上级——总监，进而完善领导力课程体系。此外，公司在员工职业生涯每个发展阶段内以及面临晋升、转岗时都有相应的培训支持。公司对员工的职业生涯培训课程有：岗位道德培训、专业知识培训、领导力培训、转型相关知识培训、资格职称知识培训、轮岗学习、晋升前技能培训、压力或时间管理培训、管理知识培训、市场及客户培训以及财务知识培训等。

国美的课程开发是基于行动学习的开发模式，课程开发强调能力与课程一一对应。课程开发过程首先要确定针对的岗位，然后针对岗位构建能力胜任模型，并从能力点导出课程，使能力与课程一一对应。在具体开发中会根据测评对短板能力的重要程度进行排序，然后投入资源和力量对重要课程进行开发。参与课程开发的人员有来自公司内部的业务骨干，他们在具有丰富工作经验的同时还善于反思，并具有很强的总结、概括、归纳、抽象与提炼的能力。但仅局限于国美内部职员还远远不够，行动学习最忌讳知识的体内循环，即使再有能力和经验，也难免有一定的片面性。除了国美自己的智慧外，一定要引入外部智慧，如外聘教师与行业专家等，由内部和外部智慧的共同参与，形成内外良性互动循环，从而完成高质量的课程开发。

国美根据自身的实际情况和需求，基于行动学习尝试探索出情景教学模式和顾问式授课，并开发配套课程即把抽象的理论知识融入生动的工作情景中，以源自工作实践中的典型案例为载体呈现解决问题的工具和方法。同时，把抽象的工具、方法和理论知识体系碎片化、单元化，与生动的典型案例整合成一个个小的课件单元，并汇聚成覆盖全面的课件库。一个知识单元课件时长15分钟或20分钟，能阐明一个知识点或一个工具，针对不同对象的需要量身定做，把相关知识单元组合配置起来，从而为顾问式学习、授课提供辅助支持。此外，针对这些典型案例及其所涉及的理论、方法和工具进行归纳整合、提炼加工并汇编成实用的顾问手册以应对随时出现在工作中的问题，并提供所需的参考书目及必修课程等以辅助学员的深入学习。

在基于行动学习的课程开发过程中，国美动员目标群体即业务相关人和利益相关人等全员参与、协同攻关，从而真正发现一线岗位的实际问题并加以解决。全员参与有力地保障了项目完成的质量和效率并有效促进了项目的推广和应用。

（六）知识管理

对于连锁经营的服务业而言，知识管理非常重要，尤其在企业快速扩张阶段。国美在扩张期开设分部的时候，对系统化、标准化、流程化的业务模块和管理模式的复制发挥了重要作用。这得益于企业自身发展所积累的管理经验和逐步完善成熟的管理模式，从而形成了业务、运营、人资和行政等各个体系模块并配有标准化的经营管理手册，并且每年产生的新的制度和流程会及时更新。

培训中心的总部培训部负责的公司知识管理运营，系统全面地完善了知识管理工作，不再局限于自上而下的有关公司业务与管理的模式模块、体系流程与规章制度的知识管理，而且形成了基于行动学习的自下而上的知识生产、加工、整合、分享的知识管理机制与模式，即源自对每个岗位必备知识技能的总结归纳、工作经验的提炼加工，并与国美 E 学院的网络学习平台相结合，把每一个体系所涉及的关键岗位的应知应会的知识与技能开发成标准化的课程体系，建设完善了相关的电子课件资源，从而基于网络学习平台实现低成本驱动，快速无损复制推广公司的最佳实践，实现高效的知识分享与管理。

（七）外部合作与联盟

国美在完善自身的培训体系、打造企业学习力的同时，为更好地服务企业的发展战略，还积极引进外部智慧，与上下游产业链的合作伙伴、著名企业大学、培训机构、政府及科研院所等建立了广泛的联系并深入开展合作，在提高自身的培训工作的质量和效益的同时，拓展了企业的价值链，扩大了企业的社会影响力。

国美培训中心与公司的供应商、客户、合作伙伴等基于合作项目积极互动，拓展了企业发展的空间和价值链。例如，与三星、LG 合作高管（总监级）培训项目；E – LEARNING 部与安博、东软等公司合作，共同开发电子课件及录制相关课程；与 SHARP 等多家世界 500 强公司联系，共同组建供应商大学。

为了充分利用外部学习资源，国美还积极与政府、高校、科研院所和培训机构等开展合作项目，因此不仅提高培训的效率和效果，还提高了公司的社会影响力。2010 年 8 月，与国家培训网、人力资源和社会保障部、北京大学、北京航空航天大学、江南大学、哈尔滨工业大学和华中科技大学等合作开展"远程学历教育"项目，并与北大、清华开展面向公司高管的 EDP 项目，从而在公司育才留才、配合公司战略发展转型等方面发挥了重要作用；2010 年 9 月，与零售商学院、人力资源和社会保障部等合作开展"店长职业资格培训"项目。为了更好地分享、学习并交流企业的学习经验，国美于 2010 年 4 月，晋升为"中国行动学习联盟"常务理事单位；2010 年 6 月，进身为中国远程教育协会理事单位。国美还依托全国各地的 SOL 与当地的高校开展建立"高校毕业生就业见习基地"试点工作，为高校毕业生提供见习岗位，帮助其通过就业见习提升就业能力。

第二节　企业大学的内部关系

一、隶属关系

通过上述企业大学实践调研以及国内外典型企业大学案例研究的文献分析可知，企业大学是母体企业出资创建并运营管理，隶属于母体企业并主要服务母体企业发展战略。综合其在母体企业中的隶属关系有以下几种：

（一）很多企业大学在母体企业中处于重要的战略地位，由母体企业的董事长出任首席学习官（CLO），直接领导企业大学，企业大学隶属于企业的决策层，服务企业发展战略。同时，为更好地服务企业发展战略，企业大学一般设立由决策层管理层的领导及各职能部门业务部门的高管组成的委员会负责制定企业大学的大政方针并对企业大学各项工作的具体实施予以配合支持，强化了企业大学服务战略的职能与地位。

（二）由母体企业的总经理（CEO）直接领导，隶属企业管理层，服务企业的经营管理。

（三）由母体企业的人力资源部经理直接领导，隶属于人力资源部，服务企业的人力资源管理与开发。

企业大学在母体企业中的组织关系、组织结构取决于母体企业的具体需要，同时也体现了企业大学所侧重的不同职能：或是侧重于服务企业的战略发展；或是经营管理；或是核心业务等，功能与结构相互对应。

二、组织架构

通过上述企业大学实践调研，以及国内外典型企业大学案例研究的文献可知，服务母体企业战略发展的企业大学的内部一般设置由企业决策层、管理层和各职能部门业务部门高管共同组成的教学指导委员会或称政策管理委员会，如中国电信学院、爱立信中国学院都设有教学指导委员会。委员会是企业大学的决策管理机构，由母体企业的董事长领导，负责企业大学重大方针政策、战略决策的制定，负责指导统领企业大学的各项工作，使企业大学能更好地服务于母体企业的战略发展。有的企业大学为了能够更充分地服务基层，服务各分支区域，满足一线生产实践的学习需求，并使决策与管理能更符合企业战略发展的整体利益，将企业大学委员会吸纳来自基层、各分支区域、工会的代表以及员工代表。此外，一些大型跨国公司还在世界各地设有地区性大学委员会，有的企业大学组建行业大学联盟并组建委员会，促进同行企业大学的交流合作，实现资源共享、互利共赢，如中国通讯业企业大学教学研究会。

企业大学委员会为广泛平等交流、深入研讨、集思广益、共谋会商与群策群力提供了理想平台，为企业战略发展提供智力支持、贡献智慧结晶。因此不仅提高了科学决策水平，更强化了执行效力；不仅有高层决策者管理者支持并参与执行体系，而且各业务部门职能部门的经理也参与执行体系，一起提出企业大学的共同愿景并付诸实施，从而既为企业大学与各职能部门、业务部门间的协调配合提供了组织保障，也有利于资源共享、系统权衡、统筹协调、形成合力与高效运行。

通过上述企业大学实践调研，以及国内外典型企业大学案例研究的文献分析可知，企业大学内部组织结构的设置一般是根据企业大学的服务对象来设置院系（服务对象主要是母体企业的核心业务部门、职能部门及其重要生产岗位或战略人群等），以更好地服务企业的发展战略、经营管理及核心业务，更好与企业生产实践相融合。例如，摩托罗拉大学由领导力和管理学院、营销学院、质量学院、供应链学院和工程学院等五个学院组成。中国电信学院依据公司各业务条线，成立了领导力发展研究中心、核心员工教研中心、VIP客户教研中心及在线学习教研中心（负责运营管理中国电信网上大学），并且各中心与产品研发、销售、服务等各个部门紧密合作，与各个生产环节相融合，及时为他们提供专业化的知识生产服务，及时培训学习产品研发的知识经验，培训学习与新产品有关的业务知识，分享各最佳实践等，促进知识创新与分享，发挥知识效能，成为知识生产的重要环节。另外，还设立为各教研中心提供支持并承担相关管理职能的教务部和综合管理部。同时，在企业的各业务部门、职能部门及其基层单位、分支部门也都有相对完善的培训学习组织，从而与企业大学共同构成了企业基层、中层与高层相对完备的培训学习体系，使知识生产服务与企业生产实践充分融合。同样，企业大学的知识结构也是以岗位知识技能为主体，并以不同生产部门、不同工作岗位、不同职级系列为内在逻辑进行组织并形成课程体系①。

服务企业发展战略的企业大学需要与生产实践相融合，需要源自一线生产实践的知识创新与知识应用，因此企业大学也必然要完善基层学习组织。事实上，一些企业大学也都是在原有企业培训体系的基础上创建的，培训体系中一般都有比较完善的基层培训组织。例如，中国电信学院就是在原有的总部、省级、市级三级培训体系的基础上创建的。企业大学位于培训体系的高层，主要负责制定战略决策、服务战略发展，服务对象也一般是企业高层、核心员工等。但战略决策离不开对企业一线生产实践的调研，离不开对基层的深刻了解与体察，尤其是发展战略的达成更离不开基层的贯彻落实与具体实施。基层与高层之间是相辅相成、协调一致、系统配合的。

有些企业大学的职责主要是制定组织的学习政策，侧重于学习的管理与评价，而具体学习计划的制定与实施则由中层或基层组织负责，各业务单位也有责任提供岗位技能培训。例如，美国"国家半导体公司"的企业大学主要对员工学习进行管理和评估，并将具体学习项目的决策实施权交由各区域掌握，即由中层或基层学习组织根据各自的实际情况及企业总体经营目标负责具体学习

---

① 北京大学企业与教育研究中心.中国电信学院调研报告及访谈纪要［R］.企业大学案例.北京大学企业与教育研究中心，2011，5.

项目的计划、设计、开发和实施①。再如，国内家电零售企业国美电器集团由于自身的行业特点，其服务核心业务的教育培训非常注重总结分享源自基层门店的最佳实践成果。而作为企业培训体系的高层——国美培训中心则更注重对学习的管理与评价，注重建立完善学习的制度机制，注重制定学习的流程规范标准等，从而有助于快速提炼总结并复制分享源自生产一线的最佳实践成果，而不是将主要精力放在培训实施上。其实即便是具体的实施培训，也大多是聚焦于培训的流程规范标准等内容，并由接受过培训的种子讲师继续传授给中层、基层学习组织或直接通过网络平台实现跨时空无损耗地复制分享②。学习组织的基层与高层实际上也是学习形式的分散与集中的体现，分散学习与集中学习各有利弊，需要相互配合优势互补。决定集中和分散的依据在于成本效益，同时还要考虑能将员工学习与企业经营目标联系起来。通常是在战略层面上的学习培训采取集中形式，而在具体执行层面上则由分散的基层组织决定学习的内容并承担具体培训职责。

三、共性特征分析

通过上述企业大学实践调研以及国内外典型企业大学案例研究的文献分析可知，企业大学一般在企业中具有较高的组织地位，隶属于决策层，由企业的董事长或CEO负责领导，并由各职能部门、业务部门高管参与企业大学的运营管理给予支持与配合。企业大学在企业中具有重要的战略地位，其服务企业发展战略的职能也尤为突出，企业的决策层、管理层以企业大学为平台交流研讨、群策群力，共谋企业发展大计，服务企业发展战略。企业大学的一切工作都围绕企业的发展战略，同时，企业大学的组织结构为其更好地服务发展战略提供了有力的组织保障。由此可见，企业大学在企业组织中具有重要的战略地位，并发挥着服务企业发展战略的重要职能。

企业大学在母体企业中具有相对独立的组织结构，并具有一定的职权与责任，企业大学能够整合研发、决策、管理与生产等各生产实践部门的教育培训

---

①　Eurich, N. *Corporate classrooms*：*The learning business* ［M］. Princeton：The Carnegie Foundation for the Advancement of Teaching, 1985.

②　北京大学企业与教育研究中心. 国美培训中心调研报告及访谈纪要［R］. 企业大学案例, 北京大学企业与教育研究中心, 2011, 5.

资源，便于实现企业整体教育培训工作的系统管理，能够对企业内外的学习资源进行统筹协调集约管理，从而更好地聚焦战略与服务战略，是母体企业高效率、强有力的学习工具。但企业大学并不片面强化学习，更不脱离生产实践的学习，而是更加注重学习绩效，注重学习与生产实践的融合。企业大学的学习组织体系能够保障企业大学与企业的各个生产环节相融合，与企业的各职能部门及业务部门密切联系，基于完善的学习组织体系，基于知识创新、知识应用来为企业的战略决策、经营管理与核心业务等提供全面的专业化的知识生产服务，而有效地实现工作绩效的改善与知识效能的转化。因此，企业大学的组织结构看似相对独立，实则其学习组织体系与企业各职能部门业务部门、各生产环节密切联系；建立企业大学貌似强化了学习，弱化了学习绩效，实则不仅强化了学习，更强化了学习绩效。由此可见，企业学习以改善绩效为导向、以最优化、最大化知识效能为宗旨；企业大学的组织结构不仅保障与强化了学习，同时更保障了学习绩效的实现与知识效能的转化。综上所述，企业大学的组织结构与职能相对应，且组织结构要保障职能实现。

当知识要素成为企业生产实践的基础性要素时，企业大学也必然成为企业供给开发知识要素的重要生产部门。由于企业的各个部门和各个生产环节都离不开知识要素、离不开学习，企业大学的学习组织体系必然要全面而深入，企业大学的组织结构必然要能够保障为母体企业生产实践提供系统全面支持这一重要职能的实现。由此可见，知识要素在企业中的地位作用必然影响甚至决定企业大学的职能及组织结构。

企业大学的组织结构确保了其知识生产服务与企业各职能部门、业务部门及生产的各个环节相融合。同样，企业大学的知识结构是以岗位知识技能为主体，并以不同生产部门、不同工作岗位及不同职级系列为内在逻辑进行组织并形成课程体系的。因此，无论是组织结构还是知识结构，都使企业大学的知识生产服务与企业生产实践充分融合，从而有效地实现了为母体企业提供自助服务的功能，体现了企业大学内在的生产实践的逻辑基础。由此可见，企业大学的隶属关系、组织结构与知识结构保障了企业大学的知识生产服务与企业生产实践相融合。

第三节 企业大学的外部关系——企业大学联盟

随着社会专业化分工的日益发达，企业不能再将自己看作是完全封闭的实体，而是与供应商、顾客及为企业提供新员工的高等教育机构等价值链成员组成的一个具有共同愿景的利益共同体、一个互相关联的有机系统，企业若要改善其服务质量、提升员工素质也必须考虑整个系统，而非仅考虑某个组成要素。

企业大学联盟或是企业学习联盟是教育培训资源的供需双方为实现互利共赢而结成的合作关系，联盟将参与各方的目标联系起来，建立一种互惠的伙伴关系。企业大学联盟时常充当培训经纪人，从合作伙伴乃至企业大学获得培训资源，然后通过市场进行配置，此时，企业大学与合作伙伴既是大学联盟的客户，又是大学联盟的供应商。企业与高教机构必须深刻认识到彼此处于风险共担和利益分享的顾客—供应商关系中，必须考虑建立联盟关系的企业需要选择有助于实现其经营目标的最佳合作伙伴，并将企业的战略目标与学习伙伴的战略目标联系起来。企业不再向高等教育机构提出一份简单的需求列表，而是向它们详细说明在一个产业中取得成功所需的具体技能、知识和能力。

企业大学与外部一系列教育培训伙伴建立了大学联盟或学习联盟，包括当地大学、全国知名大学、国际性大学、社区学院、学术机构、培训公司、咨询公司以及提供正式认可的学习项目的营利性高教公司等。学习联盟利用每个学习伙伴提供的优质资源，建立整合的学习系统，提高学习的质量与效率，并能够保障开发和提供一流的培训项目，从而满足企业的学习需求。依靠对员工未来知识能力需求的共同愿景，最佳的企业大学联盟已经成为真正的顾客与供应商之间的伙伴关系。随着伙伴关系变得越来越复杂，对合作伙伴的选择与管理就成为企业大学应该建立和培养的一项关键能力①。

---

① 珍妮·C·梅斯特. 企业大学：为企业培养世界一流员工 [M]. 北京：人民邮电出版社，2005：166.

一、基于企业大学联盟的教育服务

基于企业大学联盟企业能够获得定制化的教育服务，定制化教育是指联盟为特定的工作类别设计定制化的教育项目、培训课程等，这些定制化的教育项目可以授予大学文凭，也能够满足企业提出的核心职场能力的要求。例如，定制经理教育项目和联合创设正式认可的学位项目。

（一）定制经理教育项目

联盟提供的定制经理项目能有效实现双方的互利共赢：对企业而言，定制化项目能有效地将企业文化注入课程，充分利用企业的具体案例研究，并强化组织中不同岗位间的共同语言；对大学而言，提供定制项目服务有助于学科专业知识及时更新，保持与专业实践领域同步，满足实践领域专业人才的需求，促进理论与实践的互动交流，同时，还可带来丰厚的收入，如在美国从短期专题研讨会到完善的 EMBA 教育等一系列经理教育项目每年为大学带来大约 30 亿美元的收入。另外，由于经理和领导力培养越来越被视为战略变革的关键手段，而非一系列不连续的项目和活动，致使通过精心选择的大学伙伴网络实现的定制化经理培训项目的数量急剧增加。

案例：惠而浦布兰迪维克里克绩效中心的经理教育项目①。惠而浦公司希望通过建立学习联盟、建立大学伙伴网络和建立商学院联盟，来实现在教育培训项目的设计、开发和传递过程中对大学优质资源的整合利用，并利用来自整个网络的创新能力、研发能力来设计和开发新的教育培训项目。尤其是能够获得专门的全球化专业知识，从而为公司提供从战略角度思考影响产业变化所需的全球化专业知识和研究能力，促进公司实现跨地区跨文化的商业运营，为公司的战略发展提供有效支持，并帮助公司开发定制化的项目，以满足公司独特的经营需要。

（二）联合创办正式认可的学位项目

由于知识的快速更新，很多传统大学并没有让学生具备在将来的职业发展中获得成功所需的技能、知识和能力，尤其在很多新兴行业的企业组织中，很

---

① 珍妮·C·梅斯特. 企业大学：为企业培养世界一流员工［M］. 北京：人民邮电出版社，2005：183.

多新兴职业与新兴岗位需要具备新的专业知识和专业技能，并且这些知识技能又都需要以系统的专业教育为基础。因此，有些企业基于企业大学联盟来联合创办能够满足生产实践所需的定制化的学位项目。另外，能够提供实用的且非专用性的同时又能被正式认可的培训项目，会提高企业员工的忠诚度和归属感，这样的企业也会被未来员工视为理想的工作场所，从而增强企业对新员工的吸引力。尤其对于一些企业，这样的培训可能是员工第一次接受大学层次的教育，这不仅能为企业发展提供支持，同时也是在实现劳动力的二次开发并为员工的可持续任职与就业提供了支持。

案例：伊顿零售学院①。虽然加拿大零售行业举足轻重，但以前却没有一组正式的课程关注零售行业中成功地进行销售和管理所需的独特技能组合。为培养优秀员工，加拿大零售企业伊顿公司的伊顿零售学院与瑞尔森科技大学建立伙伴关系，开发了真正适合企业的具有弹性的课程体系，并联合创办了零售管理方面的副学士学位项目。零售管理方面的专业证书和学位项目的设立改变了大学履行其使命的方式，也改变了企业投资个体及组织学习的方式。

案例：梅佳泰克学院②。梅佳泰克设计公司的梅佳泰克学院和中密歇根大学联合创办了独特的车辆设计专业的学士学位项目，其目的在于缓解车辆设计（车辆设计是设计师和工程师之间的纽带，是应市场需求而产生的新兴职业）人才短缺的问题。车辆设计的专业课程在梅佳泰克学院的实验室中讲授，从而为师生提供有指导性的、实用的学习体验，并提供接触最先进技术的机会。建立伙伴关系不仅保证了项目能跟上技术进步的潮流，保证了专业知识的新鲜度，而且在行业企业的指导下，使已经入职的员工不仅能够掌握专业知识，也便于通过合作伙伴接受相关的基础教育。

同样为了解决行业人才短缺的问题，贝尔大西洋公司与纽约州立大学和纽约城市大学的 23 个学院组成的"NEXT STEP"联盟，共同创办了通信技术方面的副学士学位项目③。

---

① 珍妮·C·梅斯特. 企业大学：为企业培养世界一流员工［M］. 北京：人民邮电出版社，2005：187.
② 珍妮·C·梅斯特. 企业大学：为企业培养世界一流员工［M］. 北京：人民邮电出版社，2005：190.
③ 珍妮·C·梅斯特. 企业大学：为企业培养世界一流员工［M］. 北京：人民邮电出版社，2005：24.

案例：理特管理学院①。理特咨询公司与波士顿大学的卡罗尔管理学院建立战略联盟，以利用传统大学的规模效益和传统研究型大学的学习资源。公司的学员与波士顿大学卡罗尔管理学院的学生一起上课，可以享受相同的图书馆、教师和教室资源，还可以获得金融、会计和组织设计等具有专长优势的课程体系。按照协议，波士顿大学卡罗尔管理学院保持自己原有的标准并授予学位，同时他们也一起合作开发课程并进行研究活动。

二、企业大学联盟模式

根据企业大学联盟或企业学习联盟的构成主体，企业大学联盟或企业学习联盟的模式大致有以下几种：企业与高教机构的联盟、行业与高教机构联盟和企业与教育项目经纪人的联盟。这里通过案例来加以说明。

（一）企业与高教机构的联盟

1. 与当地的最佳大学合作

案例：南方公司和艾莫里大学的联盟②。亚特兰大的 12 家企业与南方公司集合成一个联盟，南方公司代表联盟主动选择本地最佳大学为这些联盟成员提供教育服务。选择伙伴大学的标准有：具有丰富的实际经验基础，大学的教师具有企业咨询经验并有兴趣投入时间熟悉企业产业及其当前存在的挑战；大学具有必要的灵活性和反应能力，并且愿意在项目设计和教育培训及教师选择上进行实验；伙伴关系的财务和非财务方面能达成一致，主要指与课程及相关学习资源的所有权的问题，来自联盟的课程归联盟而非任何一所大学或一家企业所有。在该联盟模式的创立和设计中，高层管理者的承诺、清晰的愿景和战略目标显得尤为重要。

2. 与当地的社区学院合作

案例：摩托罗拉大学与社区学院的合作③。摩托罗拉大学与当地的社区学院合作进行定制化的人才培养。培养方案中规定了如六西格玛、顾客满意等摩

---

① 珍妮·C·梅斯特. 企业大学：为企业培养世界一流员工 [M]. 北京：人民邮电出版社，2005：197.
② 珍妮·C·梅斯特. 企业大学：为企业培养世界一流员工 [M]. 北京：人民邮电出版社，2005：193.
③ 珍妮·C·梅斯特. 企业大学：为企业培养世界一流员工 [M]. 北京：人民邮电出版社，2005：47.

托罗拉大学的课程。其目的不仅在于培养未来员工，也在于将联盟合作作为招聘工具，既招聘未来员工，也招聘愿意讲授摩托罗拉大学课程的合格教师。摩托罗拉实际上是将当地的教育系统看作供应商，并采取措施管理最终产品（学生）的质量，让其熟悉公司所需要的技能、知识和能力。

3. 与大学学术机构合作

案例：沃里克制造研究组与企业的合作模式①。沃里克制造研究组是英国沃里克大学工程系的一个独立学术机构，其口号是：学术的优秀在于实用性；其愿景是：为合作者和参加者提供基于国际上最佳实践的、最新且实用的学习课程；其教育项目强调个人职业生涯发展与企业业务目标的结合，强调迅速将所学的知识应用到工作中，并强调大学与企业有共同的责任来确定、开发、提供和监控这些项目。例如，沃里克大学的教师通常提供模块中一半的内容，而来自合作企业的高级管理者帮助提供另一半内容，并且不断更新模块内容。它通过与大型跨国企业之间的伙伴关系和国际化的学习网络，将实践性的商业学习充分融入高等教育机构的组织中，并形成了自己独特的模式。

4. 与非传统的虚拟教育机构合作

案例：洛德学院与虚拟教育机构的合作②。宾夕法尼亚西北技术学院是州政府许可的社区学院，但它不是传统的教育机构，而是没有教师、教学楼、学生宿舍和图书馆的虚拟教育机构，但其教育提供方式效率更高、效果更好，并能为本地的企业提供真正需要的课程。同时，由于很多企业拥有高等教育机构不具备的知识和专长，宾夕法尼亚西北技术学院能够充分认识并利用这些优势，通过购买企业的教育培训课程为其顾客提供服务。宾夕法尼亚西北技术学院认定洛德学院的一些课程符合社区的需求，二者建立伙伴关系，企业拥有专用性课程资源，学校则具有非专用性且被正式认可的教育资源，同时具备正式认可的教育资质，二者合作实现了资源共享、优势互补和互利共赢。

---

① 珍妮·C·梅斯特. 企业大学：为企业培养世界一流员工 [M]. 北京：人民邮电出版社，2005：225.

② 珍妮·C·梅斯特. 企业大学：为企业培养世界一流员工 [M]. 北京：人民邮电出版社，2005：169.

5. 与非传统的营利性高等教育公司合作

案例：美国电话电报公司商业与技术学院和凤凰城大学的合作①。凤凰城大学是公开上市的阿波罗集团的子公司，专注于为非传统学生市场提供教育的营利性大学，以企业方式运营，其产品是教育，客户是学生。凤凰城大学能很好地满足在职成人需求，其面授时间灵活，课程计划灵活，开设远程学习项目，拥有全国 51 个校区和学习中心，并都以合理的价格和一致的方式提供统一的教育产品，且非常注重教育产品的质量保障。美国电话电报公司商业与技术学院与之建立了学习联盟，联盟为公司在全球 20 万员工提供本科和研究生学位教育项目。

（二）行业与高教机构联盟

案例：全球无线教育联盟②。全球无线教育联盟是爱立信、美国电话电报无线服务公司、朗讯科技公司与摩托罗拉公司等具有共同利益的同行业企业汇集起来为整个行业提供教育解决方案的联盟。联盟于 1996 年底成立，目的在于满足迅速成长的通信行业对于无线技术专业人员和工程师的迫切需求。产业技术创新及教育界和产业界之间的沟通不足导致毕业生的技能与产业要求之间产生显著差异，熟练的无线技术员工难以找到，即使找到合适的员工，也需要进行半年以上的基本培训。同时，行业企业在招聘和留住员工方面遇到的难题是企业花费大量时间对员工培训，然而却常被另一家企业以 25% 的加薪挖走。

全球无线教育联盟创新专业教育模式，由同行业的企业和学术界教育界合作来解决共同的问题，共同培养一批无线技术专业人员和工程师，同时也避免了行业内的人才争夺、零和博弈。基于全球无线教育联盟还可以避免重复建设资源浪费，可在全世界的许多学校更快地开设无线技术培训项目，使工程师和专业人员培训具有更高的效率，能让所有的成员以非常合理的成本迅速获得最新的培训资源。产业界与教育界合作是人才供需双方的合作，有助于缩短课程开发周期，高效开发符合需要的特定课程体系，并通过授权联盟中的学校使用

---

① 珍妮·C·梅斯特. 企业大学：为企业培养世界一流员工［M］. 北京：人民邮电出版社，2005：222.

② 珍妮·C·梅斯特. 企业大学：为企业培养世界一流员工［M］. 北京：人民邮电出版社，2005：215.

课程材料，实现资源共享，这对于迅速发展的产业是非常关键的。全球无线教育联盟的目标是吸引总计 100 所学校参与，全球无线教育联盟已经将自己确立为高效地培养大量的专业技术人员的机构。全球无线联盟成为行业与大学合作关系的一个典范。

（三）企业与教育项目经纪人的联盟

案例：美国联合保健公司与伦斯勒学院的联盟①。美国联合保健公司位于明尼苏达州，在世界各地拥有 30000 名员工。为了给分散于世界各地的员工提供培训，使培训运作系统化并提供高质量、有成本效益的学习解决方案，公司与伦斯勒学院建立学习联盟。伦斯勒学院被选中的主要原因在于：它能够远程提供专业和管理培训，有企业学习伙伴和培训项目经纪人的经验。伦斯勒学院是波士顿大学、卡内基－梅隆大学、斯坦福大学和麻省理工学院等世界著名大学所提供的教育项目的经纪人，所有这些教育项目都是通过互动压缩电视在规定的场所提供的，无须员工前往这些大学。作为经纪人，伦斯勒学院以尽可能低的费用提供教育项目。该联盟实际上类似于在寻找最优秀的教师，然后代表总数达 20 万（联合保健公司和联合技术公司的员工总数）的员工争取大幅度的费用折扣。联盟的目标是分享资源和充分利用学生的数量，以争取到尽可能低的费用。

三、共性特征分析

通过企业大学实践调研、文献分析可知，并非所有企业大学都参与组建联盟，是否参与组建联盟取决于母体企业的发展实际和发展需求。一些企业大学具有独立发展的实力，无须借助外部力量，就能够满足母体企业的发展需求。例如，少数实力雄厚企业大学不仅具有自身的核心能力和高水平的知识生产服务能力，而且具备大学水平的专业教育的实力和较强的课程设计开发传递的能力；有些企业大学则完全以企业专有知识为基础，同时又具备一定的知识生产服务的能力；还有些企业对知识生产服务的需求相对有限，自身的企业大学完全能够能够满足母体企业的发展需求。

---

① 珍妮·C·梅斯特. 企业大学：为企业培养世界一流员工［M］. 北京：人民邮电出版社，2005：194.

　　企业大学如何参与组建联盟、选择何种联盟模式且达到怎样的目的，这同样取决于母体企业的发展实际和发展需求。不同的企业有不同的需求，如：培养更优秀的员工；满足新兴行业的人才需求；解决专业人才短缺问题；应对全球化挑战；提高市场竞争优势等，但这些需求又都是生产实践领域对知识要素的需求。不同的企业有不同的实际情况，如：有的企业便于独立地与当地社区大学或全国著名高校建立联盟；而有的企业则通过所在行业来参与组建联盟；有的企业则适合与教育项目经纪人建立联盟关系。但不管采取何种模式都要依据自身的实际情况，也都是为了实现企业大学对外部资源的有效利用，满足企业自身发展的需求。

　　由此可见，企业大学是否参与组建联盟以及如何参与组建联盟取决于母体企业的发展实际和发展需求，这体现了企业大学隶属于母体企业、服务于母体企业的组织性质。

　　企业大学参与组建联盟是企业大学对外部资源的整合利用，体现了诸如成本效益、质量效率和投入产出效益等企业化经营的管理理念。当企业大学无法或难以独立承担知识要素的供给开发时，或者通过专业化的分工协作、通过联盟的互助合作能够提高知识生产服务的质量和效率，并能有效降低成本，具有明显的投入产出效益时，企业大学必然要积极参与组建联盟，从而实现对外部资源的整合利用，同时也有助于企业大学将有限的精力用于强化自身的核心能力上。

　　企业大学联盟的本质是人力资本供需双方，即教育界与产业界在人力资本要素的开发供给方面基于优势互补与互利共赢而结成的合作关系，也是人力资本要素开发供给环节上的专业化的分工协作，同时，教育界与产业界的密切联系体现了学科专业理论与社会生产实践的密切联系。随着知识经济的发展，企业日益成为知识创新的主体，企业生产实践成为知识创新的源泉。企业组织不仅需要大量合格专业人才，更要对专业人才进行不断培养，同时也具备专业人才培养的优势，尤其对于新兴产业而言，教育界无法满足企业的人才需求时，企业必然要承担人才培养的任务，必然要积极主动地与教育界密切合作。专门从事人才培养的教育界则在知识快速更新的知识经济时代必然要与产业企业密切联系，与生产实践密切联系，从而更好地满足社会发展的需要，因为满足企业对合格专业人才的需要，也是满足学科专业理论发展的需要。因此，联盟的本质是人力资本供需双方的合作，是理论与实践的密切联系。

企业大学联盟成为教育界与产业界理想的合作平台，二者具有深厚的合作基础和广泛的合作空间，能够有效实现优势互补、互利共赢，同时，也只有建立在优势互补、互利共赢基础上的联盟才能获得持续健康的发展。基于联盟能够促进生产实践与学科理论紧密联系，促进人力资本供需双方的密切合作，促进以社会生产实践逻辑为基础的企业大学与以学科专业理论逻辑为基础的传统大学等高教机构之间的优势互补与互利共赢，因此联盟持续发展的基础是优势互补、互利共赢。

对企业而言：其一，学习资源的开发与利用。借助传统大学等高教机构学科专业建设的优势，协助企业大学创办新专业，基于资源共享、优势互补，加速课程体系开发，高效培养企业急需专业人才，尤其是专业人才匮乏的新兴产业。其二，员工能力培养。联盟有助于促进员工理论水平和实践能力的提高，满足员工专业能力和综合能力的需求。企业员工不仅要掌握具体岗位的知识技能，还需掌握基础知识、一般原理及系统理论等，更要具备持续发展的通识能力，尤其是学习能力。借助传统大学等高教机构的专业教育优势，有助于培养企业员工的专业基础能力、通识能力与综合能力，从而增强员工的可持续发展能力、可持续就业能力、学习能力与创新能力等，满足企业发展对员工多种能力的需要。其三，成本效益优势。通过有效利用整合传统大学等高教机构的资源与优势，并与之分工协作，以尽可能低的费用获得尽可能优的资源，使企业大学在人才培养方面更具成本效益，提升人才培养的质量和效率，弥补企业大学的不足，从而使企业大学集中精力发挥专长，强化自身的核心能力与核心价值。

对于传统大学等高教机构而言：其一，学科建设，能够促进学科专业知识体系及时更新，创办生产实践领域所需的新专业，缩短课程开发周期，高效开发符合需要的特定课程体系，满足生产实践的人才需求；其二，人才培养，基于人才供需双方的合作，并利用企业的教育培训资源，有助于培养学生的实践能力，使人才培养更有针对性，提高人才培养质量和效率；其三，服务社会，高教机构通过联盟能有效实现服务社会的职能，同时也能获得一定的经济效益。

由此可见，企业大学联盟所反映的本质是理论与实践的联系，人才供需双方的合作，人才供给与开发的分工协作。并且联盟成员是知识要素市场的重要组成部分，它们基于互利共赢、优势互补结成联盟，从而有效降低交易成本，整合内外资源，基于知识应用价值与市场供需关系促进了知识要素的生产和高效配置。随着知识经济的发展，企业大学联盟也必然越来越重要，并且联盟的基础也将越来越牢固，企业大学联盟也将获得更好的发展。

综上所述，虽然企业大学参与组建联盟的目的、模式各不相同，但联盟的本质和基础是相同的。联盟的本质是人力资本供需双方的合作，是理论与实践的密切联系。联盟持续发展的基础是优势互补，互利共赢。

第四节　企业大学的运营模式

一、项目管理模式

企业大学的运营一般是以项目管理模式为主，从学习项目的需求分析与调研、项目策划立项、预算审核、项目招标与选择合作伙伴，到项目课程研发、师资遴选与培训、学习绩效评估、项目评审改进及应用推广等各个环节都有规范的项目管理流程和具体操作要求及评价标准。这里以中国电信学院的学习项目运营管理为例①管窥企业大学的项目管理模式。

项目来源及立项。学院主要承担的面向企业内部的培训项目主要来自两个方面：其一，计划内承接项目，即承接来自人力资源部及集团各业务部门的委托培训项目。其二，计划外自主立项，即学院结合企业战略发展需求，基于对各业务部门的调研，针对业务发展需求，自主设立的学习项目。学院学习项目的立项原则是优先满足与企业发展战略密切相关的业务需求，重点扶持企业战略发展转型的最核心最重要的能力培养。

项目运营管理。基于项目经理负责制，按项目管理流程具体实施，其流程环节包括：前期——策划、调研、立项；中期——研发、实施、测评、反馈、改进；后期——评审、改进、应用、推广。

---

① 北京大学企业与教育研究中心.中国电信学院调研报告及访谈纪要［R］.企业大学案例.北京大学企业与教育研究中心，2011，5.

首先，基于实地调研考察发现事关企业战略发展的来自生产和管理一线的问题和需求，依据其重要性进行甄别、筛选，并经过立项审核最终确定项目。立项审核包括对项目意义、项目预算、可行性分析、具体实施预案以及预期目标效果等方面的审核。

在项目研发中有自主研发与合作研发等形式。无论自主研发或是合作研发，如需要供应商完成指定项目任务时则要组织项目招投标。由立项部门推荐若干有资质的并且研发能力强的业界优秀的供应商参加立项招标会，参与招标会的还有教务部、综合管理部和企业内外专家等。由专家评委进行打分、遴选，并确定供应商，签订项目合同。项目开发大多数是合作研发，一般先期由学院业务部门根据实地调研进行精心策划、科学实施，在项目实施中会根据实际情况把一些具体任务交由供应商完成并签订具体的项目合同。业务部门会向供应商提出具体要求，有时会根据实际情况提供相关素材，有时还会提供具体的教学设计的脚本等。

在具体的项目研发中要遵循项目研发的流程，如课程开发遵循 ADDIE 流程，其中要求对课程内容形式等进行细致的教学设计；输出的课程产品从课程的大纲、题库、电子课件、教案文本到提供辅助教学的讲师手册、学生手册等在内容和形式上的都有明确、具体、翔实的要求和标准。

在项目评审中，结合立项时所阐述的要达到的成果和预期目标等进行评审。学院要求项目评审不能局限于所提交的项目研发成果，而关键看项目的具体应用效果，对应用实施进行效果追踪，及时反馈并改进。此外，有关课程的复用次数、覆盖人数、生命周期与课程内容的更新机制等成为项目评审的重要指标。通过科学有效的项目评审促进项目成果发挥实效，从而达到改进个人和组织绩效的最终目标。

二、共性特征分析

企业大学通过项目管理模式以完善的制度化形式、科学有效的机制确保企业大学运营的质量和效率，项目管理过程体现了企业大学的制度、机制、价值理念与文化，体现了企业化经营的核心管理理念。项目管理模式是企业大学运营管理的重要模式，它使企业大学的运营管理更加科学高效，其标准化规范化成熟的流程、严格统一的质量要求，能够有效进行全程质量监控和及时反馈，确保质量效率和成本效益，确保过程优化与系统结果最优。

项目管理过程中体现了扁平化管理理念，并完善与知识创新相适应的制度环境和激励机制，有效激发每个人的学习力与创造力，注重集思广益、群策群力，通过组内协作、组间竞争增强团队的协作能力与创新能力，提高团队工作绩效。此外，在项目管理过程中企业大学有所为有所不为，即企业大学承担以知识创新为基础的不可替代的核心工作，而把非核心工作委托外部市场，或与联盟伙伴合作完成，从而有效利用市场、整合内外资源、节约成本、提高效益，并强化了企业大学的核心能力与核心价值。

项目管理过程强调与生产实践相融合，与各职能部门、业务部门及生产的各个环节流程相融合，注重项目研发应用的实际效果，体现了企业大学与生产实践相融合的内在逻辑。

由此可见，项目管理模式是企业大学运营管理的重要模式，体现了企业化经营的核心管理理念，体现了企业大学与生产实践相融合的内在逻辑。

三、筹资模式

企业大学的筹资模式是企业大学运营机制的核心，在某种程度上也是企业大学具体运营的动力机制，其筹资模式也在不断发展完善。由上述企业大学实践调研以及国内外典型企业大学案例研究的文献分析可知，筹资模式一般包括：自筹经费模式、母体企业预算拨款模式以及二者相结合的模式。

（一）自筹经费模式

一些企业大学作为母体企业的业务单位独立运营，它们推销自己，宣传自己在组织内外的活动范围和所扮演的角色；注重理解顾客（包括企业员工、供应商和外部客户）的需要并提供令顾客满意的服务；还构建了与企业战略紧密联系的衡量指标；并且向自筹经费、有偿服务的模式转变，即基于市场化的商业模式提供教育培训服务，这种模式也称为"共享内部服务"或"资源内取"①。企业大学独立运营时，倾向于采用"共享内部服务"模式。如果企业大学不能比外部供应商更好或以更低的成本提供产品或服务，那么内部业务单位

---

① 珍妮·C·梅斯特. 企业大学：为企业培养世界一流员工［M］. 北京：人民邮电出版社，2005：25.

通常能够得到公司的批准，从其他处购买这些产品或服务。自筹经费意味着企业大学没有固定预算保障，增加了企业大学生存发展的压力，企业大学要在市场竞争中求生存谋发展，就必须不断改进服务品质、不断学习业界的先进经验，从而进一步强化了企业大学市场服务的意识和市场竞争的能力。企业大学不仅要保障服务的质量和效率，还要考虑服务的成本效益，尤其强化企业大学自身不可替代的核心能力与核心价值，从而使其服务更具市场竞争力。因此，追求卓越的客户服务成为该模式企业大学成功的关键。

（二）母体企业预算拨款模式

由于大多数企业大学具有重要的战略地位，其职能具有不可替代性，难以通过市场外包来替代，因此大多数企业大学的筹资模式仍以母体企业预算拨款模式为主。并且稳定的经费保障也有助于企业大学专注于服务母体企业的发展战略，而不会因追求部门利益或经费不足而受到影响。母体企业基于企业大学年度预算进行拨款，并建立和完善了相关的绩效考评机制以及财务审计制度，以保障企业大学运营管理的质量和效率，确保企业大学的投入产出效益。

在实际运行中共享内部服务模式与预算拨款模式往往是相结合的，但并非完全以营利为主要目的。企业大学在保证完成年度计划和母体企业指定任务时，也会为各业务单位提供力所能及的有偿服务。例如，中国电信学院的培训服务中时常会有计划外的服务母体企业业务单位的培训项目，而且在保障优先服务母体企业的基础上还结合自身的强项与优势面向外部客户提供一些有偿的市场服务。这不仅提升了企业大学的服务能力，而且拓展了并非完全以营利为目的的筹资渠道。

四、共性特征分析

预算拨款模式表明母体企业愿意为企业大学投入资金，说明企业大学具有投资价值。企业大学在母体企业中具有重要的战略地位和作用，其所提供的知识生产服务具有不可替代性，难以通过市场外包来替代。企业大学是企业知识要素的重要生产部门，具有重要的投资价值，具有可观的投入产出效益，而非可有可无的消费与成本部门。因此，预算拨款模式所反映的实质是母体企业对企业大学核心价值与能力的认可。

企业大学有能力自负盈亏、自筹经费，具有盈利能力，甚至能成为利润中心，彰显了知识的应用价值，更显示了企业大学知识生产服务的实力与水平。企业大学创造的产值利润是对其知识生产服务价值基于市场的测度与认可，表明企业大学不仅对母体企业而言具有不可替代性，具有核心能力与价值，同时能够对外提供具有一定市场竞争力的市场服务，创造产值和利润，因此有些企业大学甚至把成为利润中心作为自身的发展目标。企业大学强化盈利能力、追求成为利润中心，实质上是企业化经营理念的集中反映，具体表现为：企业大学注重成本效益、注重投入产出效益；追求卓越品质，强化自身的核心能力与价值；具有服务意识、创新意识、市场意识、竞争意识与品牌意识等。因此，企业大学的强化盈利能力、追求成为利润中心实质上是企业化经营理念的集中反映。

但企业大学不能过度追求成为利润中心，尤其是完全以营利为目的的利润中心。一旦企业大学成为完全以营利为目的的利润中心，其自身就相当于为母体企业创造产值利润的一项主营业务，甚至可以脱离母体企业而独立运营，这必然导致企业大学无法全身心地服务于母体企业的发展战略，导致企业大学有悖于为母体企业提供自助服务这一组织性质，进而导致企业大学从根本上不再是企业大学，而成为营利性高教公司或培训公司等。

另外，基于实践调研可知，企业大学片面追求成为利润中心，也存在以下原因：其一，企业大学存在生存发展的危机。由于知识要素在企业生产实践中的地位作用并不显著，企业对企业大学并未产生实质性需求，缺乏不可替代的核心能力与价值，当企业发展出现危机时，企业大学可能成为企业的负担，因此时常会被裁员、削减预算，甚至被撤销。因此企业大学需要证明自身的价值，提升服务品质，具备一定的市场竞争力，甚至想发展成为利润中心，能够在自给自足的基础上，为母体企业创造产值利润。其二，企业大学的评价尚不科学、不完善，企业大学的价值容易被忽视。由于企业大学服务母体企业并为母体企业创造的价值缺乏科学成熟的衡量体系，尤其是人力资本开发的价值较难量化为具体的财务指标，同时企业大学的隐性价值容易被忽视，如鼓舞士气、增强凝聚力与建设企业文化等，致使企业大学的投入产出效益缺乏科学评价，再加之如果企业大学自身缺乏核心能力与价值，自然会导致母体企业忽视企业大学的作用，甚至认为企业大学完全就是成本部门。

第五节 企业大学的学习项目认证与服务范围

一、学习项目认证

由于与企业具体生产实践相融合，企业大学学习内容相对更具体，其学习项目、培训产品大多是专用性与定制化的，其项目认证效力相对具有一定的局限性，相应的服务范围也具有一定的局限性。而传统大学的学习内容则以学科专业为主，注重系统的理论知识，强调专业领域的一般原理，其所提供的教育项目大多是非专用性的，其毕业证书是社会认可的通用证书。随着企业大学的蓬勃发展，不同企业大学具有不同的发展需求，企业大学所提供的学习项目的认证范围也不再局限于仅被企业内部认可，有的早已被（行业、产业等）业界认可，甚至被社会认可。据《企业大学未来趋势年度调查》发现，有一些企业大学希望与高等教育机构合作开设正式认可的学位项目，获得社会认可的通用证书，从而增加学习的价值，使员工具备一定的通识能力，具有持续就业的能力。

（一）社会认可（官方正式认可）

1. 独立创办正式认可的学位项目

案例：理特管理学院①。理特管理学院是第一个获得国际管理教育协会正式认可的预备候选资格的非传统学校。理特管理学院为理特咨询公司在世界各地的客户提供培训和发展的服务，提供一年期管理科学硕士教育和一系列短期的经理教育项目，这些项目的目标是为世界各地的现在和未来的理特咨询公司客户提供一流的经理教育。学院面临的挑战是重新建立并强化与咨询业务的联系，通过学院增强理特咨询公司的优势和能力，同时从关系密切的商学院引入最新的教育理念。

理特管理学院获得认证资格的过程是艰难且花费巨大的，认证资格的标准

---

① 珍妮·C·梅斯特. 企业大学：为企业培养世界一流员工［M］. 北京：人民邮电出版社，2005：196.

会影响课程结构、能力衡量指标、使命、规划、管理、研究、学生服务、财务资源、教师资格、项目内容和入学条件等，这些要求可能与企业的战略目标一致，但要符合认证资格的标准。企业大学必须能够证明它与企业的独立关系，还要承担规定的成本、定期自查和同行评价的成本及机会成本，尤其符合规定要求的师资等都需要大量的费用。同时，在课程体系、教师资格和外部评估等方面都必须满足外部的要求，这些要求是由国际管理教育协会这样的资格认定机构设定的。

案例：南加利福尼亚水务公司员工开发大学①。作为公共事业公司，南加利福尼亚水务公司员工开发大学为水务领域人员提供受正式认可的教育。经过漫长的申请和评估过程后，国家级的许可机构——国际继续教育和培训协会（IACET）于1997年向员工开发大学授予了受正式认可的教育提供者资格。追求正式认可资质的主要原因和目的有：1. 员工开发大学的定位不仅是公司的内部培训部门，而且是能为全州的其他公共事业公司提供教育培训的机构，能提供非专用性的学分课程，能销售给其他企业。2. 具备正式认可的教育资格能为企业大学的教育项目增加价值，使其能帮助学员增强任职能力、就业能力。3. 针对将来的管制而采取的保护措施，即将来行业中许多岗位的员工都要求获得继续教育学分。因为员工开发大学拥有受正式认可的教育提供者的资格，所以有许多企业与它洽谈合作事宜，以使企业员工可以获得继续教育学分，获得能增加价值的学习。同时开展合作也能拓展教育培训市场，从而实现其成为利润中心的目标。像迪士尼学院延伸至消费者市场一样，员工开发大学不仅向本行业中其他企业的专业人员提供学习项目，而且还希望成为社区的终身学习机构。

案例：神舟学院②。神舟学院隶属于中国航天科技集团公司旗下的大型科研生产联合体——中国空间技术研究院。神舟学院依托研究院雄厚的空间技术实力，具有丰富工程经验的专家教师、系统的课程体系资源和先进的培训设施，培养出了符合各种实践需要的航天人才，成为中国空间技术研究院人才培养的摇篮和对外学术合作交流的窗口。神舟学院是中国空间技术研究院内培养航天

---

① 珍妮·C·梅斯特. 企业大学：为企业培养世界一流员工［M］. 北京：人民邮电出版社，2005：213.

② 神舟学院简介［EB/OL］. （2008 - 09 - 08）［2013 - 3 - 28］http：//si. cast. cn/Article/ShowInfo. asp？InfoID = 3.

器工程技术与管理人才为主的专业培训机构，目前主要承担中国空间技术研究院员工培训、研究生培养和客户培训合作交流业务，已经形成以飞行器设计专业为龙头的硕士研究生、博士研究生和博士后研究人员等高层次人才培养体系。

案例：微软亚洲研究院①。微软亚洲研究院是微软公司在美国本土之外最大的基础科研机构，在计算机基础科学的创新和技术突破备受全球学术界和 IT 业界的瞩目。2001 年 11 月，位于中国的微软亚洲研究院博士后科研工作站授牌仪式举行，微软成为第一家具有博士后招收权限的外资企业。微软亚洲研究院的博士后科研工作站按照国家人事部有关博士后招生的基本条件进行招生，研究重点包括新一代多媒体、新一代用户界面、无线及网络技术、数字娱乐技术、新一代无线网络与互联网搜索与数据挖掘。

2. 联合创办正式认可的学位项目

案例：爱立信中国学院②。爱立信中国学院与国内外的几所大学合作，于 1998 年获得两个硕士学位授予权：一个是与挪威工商管理学院、复旦大学合作授予的信息通信管理硕士学位，另一个是与澳大利亚国立大学合作授予的国际管理硕士学位，这两个都是 MBA 性质的学位。攻读这些学位的学员大部分是爱立信的客户，约占总学员人数的四分之三，这些客户包括一些政府官员和通信运营商，爱立信通常会为这些客户赞助部分学习费用。另一部分学员就是爱立信的经理人员，一般由各个部门推荐，爱立信免费为他们提供这个教育机会，这部分学员一般为不脱产学习。学员通过两年的在职学习，可以获得由合作院校颁发在国际上认可的管理硕士学位。爱立信中国学院拥有全球高品质的教育合作伙伴，与全球近十家高校建立了合作伙伴关系，其中包括复旦大学、上海交通大学、美国杜克大学、法国雷恩商业学院、挪威工商管理学院、澳大利亚国立大学、英国剑桥大学等。

如前"企业大学的外部关系"中所述，实践中还有很多企业大学与高教机构联合创办正式认可的学位项目。例如：洛德学院与社区学院合作开设制造、管理和销售技术等方面官方认可的学分课程项目。美国电话电报公司的商业和

---

① 微软研究院简介［EB/OL］.［2013 – 03 – 28］http：//www.msra.cn/aboutus/AboutUs.aspx.

② 北京大学企业与教育研究中心，爱立信中国学院调研报告及访谈纪要［R］.企业大学案例，北京大学企业与教育研究中心，2011，5.

技术学院与凤凰城大学建立学习联盟，联盟为公司在全球 20 万员工提供本科和研究生学位教育项目。伊顿零售学院提供零售管理方面被认可的唯一的大学层次的学位项目。梅佳泰克设计公司和中密歇根大学开设了独特的车辆设计专业的学士学位项目。贝尔大西洋公司与纽约州立大学和纽约城市大学的 23 个学院组成的"NEXT STEP"联盟可以授予通信技术方面的副学士等。

（二）业界认可

所提供的培训项目能被业界认可的企业大学一般都隶属于居于行业龙头或产业高端地位的企业，其有实力有能力制定并推行产业行业标准和规范，并制定相关岗位知识技能的认证标准。同时，由于这些企业引领着行业产业的发展，并且具有与生产实践相融合的优势，其所提供相关学习认证项目更具权威性和影响力，甚至超过受正式认可的教育项目。例如，摩托罗拉大学在品质管理方面的权威认证学习项目"六西格玛品质管理"，微软公司的微软认证工程师，思科公司的思科网络工程师，全球无线教育联盟培养通信行业专业技术人才的学习项目等。

（三）母体企业内部认可

当企业大学提供的学习项目、培训产品主要以专有知识为主时，其认证效力范围则会局限于企业内部。一般为了鼓励员工自主学习与发展，企业都会建立相配套的学习激励机制、企业内部认证体系与员工发展评价体系等，并完善相关的制度规范，使员工的学习培训、学习绩效与员工的职级晋升、福利待遇以及职业生涯发展密切关联。如，有些企业大学建立了领导力培训体系及认证测评体系，并将其评价认证结果作为母体企业后继管理者培养选拔的重要参考依据。

二、共性特征分析

创办正式认可的学位项目已成为一些现代企业大学的发展目标，好像只有获得正式认可的资质，才能达到"大学"的水平，正式认可似乎成为现代企业大学的"准入门槛"。然而通过上述案例不难看出，企业大学追求正式认可资质的目的、原因各不相同：理特学院提供的正式认可经理教育有助于母体企业发展客户与拓展业务，同时也是基于企业在咨询业务方面的专有知识而提供的经理教育服务，从而实现知识价值，而不是为母体企业提供教育培训服务，因此严格讲其并非企业大学，而是作为知识型企业的一项能直接创造产值利润的具体业务。南加利福尼亚水务公司的员工开发大学申请并通过正式认可的教育资质的目的则在于满足行业的强制要求，即专业岗位人员都要求获得继续教育学分，同时也有助于提升教育培训的价值，拓展教育培训市场；神州学院与微软亚洲研究院则是隶属于引领行业发展的创新型企业，本身具有雄厚的科研实力、处于科技发展的前沿且引领行业科技创新，也自然在教育科研方面具有权威性，企业利用自身的教育科研资源不仅为企业发展培养储备高科技人才，而且促进了高科技创新成果的研发；联合创办学位项目的爱立信中国学院则主要是为了满足母体企业的客户需求，从而更好地拓展业务、发展中国市场。由此可见，获得正式认可的教育资质与发展学位项目，都是基于企业自身的实际情况和实际需要，即或者对企业而言具有一定的投入产出效益，或者企业本身具备相应的实力或优势。如果不考虑自身的实际情况和实际需要而盲目追求，就会成为企业大学实践发展的误区，尤其对于有些企业而言，获得正式认可的教育资质需要为之付出巨大的成本，甚至超出企业的能力，以至于成为企业的负担。由此可见，企业大学追求正式认可资质的目的、原因各不相同，但都是服务于企业自身发展；是否创办正式认可的学位项目也应根据母亲企业自身的实际情况和实际需求。

企业大学的学习项目无论是社会认可，还是业界及企业内部认可，其所反映的共性是：企业大学对教育培训专业化、正规化、系统性及对学习的质量与效率有内在要求。学习项目认证体现了对学习活动的内在一致性、标准化的要求，体现了对学习目标、学习效果、学习方法、学习过程和学习内容等方面的规范统一的要求，从而保证学习品质与保障高质高效地达成学习目标，并使学习价值具有可衡量性、可比较性。同时，标准化、规模化、高品质与高效率也体现了企业大学企业化经营的管理理念以及对教育培训成本效益的考量。因此，学习项目认证反映了企业大学对保证学习品质的内在要求。

随着认证效力的扩大，其服务范围也相应扩大，同时也必然要受到外部的监管与评价，承担必要的成本。例如，开展学历学位教育项目必然要接受教育主管部门的审批、监管与评价等。但关键是企业大学的学习项目大多强调与企业的生产实践相融合，以生产实践逻辑为基础，有自身的本质特征和内在逻辑，而学位项目则大多是以传统大学的学科专业逻辑为基础的，强调学科专业理论体系。因此，企业学习项目认证需要建立符合企业大学自身内在逻辑的相对独立的认证体系、认证标准及相应的监管评价体系，只有这样才能促进企业大学的健康发展，而不应盲目投入成本去遵循并不符合企业大学自身内在逻辑的其他外在标准，况且盲目满足外在要求也不符合企业大学为母体企业提供自助服务的组织性质。

另外，随着创新型企业成为知识创新的主体，基于企业专有知识及其生产实践产生了很多新兴专业，企业有能力有责任有必要创办新的学习项目，尤其要积极与高教机构开展合作，共同开办专业教育，实现优势互补、互利共赢，满足专业人才培养的需求。

三、服务范围

（一）服务母体企业

由母体企业出资创办的企业大学必然以服务母体企业为根本职能。企业大学通过知识创新、学习分享、知识应用与人才培养等来服务母体企业的战略发展、核心业务和经营管理，以实现知识效能。

但也有一些企业大学在服务母体企业的同时，为社会、为产业行业及企业的合作伙伴、价值链成员提供一定的市场服务；有的则为了企业自身的战略发展、为实现社会价值承担社会责任而向社会提供非营利的公共服务。

（二）服务价值链

随着社会生产的专业化分工与协作的日益发达，很多企业认识到有效培训是面向价值链系统范围的培训，是持续开放的。为实现系统整合效益，服务企业发展战略，企业大学的培训范围更应关注企业的合作伙伴、价值链上的关键成员。价值链成员包括客户、供应商、销售商和培养未来员工的教育机构等。20世纪90年代以后，建立和发展伙伴关系正迅速成为先进企业的一项关键能力，企业大学也日益致力于服务整个价值链。

服务价值链的逻辑假设是：如果价值链上的所有关键成员都能够了解企业的愿景、价值观、使命和质量目标，都了解提升企业竞争优势的相关要求，那么企业就能更好地实现其经营目标。通过企业大学系统掌握获得成功所必需的技能、知识和能力，以使整个价值链有能力提供优质的客户服务，并基于共同学习以获得市场的竞争优势，基于共同愿景积极获得实现愿景的关键能力。企业与供应商、客户、销售商及教育机构等建立联盟加强合作将导致创新、更优的质量和更高的生产力。基于企业大学的合作可以强化伙伴关系，企业大学提供了有效的工具鼓励这种关系，它为追求质量改进提供了理想的合作平台和持续学习的途径。此外，服务价值链也是企业大学重要的经费来源，将培训项目授权给价值链成员或为其提供有偿服务可为企业大学带来可观的经济收益①。

案例：爱立信中国学院②。爱立信中国学院为客户提供的各种培训和学习服务，不仅帮助客户学习使用爱立信的产品和设备，也增加了客户在爱立信产品方面的知识储备，培养了客户对爱立信设备的使用习惯和品牌偏好，促进了公司的业务发展。此外，学院还基于自身的发展经验提供有关企业大学创办建设发展等方面的咨询服务。提供高品质对外服务的爱立信中国学院也因此有能力成为企业的利润中心，每年能为爱立信中国有限公司创造上亿元人民币的销售收入，为公司的收入成长做出重要贡献。

案例：摩托罗拉大学③。摩托罗拉大学不仅向供应商等价值链成员提供六西格玛品质管理的学习项目，同时还与社区学院等教育机构进行合作，以实施定制化人才培养，从而确保学生的学习项目符合公司的经营战略。在合作中，摩托罗拉实际上是将当地的教育系统看作供应商，并采取措施管理最终产品（学生）的质量，让其熟悉掌握公司所需的知识和能力。如创造性地解决问题和学会如何学习等。

案例：GE商学院④。当通用电气公司面临更缓慢的国内增长和国外市场上的超低定价，前CEO韦尔奇决定进入客户的经营领域，除了销售医疗设备外，还要成为顾问，为客户提供咨询服务，提供教育培训服务，向顾客传授如何降低运营成本。尤其是随着产品生命周期的缩短和技术变得更容易模仿，企业必

① 珍妮·C·梅斯特.企业大学：为企业培养世界一流员工［M］.北京：人民邮电出版社，2005：42.
② 北京大学企业与教育研究中心，爱立信中国学院调研报告及访谈纪要［R］.企业大学案例，北京大学企业与教育研究中心，2011，5.
③ 珍妮·C·梅斯特.企业大学：为企业培养世界一流员工［M］.北京：人民邮电出版社，2005：43.
④ 珍妮·C·梅斯特.企业大学：为企业培养世界一流员工［M］.北京：人民邮电出版社，2005：46，57.

须参与价值链的更多环节，从而提升自身的竞争优势。公司利用 GE 商学院开发的技术，如供应链管理方面的"无边界管理"和研讨会，将自己定位为客户的生产力顾问，即企业要为客户提供从服务质量、员工教育到生产力、创新等领域的建议。GE 利用组织在教育和开发上的专长进入一个新的业务领域。

案例：哈雷－戴维森大学①。哈雷－戴维森公司是拥有经销商网络的制造企业；哈雷－戴维森大学专注于提供满足经营需求的学习项目，发现经营问题并解决它们，以推动企业变革，并成为世界上每一个哈雷－戴维森公司经销商的经营伙伴。哈雷－戴维森大学为经销商提供强有力的培训项目，为经销商提供分析技能和客户服务技能方面的培训，以使它们成功地管理自己的企业，在把持续学习的观念扩展至整个经销商网络时，还为经销商培训建立一系列的持续学习的工具——不仅包括基于教室的项目，还包括网站培训、自学课程和鼓励在全球范围内分享最佳实践的会议式活动。

案例：布施学习中心②。安豪泽布施公司是世界最大的啤酒公司，为拓宽销售网络的技能、知识基础和能力，以增加市场份额，公司创办了布施学习中心，其目标是使布施学习中心成为提升企业竞争优势和在市场上培养品牌偏好的工具。学习中心为价值链上的批发商提供完全整合的学习系统，而该系统能够满足更为复杂和更具竞争性的市场需求。其不仅包括销售技能，还包括战略规划、财务管理和库存控制等，以帮助企业和合作伙伴获得成功。另外，学习中心建立了一个虚拟大学为零售商企业中的主要岗位提供一系列范围广泛的学习解决方案。

（三）服务社会公众

如"企业大学学习项目认证"所述，有些企业大学能够提供正式认可的、可颁发通用证书的非专用性学习项目，其所能服务的范围自然不再局限于企业行业内部，而是拓展至社会公众。例如，南加利福尼亚水务公司员工开发大学的定位不仅是公司的内部培训部门，是一个覆盖全州的、可为其他公共事业公司提供教育培训服务的学习机构，而且还希望成为社区的终身学习机构。此外，

---

① 珍妮·C·梅斯特. 企业大学：为企业培养世界一流员工［M］. 北京：人民邮电出版社，2005：172.

② 珍妮·C·梅斯特. 企业大学：为企业培养世界一流员工［M］. 北京：人民邮电出版社，2005：44，175，243.

理特管理学院的管理科学硕士教育项目和一系列短期的经理教育项目；爱立信中国学院的学位项目；神舟学院的研究生培养；微软亚洲研究院的博士后培养；梅佳泰克学院的车辆设计专业的学位项目；伊顿零售学院的零售管理学位项目等都能实现服务社会公众的职能。

四、共性特征分析

通过上述企业大学实践调研以及国内外典型企业大学案例研究的文献分析可知，有些企业可能没有基于价值链的合作伙伴；有些企业即使有，但却在价值链中不具有主导地位，也不具有服务价值链的能力；而有些企业是全产业链经营，其服务价值链自然也就是服务企业内部不同业务部门职能部门、不同生产环节的员工。另外，随着企业大学学习项目的认证效力的扩大，企业大学的服务范围也不断扩大，但企业大学的学习项目要达到何种程度的认证效力同样要根据母体企业自身的实际情况和实际需要。因此，从企业内部到价值链成员乃至社会公众，不同的企业大学有不同的服务范围，这取决于母体企业自身的实际情况和实际需要，并不是所有的企业大学都要服务价值链。

企业大学服务价值链主要是为了更好地实现母体企业的经营目标、发展战略等，是为了提升母体企业的竞争优势，而不是单纯地向外部市场及价值链成员提供营利性服务。通过企业大学所提供的专业化的知识生产服务，使价值链关键成员了解企业的愿景、价值观、使命和质量目标，并系统掌握获得成功所必需的技能、知识和能力，从而使整个价值链有能力提供优质的客户服务，企业大学基于共同愿景通过共同学习获得实现愿景的关键能力和市场竞争优势，实现企业的经营目标和发展战略。

在社会生产的专业化分工高度发达的条件下，企业与价值链伙伴间的分工与协作越来越密切，在市场机制的作用下，企业与价值链伙伴共同构成了相互依存的利益共同体，企业大学则是以利益共同体为基础的学习共同体，企业的成功越来越依赖价值链的整体效能，服务价值链自然就是服务母体企业。

有些企业大学不仅服务价值链，而且服务所在的行业。尤其当母体企业是行业龙头企业时，为了保持企业在行业中的竞争优势与龙头地位，母体企业通过企业大学的教育培训来推行行业的技术标准、质量要求与生产流程等，并规范行业的知识、技能与能力。这一方面有利于提升行业的整体水平、维护行业的整体利益；另一方面则是为了强化企业在行业中的主导地位。因此，企业大学服务所在行业也是为了服务母体企业的发展战略。

同样，一些面向社会公众提供服务的企业大学也是以服务母体企业的根本利益为核心，通过服务社会公众来为母体企业拓展业务、培养人才、承担社会责任和提高影响力等。

企业大学所提供的无论是面向内部还是外部的服务都是与企业生产实践相融合的，这也是企业大学的主要特征和优势。企业大学的学习内容与具体的生产实践经营管理密切相关，是生产实践所需的知识技能；学习目的则是为了解决生产实践中的具体问题，是为了改善工作绩效、实现经营目标；学习过程和方式则注重与生产实践相融合，在生产实践中发现问题、解决问题，在工作过程中获取知识、掌握技能和提高能力。

由此可见，虽然不同的企业大学有不同的服务范围，但根本目的却都是为了服务母体企业，都以服务母体企业的切身利益为核心，并且服务过程都与生产实践相融合。

随着社会生产的专业化分工日益发达，市场竞争日益激烈以及生产实践中知识要素的地位作用日益显著，以知识要素为基础的分工协作早已不局限于企业内部，企业要实现经营目标、发展战略并获得竞争优势，越来越依赖企业与价值链伙伴的密切合作、依赖企业与价值链伙伴的共同学习和依赖企业大学服务价值链的水平。因此，服务价值链不仅是企业大学职能的拓展与完善，更代表了企业大学的发展趋势。通过企业大学的共同学习建立和发展伙伴关系，使母体企业与价值链伙伴拥有共同愿景，并获得实现愿景的关键能力；通过知识创新、教育培训，来降低交易成本、提高生产效率，满足企业与价值链伙伴对知识要素的需求。这些都赋予了企业大学更多更新的内涵，使企业大学成为服务母体企业发展战略的重要工具，使企业教育培训进一步融入企业的经营管理中，企业经营管理越来越依托于教育培训，学习成为企业的重要经营方式。因此，服务价值链是企业大学职能的拓展与完善，并代表了企业大学的发展趋势，同时服务价值链赋予了企业大学与企业教育培训更多更新的内涵，是现代企业大学进入新的发展阶段的重要标志之一。

以知识要素为基础的分工协作日益重要，从母体企业到价值链伙伴，知识应用价值、知识要素的地位作用都不断提升。企业大学成为价值链中供给开发知识要素的重要生产部门，满足价值链成员对知识要素的需求，高效整合利用价值链的教育培训资源以促进知识要素在价值链的高效配置。企业大学成为以利益共同体为基础的学习共同体，为价值链成员共担教育培训成本并共享教育培训收益提供保障，充分发挥教育培训的系统效能，实现知识效能在整个价值链上的转化。因此，企业大学成为价值链中供给开发知识要素的重要生产部门，并促进知识要素在价值链的高效配置，实现知识效能在整个价值链上的转化。

　　企业的成功越来越依赖企业与价值链伙伴的密切合作，服务价值链也自然成为企业大学的重要能力之一。企业大学成为价值链中供给开发知识要素的重要生产部门，为满足价值链成员对知识要素的需求，企业大学的职能在不断拓展完善的同时，其服务能力也在不断提升。此外，在市场机制的作用下，企业大学为价值链成员提供有偿的市场服务，在实现知识应用价值的同时强化了企业大学的服务能力。因此，服务价值链体现了现代企业大学的服务能力。

　　母体企业与价值链伙伴基于共同利益进行密切合作，母体企业更熟知价值链伙伴的发展实际和发展需求。而企业大学则是基于利益共同体的学习共同体，为了实现共同的利益诉求和发展愿景，它们的学习内驱力更强，更易于相互配合协调，并能为合作建立灵活的体制机制的保障。此外，企业大学以生产实践逻辑为基础，其学习目的、学习内容、学习方式及学习过程等都注重与生产实践相融合，具有更优的学习效果，具有其他教育培训机构所不能替代的优势。因此，企业大学服务价值链的职能具有不可替代性。

　　由此可见，服务价值链是企业大学职能的拓展与完善，并代表了企业大学的发展趋势，同时服务价值链赋予了企业大学与企业教育培训更多更新的内涵，是现代企业大学进入新的发展阶段的重要标志之一。企业大学成为价值链中供给开发知识要素的重要生产部门，并促进知识要素在价值链的高效配置，实现知识效能在整个价值链上的转化，企业大学服务价值链的职能具有不可替代性。因此，服务价值链虽然不是所有企业大学都具备的职能，但却是现代企业大学的重要特征。

第六节 企业大学的存在形式

一、实体形式与虚拟形式

企业大学不仅具有完备的组织结构并在企业中具有战略地位，一般也都具有有形的场所以进行日常的工作，如进行交流研讨、集中授课的物理场所。但由于企业大学服务于母体企业的生产实践，更加注重工作与学习相结合，注重在日常的工作情境中学习，因此很多企业大学并不注重建立独立的物理场所，甚至根本没有实体校园，如 Dell 大学，Sun 大学和 Verifone 大学等。

另外，在飞速发展的信息时代，企业大学的存在形式早已超越了实体形式，完全能够实现跨越时空的泛在虚拟学习，实现在全球范围内分享最佳实践。企业大学以虚拟形式创建甚至已经成为一些企业大学实现跨越式发展的有效途径。虚拟大学主要依托通信卫星、互联网内联网和多媒体等信息技术，已经利用网络技术提供按照学习者需求定制的在线学习环境，其目标是按需提供学习——在任何时间、地点以最适合学习者的传递平台提供学习者所需的学习。

由此可见，企业大学的存在形式不仅有实体形式，如摩托罗拉大学、爱立信学院在世界各地设有实体分校区；而且有虚拟企业大学形式，如甲骨文大学、威力风（Verifone）大学等；但更多的是虚实结合，如中国电信学院、爱立信中国学院等不仅具有实体学院，而且有网上大学、虚拟学习社区等。随着信息技术的飞速发展，尤其是虚拟大学因此在实践应用所表现出的众多优势，使很多企业都非常重视虚拟大学的创建，虚拟大学因此成为企业大学的重要形式。总之无论是实体形式还是虚拟形式都只是企业大学的存在形式，而企业大学的实质则是更注重持续学习的过程、不断改进绩效的过程，而不在于是否拥有有形场所或者虚拟的平台。

二、共性特征分析

通过上述企业大学实践调研以及国内外典型企业大学案例研究的文献分析可知，企业大学与母体企业的生产实践相融合，以生产实践逻辑为基础，其生产实践逻辑主要体现在：1. 企业大学以企业化的经营管理理念为核心，注重成本效益、投入产出效益，强调质量效率、讲求务实高效；2. 企业大学强调知识生产服务与企业的生产实践相融合，注重工学结合，强调切实改善工作绩效、解决具体工作中的实际问题等。

因此，企业大学基于成本效益原则，一般会积极利用最有效的技术手段来提供知识生产服务，并能充分发挥技术手段的优势，从而实现最大的投入产出效益。基于信息技术的虚拟企业大学具有众多优势，并且这些优势切合上述企业大学以下的内在逻辑：

（一）虚拟企业大学依托远程网络虚拟学习平台不仅能够实现跨越时空的实时无损地信息传递，从而节约交通与师资成本，而且能够支持多人在线互动交流、协作学习、自主学习和泛在学习等，从而使知识创新、知识分享更富效率。此外，远程网络虚拟学习平台还具有边际成本可忽略不计的经济效益，具有显著的投入产出效益。

（二）虚拟大学基于电子绩效系统、知识管理系统和网络智能学习系统，能有效整合学习和绩效支持环境，高效实现做中学、工学结合、泛在学习，并能有效支持工作环境中的自主学习，提高学习绩效和知识效能，从而使企业大学的知识生产服务与母体企业的生产实践充分融合。

这些优势切合了企业大学的内在逻辑，使企业大学的职能得以充分发挥，使企业大学的发展如虎添翼，促进企业大学实现跨越式发展，因此，虚拟形式成为信息时代企业大学的重要形式。

创建实体形式，还是虚拟形式，抑或虚实结合的企业大学要依据母体企业自身的实际情况和实际需要。对于地理位置分散、知识更新快速和员工数量众多的企业更适合创建虚拟大学，例如，甲骨文公司创建的甲骨文虚拟大学能够及时满足全球32000多名员工及合作伙伴的学习需求，以适应企业知识的快速更新。再如，中国邮政在创建企业大学的过程中将网络大学建设放在优先发展的位置，以实现企业大学的跨越式发展。而对于侧重企业高层领导发展、注重体验式学习与封闭式学习、注重面对面的交流研讨与实战训练的企业大学则更适合创建实体形式，例如，位于纽约克劳顿村的 GE 商学院（现更名为杰克·韦尔奇领导力发展中心）就是有形的实体企业大学，这里的企业中高层领导围绕企业发展战略问题进行封闭式的学习研讨，针对企业发展的实际问题进行实战训练。因此，选择何种形式创建企业大学要根据母体企业自身的实际情况和实际需要，体现了企业大学的组织性质在于为母体企业提供自助服务。

无论是实体还是虚拟形式，抑或是虚实结合，都只是企业大学的存在形式，而现代企业大学的实质则更注重所有层次的员工参与持续学习与不断改进绩效的过程，它不在于是否拥有有形的学习场所或虚拟的学习平台，而在于是否充分应用它们进行持续学习。企业大学的实质是学习过程而不是学习场所。

第七节　企业大学所属组织的规模与属性

一、组织规模

创建企业大学的母体企业一般为大型企业，它们或是跨国或是跨行业的集团公司，或是行业的龙头企业，或是位居产业高端的大型企业，如爱立信学院、通用电气的韦尔奇领导力发展中心、摩托罗拉大学等。然而企业大学并不是大型企业所专有，企业大学同样可为小公司带来不菲的价值。

案例：Enclos 大学①。Enclos 公司是一家专业工程承包商，从事大型商业和公共建筑的玻璃幕墙及窗户系统的设计、监督、方案起草、采购和安装工作，公司规模相对较小（只有450 名员工）。公司使命是给世界上最好的建筑配备最好的幕墙。由于公司的项目和员工分散在美国各地，各地自主运行工程团队，同时，由于公司为客户提供定制化服务项目，项目间的细节差别很大，但相互间可以借鉴分享，分享最佳实践可以有效避免在整个组织中重复出现某些错误，因此分享最佳实践和进行知识管理成为 Enclos 大学的重要职能。Enclos 大学促进不同项目团队及各部门和地区间的协作与知识共享，并创建了一个可检索的电子图书馆，里面汇集了各个项目的文档和最佳实践、方法手册以及视频和照片记录，还包括与产品相关的制作信息和技术注意事项，容纳了供应商与承包商的体验列表和项目验收评审等。另外，缩减新员工提升到运营、设计和实施

---

① （美）马克·艾伦 编著．下一代企业大学——发展个人与组织能力的新理念［M］．吴峰，译．北京：世界图书出版社，2010：167．

部门的领导岗位的时间，实现人力资本的高效开发也是 Enclos 大学的重要职能。Enclos 大学为每名员工制定一个与他的职业发展密切相关学习规划，确定了每个阶段的关键能力并为能力培养提供最佳支持。

二、组织性质

知识经济时代，知识要素在大多数组织中都具有重要的地位与作用，创办为母体企业提供专业化的知识生产服务的大学不仅为企业组织所必需，非营利组织、政府组织同样需要内部培训机构，需要创办为自身提供服务的大学。

组织大学与企业大学相对，本研究将由非营利组织或政府组织等母体组织创办的隶属并服务于这类母体组织的"大学"称之为组织大学，它与企业大学的不同之处在于母体组织的性质，即企业大学的母体组织是营利性的企业组织，而组织大学的母体组织则是非营利组织或政府组织。

但无论是企业组织创办的企业大学，还是非营利组织、政府组织创办的组织大学，它们都具有相同的组织性质和组织运行逻辑，即隶属于母体组织并为母体组织提供自助服务的组织性质和与母体组织的生产实践相融合的组织运行逻辑。

（一）企业组织

参与市场竞争的营利性企业组织为了自身的生存与发展，需要自身不断进化、不断变革，以适应生存环境与社会发展。它是服务母体企业发展战略的重要工具，是企业组织运行的中枢大脑，企业大学提升了企业组织的学习与创新能力，使企业组织更具灵活性、适应性，从而更具市场竞争力和可持续发展能力。同样，对于非营利组织、政府组织也同样需要建立服务母体组织的大学，以提升自身的学习能力，满足社会发展的需求。

（二）非营利组织

随着非营利组织在社会发展中的作用日益显著，非营利组织员工的教育、培训与组织的良好运转和发展的联系越来越密切。非营利组织也需要建立内部培训机构，建立为母体组织提供专业化的知识生产服务的"企业大学"，因此，营利组织不再是企业大学的专营范围。非营利组织如何能有效地利用"企业大学"，犹太联合会（UJC）大学的经验值得借鉴。

案例：犹太联合会（UJC）大学①。犹太联合会（UJC）是美国最大的非营利组织之一，UJC 使犹太公共资源得到最大的加强与巩固。UJC 大学为母体组织的人力资源开发提供咨询与服务。由 UJC 各部门代表组成委员会就培训需求、课程开发的合作和培训方式达成一致。委员会针对培训的使命所做的阐述是：帮助组织更好地完成使命，为员工提供职业发展工具。为使 UJC 大学提供的服务与 UJC 的战略目的、目标和愿景相一致，从而提高 UJC 的组织学习能力，UJC 大学提出如下倡议：1. 使学习成为组织的必需品；2. 员工有责任和能力学习；3. 学习是一种改善工作质量的重要而珍贵的策略；4. 将学习与战略目标和每个部门的目标挂钩；5. 测量和评估学习过程。

（三）政府组织

随着知识的快速更新，政府部门公职人员的知识、能力也需要不断发展，政府对创新型人才的需求也越来越迫切，尤其是民众对政府的要求与期待不断提高，政府问责机制不断完善，这在某种程度上促使政府组织成了竞争性组织，要求政府不断学习不断改进，对政府的学习能力有了更高的要求。另外，提供学习和发展的机会也是吸引和留住创新人才的有效途径。因此，为提升政府的学习能力与服务能力，促进政府的健康发展，政府组织也开始创办服务自身发展的大学。

案例：切斯特菲尔德大学②。美国弗吉尼亚的切斯特菲尔德县政府创建了与该县的战略目标、员工胜任力紧密相连的切斯特菲尔德大学。大学整体的管理是通过学习理事会进行的，理事会由来自县政府各部门的代表及每个学院的主任组成。切斯特菲尔德大学由六个学院组成：领导力和个人效率学院；健康、保险和安全学院；质量和持续改进学院；政策和实施学院；公共安全学院；业务应用技能和实践学院。每个学院都由一个主任负责，一个顾问委员会管理，他们监督课程的创建和传递、学员的注册、课程的评估及绩效标准，主任和顾问委员会的成员也是来自县政府的员工。大学的职能主要有：人才管理；核心胜任力开发；变革管理专家。切斯特菲尔德大学的成功经验主要有：领导长期

---

① （美）马克·艾伦 编著. 下一代企业大学——发展个人与组织能力的新理念［M］. 吴峰，译. 北京：世界图书出版社，2010：185 – 204.

② （美）马克·艾伦 编著. 下一代企业大学——发展个人与组织能力的新理念［M］. 吴峰，译. 北京：世界图书出版社，2010：207.

支持；建设创新型政府，认识到创新对组织学习的重要；评估组织学习需求，并引进互动学习和信息技术手段；建立与业务紧密结合的独立的培训部门，即切斯特菲尔德大学，并将所有的学习与全县的战略目标和核心胜任力结合起来；大学为学习创建了一个共同领导、分担责任的环境；县政府的合作文化；发动员工、重视员工的贡献等。

相较而言，我国的党政机关及各部委的培训体系更加健全与成熟，培训功能也更加完善与发达，涉及服务各级党委、政府、人大与政协的党校、行政学院、社会主义学院以及服务各部委的学院，如隶属教育部的国家教育行政学院，隶属文化部的中央文化管理干部学院等。这些培训机构在构建学习型政党、学习型政府乃至学习型社会中发挥着重要的积极作用。

三、共性特征分析

由上述企业大学案例可知，虽然企业组织率先成立服务母体企业的企业大学，但这并不是企业组织的专利，对知识要素的需求、对专业化知识生产服务的需求并不取决于母体组织的属性，也与母体组织的规模无关。不论是营利还是非营利组织乃至政府组织、不论是跨国跨行业的大型组织还是某个领域的小型微型组织、也不论是知识经济时代还是工业经济时代，只要组织自身发展需要；只要专业化的知识生产服务能满足组织需求、能为组织增强竞争优势乃至创造产值利润；只要知识要素在组织中具有重要的地位作用；只要组织是创新型知识型学习型组织；只要基于学习的解决方案在组织的核心业务、经营管理和战略决策中不可或缺，提供自助服务的大学就会成为母体组织的实质性需求，并应运而生，也将获得成功。提供自助服务的大学根据母体组织的需要，为母体组织开发供给知识要素，提供专业化的知识生产服务，提供基于学习的解决方案，并成为母体组织的重要战略工具，为母体组织创造核心价值。由此可见，创办服务母体组织的大学并获得成功，与母体组织的规模大小、性质无关。只要母体组织对知识要素和专业化的知识生产服务存在实质性需求就可以创办，并且创办的大学能够满足这种需求就是成功的大学。

提供自助服务的大学会因母体组织对知识要素的不同具体需求而侧重不同的职能，或专注于发展战略，或聚焦于知识管理与人才培养，但隶属于母体组织且为母体组织提供自助服务的组织性质是相同的，与母体组织的生产实践相融合的运行逻辑也是相同的。无论是企业组织创办的企业大学，还是非营利组织、政府组织创办的组织大学，都是由母体组织根据自身发展需要，为服务自身发展而出资创办的，其组织性质都是隶属于母体组织并为母体组织提供自助服务。同时，为了更好地服务母体组织，提供自助服务的大学必然要与母体组织的生产实践相融合，以生产实践逻辑为基础。因此，服务母体组织的大学具有相同的组织性质和组织运行逻辑。

企业的生存环境相对其他类型组织而言更为严峻，生存发展的挑战无处不在、无时不在，市场竞争更为充分、激烈与残酷。尤其在知识经济时代，企业成为知识创新的重要主体，知识要素成为企业发展的重要基础，学习能力与创新能力成为企业应对挑战的关键，企业自然对提供专业化知识生产服务、开发供给知识要素的企业大学有更为迫切的需求。另外，相对其他组织而言，企业大学的能够获得成功或具有独到优势则在很大程度上归功于企业组织的更注重运营效率、成本效益、品牌质量、市场竞争、服务意识、整合内外资源、核心能力与价值等，而这些正是企业组织内在运行逻辑及组织文化理念的体现，是企业化经营管理的优势所在。因此，提供自助服务的大学率先由企业组织创办并获得成功，其主要原因在于企业是竞争性组织，市场竞争是企业的生存逻辑，企业对能够提升竞争优势的企业大学的需求更为迫切。

第八节　企业大学共性特征分析总结

从上述企业大学共性特征分析不难看出：无论是企业大学的内外关系、运营模式、产品认证，还是企业大学的服务范围、存在形式与所属组织的规模属性，所体现的企业大学最根本的共性特征则是企业大学的组织性质和组织运行逻辑。

一、组织性质——自助服务

企业大学的组织性质体现在：企业大学由母体企业出资创办，隶属于母体企业，并为母体企业提供自助服务。

（一）企业大学的组织性质决定了企业大学的根本职能，而企业大学的职能又决定了企业大学的内部关系与结构。隶属于母体企业、为母体企业提供自助服务是企业大学的组织性质，同时为母体企业提供自助服务也是企业大学的根本职能，自助服务内容包括服务母体企业的发展战略、经营管理与核心业务等方面。企业大学的隶属关系（治理结构）、组织结构与知识结构等保障了这些职能的实现。

（二）企业大学发展外部关系要立足母体企业。企业大学是否参与组建联盟以及如何参与组建联盟取决于母体企业的发展实际和发展需求，体现了企业大学隶属于母体企业、服务于母体企业的组织性质。

（三）企业大学的组织性质决定了企业大学的筹资模式必然以母体企业的预算拨款模式为主。

（四）根据企业大学的组织性质可知：是否要获得正式认可的教育资质、是否要创办学位项目以及服务范围的选择都要基于企业自身的实际情况和实际需要。虽然不同的企业大学有不同的服务范围，但根本目的都是为了服务母体企业，都以服务母体企业的切身利益为核心，并且服务过程都与母体企业的生产实践相融合。

（五）选择何种形式创建企业大学要根据母体企业自身的实际情况和实际需要，这同样体现了企业大学隶属于母体企业、为母体企业提供自助服务的组织性质。

（六）无论是企业组织创办的企业大学，还是非营利组织、政府组织创办的组织大学，都是由母体组织根据自身发展需要，为服务自身发展而出资创办的，其组织性质都是隶属于母体组织、为母体组织提供自助服务。

二、组织运行逻辑——生产实践逻辑

企业大学的组织性质决定了企业大学所提供的知识生产服务要与母体企业的生产实践相融合，要求企业大学遵循生产实践逻辑，这也是企业大学的主要特征和先天优势。并且企业化经营的管理理念是企业大学生产实践逻辑的重要体现。

（一）企业大学的隶属关系、组织结构与知识结构保障了企业大学的知识生产服务与母体企业的生产实践相融合，遵循了企业大学的生产实践逻辑。

（二）企业大学参与组建联盟是企业大学对外部资源的整合利用，体现了诸如成本效益、质量效率等企业化经营的管理理念。同时，企业大学联盟促进了教育界与产业界的密切联系，其反映的本质则是学科专业理论与社会生产实践的密切联系，体现了企业大学的生产实践逻辑与传统大学等其他高教机构的学科专业逻辑具有互补性，并且突出了企业大学与生产实践相融合这一主要特征和先天优势。

（三）项目管理模式是企业大学运营管理的重要模式，体现了企业化经营的核心管理理念，体现了企业大学与生产实践相融合的内在运行逻辑。

（四）企业大学强化盈利能力、追求成为利润中心实质上是企业化经营理念的集中反映。

（五）企业大学注重学习项目认证效力体现了企业大学对教育培训专业化、正规化、系统性及对学习的质量与效率的内在要求。同时，标准化、规模化、高品质、高效率也体现了企业大学企业化经营的管理理念以及对教育培训成本效益的考量。企业学习项目认证需要建立符合企业大学自身内在逻辑的相对独立的认证体系、认证标准及相应的监管评价体系，而不应盲目投入成本去遵循并不符合企业大学自身内在逻辑的其他外在标准，因为盲目满足外在要求也不符合企业大学隶属于母体企业并为母体企业提供自助服务的组织性质。

（六）企业大学所提供的无论是面向母体企业内部，还是面向外部的服务，都是以生产实践逻辑为基础。

（七）企业大学的虚拟形式具有众多优势，并且这些优势切合了企业大学的内在逻辑，虚拟形式成为信息时代企业大学的重要形式。

（八）为了更好地服务母体组织，提供自助服务的大学必然要与母体组织的生产实践相融合，以生产实践逻辑为基础。因此，服务母体组织的大学不仅具有相同的组织性质，即都是隶属于母体组织、为母体组织提供自助服务，而且具有相同的组织运行逻辑，即为了更好地服务母体组织，提供自助服务的大学必然要与母体组织的生产实践相融合，以生产实践逻辑为基础。另外，提供自助服务的大学率先由企业组织创办并获得成功，其主要原因在于企业是竞争性组织，市场竞争是企业的生存逻辑，企业对能够提升竞争优势的企业大学的需求更为迫切。

此外，本章还基于企业大学的组织性质、组织运行逻辑及发展规律对企业大学的一些重要问题进行了阐述：1. 企业大学的组织结构看似相对独立，实则其学习组织体系与企业各职能部门业务部门、各生产环节密切联系；建立企业大学看似强化了学习，弱化了学习绩效，实则不仅强化了学习，更强化了学习绩效。2. 企业大学不能过度追求成为利润中心，尤其是完全以营利为目的的利润中心。3. 服务价值链虽然不是所有企业大学都具备的职能，但却是现代企业大学的重要特征。企业大学不仅成为服务母体企业发展战略的重要工具，而且使企业教育培训进一步融入企业的经营管理中，企业经营管理越来越依托于教育培训，学习成为企业的重要经营方式。

本章小结

本章的主要内容具体包括：基于实践调研并结合能够多侧面多角度反映现代企业大学发展现状的典型案例，全面分析现代企业大学的发展现状。从企业大学的内外关系、运营模式、产品认证到服务范围、存在形式、所属组织的规模与属性，较全面地分析归纳了现代企业大学的共性特征，分析阐述企业大学的组织性质和组织运行逻辑，并分析探讨了企业大学的一些重要问题：如企业大学相对完备独立的组织结构是否强化了学习而弱化了学习绩效？成为利润中心是否是现代企业大学的发展目标？企业大学学习项目认证以及企业大学服务价值链等问题。

第四章

企业大学与相关组织的比较研究

比较研究有助于深刻认识研究对象所具有的特征，因为在高等教育领域有很多与企业大学密切相关的组织，在实践中它们可能是企业大学的合作伙伴，同时，在组织性质或组织运行逻辑方面它们又与企业大学存在密切关联。本章将着重从组织性质和组织运行逻辑两个方面具体比较企业大学与相关组织的区别与联系，具体涉及提供公共服务的传统大学、行业性大学、商学院及高等职业院校，提供市场服务的高等教育公司、提供自助服务的企业传统培训部门和组织大学等。然后还将对企业大学与高等教育、大学和学习型组织等相关概念进行辨析界定。通过比较研究和概念辨析不仅有助于深刻认识企业大学的组织性质和组织运行逻辑，也能为企业大学与相关组织开展合作、建立联盟提供参考，从而实现优势互补和互利共赢。

第一节　企业大学比较研究的维度

企业大学与不同属性不同类型的相关高教组织的比较研究，关键在于确定能够反映组织属性特征和内在逻辑的维度。本研究将组织性质和组织运行逻辑作为比较研究的重要维度。

知识生产服务是高等教育的主要职能，既包括以科学研究为主的知识生产与知识创新，也包括以培养专业人才为主的知识传承、知识分享以及服务社会的多种知识应用和服务。知识经济时代高等教育机构凭借其专业化、多样化和个性化的知识生产服务将成为推动社会发展的重要动力之源。

知识生产服务的目的在很大程度上反映了高教机构的组织性质。依靠社会公共资源且具有公共服务属性的传统大学，其知识生产服务必然以提供非营利的公共服务为根本目的。基于股东的私有资本运营的高教公司，也必然以市场营利使股东获取投资回报为根本目的；同样，为满足母体企业对专业化的知识生产服务的需求，由母体企业出资创办并运营管理的企业大学也必然要以服务母体企业为根本目的。知识经济时代的现代高等教育的知识生产服务不再局限于以提供非营利的公共服务为主要目的，以营利为目的的市场化的知识生产服务和以服务自身母体组织发展战略为目的的自助式的知识生产服务得到了一定的发展，并逐渐形成了相应的知识生产服务体系，从而适应了知识经济的发展，激发了知识创新的活力，促进了知识应用价值的实现。

知识生产服务的类型在一定程度上体现了高教机构的组织运行逻辑。知识生产服务的专业化分工导致了高教机构知识生产服务类型的多样化，并形成了不同类型的高教机构。专业化分工依据的是知识生产服务的内在逻辑，而作为主要从事知识生产服务的高教机构，知识生产服务的内在逻辑也自然是组织运行逻辑的重要基础。因此，知识生产服务的类型能在一定程度上体现高教机构的组织运行逻辑。

知识生产服务类型虽然日趋多样化，但并不是每一种类型都具有独特的客观发展规律及其内在运行逻辑。传统大学虽然在知识生产服务方面存在教学与科研的专业化分工以及不同学科专业的分化，但却都是以学科专业理论为内在的逻辑基础的，都遵循学科发展的规律，都以认识论为哲学基础，都强调求真求知的知识观，正是具有共同的逻辑基础，即学科专业逻辑，才使得教学与科研能够相统一、相结合。

虽然早在工业社会初期就已经存在以社会生产实践为内在逻辑基础的知识生产服务，如职业技能的师徒传承与生产技术的革新等，但却尚未发展完善，尚未形成制度化、体系化与专业化，尚未上升为专业化的高等教育领域范畴。知识经济时代，现代高等教育知识生产服务类型则不再局限于以学科专业理论为内在的逻辑基础。注重市场需求、突出知识应用价值，以政治论、人力资本论为哲学基础、强调求善求用的知识观，以社会生产实践为内在逻辑基础、遵循生产实践规律的知识生产服务得到前所未有的发展，其具体表现在高等职业教育尤其是职后继续教育的蓬勃发展，企业大学、高等教育公司、产业大学的兴起、繁荣以及终身教育体系的构建完善。

综上所述，能够反映高教机构组织性质的知识生产服务目的包括：提供以非营利的社会公共服务为目的的知识生产服务、以营利为目的的市场化的知识生产服务和以服务母体组织发展战略为目的的自助式的知识生产服务。由高教机构的组织性质（知识生产服务目的）所决定的组织特征主要有：主要职能、产权归属、经费来源、治理结构及相关教学特征。如表4.1所示。

表4.1　知识生产服务目的及其所决定的组织特征

知识生产服务目的 （体现组织性质）	非营利的公共服务
	营利的市场服务
	自助服务
组织性质 决定的组织特征	主要职能、产权归属、经费来源、治理结构及相关教学特征。

能够体现高教机构组织运行逻辑的知识生产服务类型包括：强调求真求知的知识观、突出知识内在价值、以认识论为哲学基础，以学科专业为内在逻辑基础、遵循学科发展规律的知识生产服务；强调求善求用的知识观、突出知识应用价值，以政治论、人力资本论为哲学基础，以生产实践为内在逻辑基础、遵循生产实践规律的知识生产服务。能够体现组织运行逻辑（知识生产服务类型）的组织特征主要有：治理结构、组织结构、知识结构、文化理念及相关教学特征，如表4.2所示。

表4.2　知识生产服务类型及其所体现的内在逻辑规律

知识生产服务类型 （体现组织运行逻辑）	以学科专业为内在逻辑基础、遵循学科发展规律的知识生产服务。以认识论为哲学基础。强调求真求知的知识观，突出知识内在价值。
	以生产实践为内在逻辑基础、遵循生产实践规律的知识生产服务。以政治论、人力资本论为哲学基础。强调求善求用的知识观，突出知识应用价值。
体现组织运行逻辑 的组织特征	治理结构、组织结构、知识结构、文化理念及相关教学特征。

多数高教机构的知识生产服务的目的和类型不是完全单纯的，而是以上述

其中之一为主，其他为辅。尤其在知识经济时代，高教机构参与广泛的社会服务，同时具有多种职能与角色，并且不同类型不同目的的高教机构已自发地形成大学联盟，进行高效的专业化分工与合作，形成更加完善合理的人才培养与科技创新的"工业化生产线"及其协作机制，以充分实现资源共享、优势互补、协作共赢和协同效益。

因此，企业大学比较研究着重从组织性质和组织运行逻辑两个维度具体比较企业大学与相关组织的区别与联系，具体涉及提供公共服务的传统大学、行业性大学、商学院及高等职业院校，提供市场服务的高等教育公司和提供自助服务的企业传统培训部门和组织大学等，如表 4.3 所示。

表 4.3　企业大学比较研究

比较的目的	1. 通过企业大学与相关高教组织的比较研究系统深入地剖析企业大学的组织性质和组织运行逻辑； 2. 全面分析企业大学与相关高教组织的区别与联系； 3. 为企业大学与相关高教组织开展合作、建立联盟提供参考。
比较的维度	组织性质——主要职能、产权归属、经费来源、治理结构及相关教学特征。 组织运行逻辑——治理结构、组织结构、知识结构、文化理念及相关教学特征。
比较的对象	提供公共服务的传统大学、行业性大学、商学院及高等职业院校；提供市场服务的高等教育公司；提供自助服务的企业传统培训部门、组织大学等。

第二节　企业大学与提供公共服务的高教机构

提供非营利的公共服务的高教机构主要有传统大学、行业性大学、商学院及高等职业院校等。其中传统大学、行业性大学及商学院的组织运行逻辑是以学科专业逻辑为主，而高等职业院校则是以生产实践逻辑为主。

一、企业大学与传统大学

本研究中的传统大学是指多学科综合性、具有一定学术水平的，正规的高等教育机构，主要实施本科及以上层次的全日制高等教育。这类传统大学包括公立大学与私立大学，其中私立大学并非营利性的私营大学，它们都是以提供非营利的社会公共服务为主的非营利组织，产权属性都是公共产权或公益产权，都享受免税政策，经费来源也主要来自公共财政预算或政府免税、社会捐赠及学费等，具有大致相同的治理结构，同时也都是以学科专业逻辑为基础。因此，本研究在企业大学与传统大学的比较研究中，把公立大学与私立大学作为具有相同组织性质的高教机构来进行比较研究。

（一）区别

1. 知识生产服务目的——组织性质

企业大学是由母体企业出资创办并运营管理，企业大学隶属于母体企业，是母体企业下属的职能部门，企业大学依托母体企业组织的权力或资源，为母体企业提供自助服务、为母体企业生产开发供给知识要素以及为母体企业提供专业化的知识生产服务，体现的主要是企业组织下属的职能部门与母体组织间的内部服务关系。虽然一些企业大学也服务母体企业以外的价值链成员，但却是为了服务母体企业的经营目标、发展战略而有选择有针对地扩大服务对象，其最终目的还是服务母体企业。企业大学所属的母体企业则是一般的企业组织，是参与市场竞争、提供营利性市场服务、实行独立经济核算、自主经营自负盈亏、具有独立法人资格、由国家工商行政管理部门监管和照章纳税的一个经营实体。

企业大学能否脱离母体企业而独立发展呢？本研究认为答案是否定的。一旦企业大学独立，则有两种可能：其一，成为参与市场竞争、提供市场服务、实行独立经济核算、自主经营自负盈亏和具有独立法人资格的一个经营实体，那么它就不再是企业大学，而可能是营利性的高等教育公司、培训公司，或是咨询公司等，并由国家工商行政管理部门监管。其二，成为面向社会公众的非营利的高教机构，那么它也不再是企业大学，而可能是传统大学与社区大学，或是非营利的职业院校等，并由国家教育行政主管部门监管。另外，企业大学一旦独立，其与母体企业的生产实践相融合的天然优势也将随之消失，其原有的核心价值与核心能力也自然削弱。

如果企业大学不脱离母体企业，那么能否完全面向企业外部的市场提供营利性的市场服务呢？本研究认为如果是这样，那么原来的企业大学则将成为为母体企业直接创造产值利润的主营业务部门，而不再是专门为母体企业提供内部培训的职能部门，不再是为母体企业提供专业化的知识生产服务的企业大学。由此可见，从组织性质上看，企业大学是隶属于母体企业，为母体企业提供自助服务的职能部门。

传统大学不是隶属于哪个组织，也不是专门为哪个组织提供服务，而是具有独立法人地位、由国家教育行政管理部门监管和具有大学教育资质的非营利的高等教育机构。传统大学依靠公共权力或公共资源面向社会提供非营利的公共服务或准公共服务，体现的主要是公民权利与国家责任之间的公共关系，尤其是高等教育的大众化、普及化，离不开国家的强力支持与推动。

传统大学主要承担着传承、传播并发展科技、文化知识乃至人类文明的光荣使命，担负着为社会发展培养专门人才、提供智力支持，并促进学习者的个性发展，提高国民素质能力的重任，具有服务社会的公益属性，是服务国家、社会乃至全人类的公益事业组织。联合国教科文组织（UNESCO）曾认为非营利的高教机构的本质属性是"公共服务"，其1995年发表的《高等教育变革与发展的政策性文件》中就明确指出："过多地要求高等教育机构开展各种'商业化'活动"是一种危险；因为"社会要求所有真正的高等教育机构，无论它们属于哪一种'所有制'形式，都能行使其作为公众服务的主要职能"①。

自助服务与公共服务的知识生产服务目的（组织性质）决定了企业大学与传统大学的主要职能、产权归属、经费来源、治理结构及其相关教学特征。

（1）主要职能

企业大学

企业大学与母体企业的隶属关系、自助服务的组织性质决定了企业大学的主要职能是为母体企业提供自助服务，具体包括服务母体企业的发展战略、经营管理与核心业务等。

传统大学

传统大学公共服务的组织性质决定了其主要职能是面向社会提供非营利的公共服务，具体包括：培养专门人才、发展科学和服务社会等。

---

① 汪利兵，谢峰. 论 UNESCO 与 WTO 在高等教育国际化进程中的不同倾向 [J]. 比较教育研究，2004（2）：48.

（2）产权归属

企业大学

企业大学不是以营利为目的的自主经营、自负盈亏且面向市场提供服务的经营实体，也不是提供社会公共服务的非营利的事业单位组织，更不是具有法人产权的独立组织，而是母体企业下属的职能部门。

企业大学依托母体企业的权力和资源为母体企业提供自助服务，母体企业的所有者与经营者即为企业大学的所有者与经营者。企业的所有者或经营者希望通过企业大学来提升企业的竞争力，服务企业的发展战略，企业大学是企业所有者或经营者实现企业发展战略的重要工具。尤其是由母体企业的所有者或经营者直接领导的企业大学能够充分体现他们的意志，从保障他们及企业整体利益的角度出发来建设、运营与管理企业大学，同时，也强化了企业大学在企业中的重要地位与作用。母体企业的发展能够促进企业大学的发展，同时为母体企业提供专业化的知识生产服务的企业大学也能促进母体企业的发展，企业大学隶属并依附于母体企业，且与母体企业具有共同的利益基础，是完全的利益共同体。

传统大学

依靠公共权力或公共资源提供公共服务的非营利的高等教育机构本质上应与非政府组织与非营利组织、社会公益组织一样属于公共产权或公益产权，而非私有产权。公共性或公益性是事业与事业机构的核心概念。所谓事业主要是指社会上的一些公共服务领域，而为社会提供这些公共服务的机构就是事业机构①。"公共产权"的制度安排，即收益权、控制权和剩余财产分配权为整个高校所拥有，而非为某个（些）特定的人所拥有。收益权公有意味着学校中的任何特定主体（包括创办者）没有营利动机，不追求办学回报；控制权公有意味着创办者不追求对学校的长期控制；剩余财产分配权公有意味着创办者不追求学校终止办学后的剩余财产②。

尽管很多国家的非营利高等教育机构存在公立私立之分，但其组织属性却都是提供公共服务的非营利组织，都是免税的，都得到国家的政策扶持和不同

---

① 席恒. 公与私：公共事业运行机制研究［M］. 商务印书馆，2003：50.

② 王一涛. 论公益性民办高校产权制度的构建［J］. 中国高教研究，2010（9）：61 – 64.

程度的财政支持。公立大学以国有财产为基础，私立非营利性大学以信托财产为基础，但校产都归整个学校集体所有，出资人完全地让渡资产的所有权，举办人或参与人可以拿取报酬，但办学收益不得作为红利分给出资人，只能用于大学的自身发展①。非营利性决定了其必然依靠外在资源，但大学的公共服务属性和学术独立属性又决定了大学不能依附和屈从于任何势力和利益集团。而公共产权的确立及其来自公共资源的支持使得大学具有相对独立的经济基础和独立法人地位。法人制度在法律上维护了学院和大学的整体性和独立性，从而保障了大学的（自治）自由与独立，不屈从政治势力，不被利益所左右，使学院和大学在内部事务的管理上独立于任何外部权威和资助者，成为人类共同的精神家园，守护着思想自由、学术独立、崇尚真理的大学精神与核心价值。同时，公共产权的确立也有助于满足社会公众的期望与诉求，承担公共服务的社会责任。

产权经济学认为公共产权往往导致对财产的过度使用，是一种低效的产权安排，私有产权才是更有效的产权安排，公共牧地的悲哀就是共有产权效率低下的证明。然而高等教育资源不同于一般的物质资源，一般的物质资源在使用并能产生价值方面没有一定的门槛，可以具有非排他性与非竞争性，以至于过度使用。以知识为主的高等教育资源有自身的特点：首先，并不是所有人都有能力接受高等教育，同时接受高等教育并因此获益需要付出一定的努力和代价，即使高等教育资源丰富到能够实现非排他性与非竞争性的使用，但要内化为学习者自身的价值却并非易事，学习者需要具有一定的知识能力基础，需要付出艰辛的努力，付出必要的时间、金钱等成本。因此高等教育资源在使用并能产生价值方面具有一定的选择性，存在天然的门槛，是其内在特点决定的，而人为的筛选只是依据其内在本质特征和客观规律促使有限的资源最大化地转化为价值。其次，高等教育资源是事关社会公众长远利益的公共资源，而非一般的物质资源能够带来明显而确切的短期利益而因此易于被公众所过度使用。虽然高等教育资源在使用并能产生价值方面具有一定的门槛和较长的周期，甚至具有不确定性，但不容否认的是每一个个体都有发展的可能，都是高等教育潜在

---

① （美）理查德·鲁克. 高等教育公司——营利性大学的崛起 [M]. 于培文，译. 北京：北京大学出版社，2006：6.

的受益者，因此高等教育资源关乎整个社会发展的长远利益。再次，知识具有信息属性，不存在过度使用的情况，尤其随着信息技术的发展，高等教育中的知识资源可以实现低成本、跨时空、无损的复制与传播，使远程高等教育的边际成本近乎为零。因此，将产权经济学的结论引用到教育领域中来，认为公益性的高等教育产权不明晰，效率不高，这仅仅是经济学理论的一种推测，实践经验也难以支撑这个推论，如美国发展最好的私立高校都是公益性的。

（3）经费来源

企业大学

自助服务属性决定了企业大学的经费来源。由于隶属于母体企业的企业大学不对外部市场提供完全以营利为目的的市场服务，不是为母体企业直接创造产值利润的业务部门，不是由母体企业创办的营利性高教公司，而是为母体企业提供知识生产服务的下属职能部门，不具有独立的经济基础。企业大学的经费主要源自母体企业的预算拨款，但并不一定是因为其不具备独立经营、自负盈亏的能力。虽然有些企业大学提供面向价值链成员的付费服务，甚至提供面向整个外部市场具有普遍性的市场化服务，但这些服务都是围绕母体企业的发展战略开展的，而不是完全以营利为目的，因此这些服务不是企业大学的主营业务，而主要是由服务母体企业的发展战略而产生的副产品或衍生服务，是在首先确保服务母体企业的基础上开展的副业，同时这也是对企业大学剩余服务能力的有效利用、拓展挖掘和再利用企业大学的价值，而不至于浪费资源与产能，因此这些服务实际上难以提供持续稳定的经费来源。

企业大学的筹资模式除了预算拨款外，还有自筹经费模式。有些企业大学采取内部购买服务的方式，即企业大学的经费主要源自面向企业内部各业务部门、职能部门提供具有市场竞争力且具有明显性价比优势的知识生产服务，使企业大学成为参与市场竞争的企业服务"提供商"。以市场形式衡量和凸显企业大学的重要价值，并以市场机制来筹措企业大学经费，不仅节约了企业成本，而且提高了企业大学知识生产服务的质量与效率，增强了企业大学的危机意识、市场意识与竞争意识。市场机制使企业大学的发展更具活力和竞争力，提高了企业大学的灵活性和应变力。然而过度依赖有偿服务，尤其是完全以营利为目的的市场服务则会导致企业大学为谋求部门利益而迎合市场、适应市场以至于迷失发展方向，也因此会忽视怠慢服务母体企业发展战略这一主要职能，难以更为积极主动发挥母体企业战略工具的作用。所以，企业大学的经费来源一般是以母体企业预算拨款为主，以自筹经费为辅，并且自筹经费不完全以营利为目的。

传统大学

公共服务属性决定了传统大学的经费来源。提供公共服务（或准公共服务）的非营利的高等教育机构的经费来源应主要来自国家政府的公共税收、社会公众的捐赠和学习者所缴的学费。其中公共税收和社会捐赠属于社会公共资源，应是提供公共服务的非营利高教机构的持续稳定的重要经费来源，并应作为其一项法定权利予以明确，从而使公益性大学的发展建立在相对独立的经济基础之上。为鼓励社会捐赠，很多国家的法律规定企业组织或私人的捐赠可抵缴税收，因此在某种程度上部分捐赠等同于国家税收，当然不排除大部分捐赠源于捐赠者的公益心和志愿精神，毕竟捐赠没有上限限制。而学费则体现了直接受益人对部分教育成本的分担，同时通过设置奖学金或助学贷款以保障成绩优异的学习者不因支付不起学费而失去教育机会。另外，随着知识经济的发展，大学在经济领域扮演着越来越重要的角色，并承担越来越多的社会服务，逐渐成为社会发展的轴心，尤其是大学知识生产服务收益产权的部分让渡也提高了大学积极服务社会的热情，使大学经费来源趋于多元。另一方面，政府采用绩效拨款方式，大学之间为经费和资源的竞争加剧，社会公众对大学的期望和要求也与日俱增，社会公众的问责不断加强，在保证社会公共服务质量的前提下，大学更加注重自身的行政效率和办学效益。表4.4展示了美国不同类型高校经费来源比例。

表4.4　美国高校经费来源比例①

经费来源	非营利性公立高校	非营利性私立高校	营利性高校
学费	18.4	42.4	94.5
联邦政府	11.1	14.4	0
州政府	35.9	2.1	0
地方政府	4.0	0.6	0

① （美）理查德·鲁克. 高等教育公司——营利性大学的崛起［M］. 于培文，译. 北京：北京大学出版社，2006：6.

续表

经费来源	非营利性公立高校	非营利性私立高校	营利性高校
私人礼金、赠款、财产转让	4.0	8.8	0
捐赠收入	0.6	4.7	0
销售与服务： 　教育活动 　附属企业 　医院	23.0 3.0 9.5 10.5	22.2 2.8 10.0 9.4	5.5 0 5.5 0
其他	3.0	4.8	0
总计	100	100	100

（4）治理结构

企业大学

企业所有权与管理权相分离的治理结构实现了企业的专业化管理，保障了企业的持续健康发展。而企业大学作为服务母体企业发展战略的重要工具和职能部门，其既可能是由所有者负责领导以保障、维护和实现所有者的利益及其影响力，也可能是由管理者负责领导以保障、维护和实现管理者的利益及其影响力。而所有者与管理者一般在企业决策与企业管理等方面具有共同的利益基础，是利益共同体关系。因此，所有者可授权管理者负责企业大学事务，或完全由管理者根据企业发展的需要创建企业大学，使企业大学成为企业管理的战略工具，以服务企业的战略发展、实现企业的战略管理。母体企业的所有者与管理者一般是企业大学治理结构中的重要成员，这主要是为了充分保障知识生产服务目的的实现，即服务母体企业的发展战略，同时也强化了企业大学的战略地位，从而更好地保障、维护和实现企业所有者的利益。由此可见，企业大学的治理结构体现了企业所有者及管理者对企业大学决策、管理与运营的影响力，核心是保障、维护和实现企业所有者与管理者的利益。

传统大学

传统大学是具有公共服务属性并且具有很强专业性的高教机构，由于产权公有，其治理结构首先应保证代理公众行使法人权责的治理委员会（董事会）具有独立性、专业性和代表性：独立性即能够不被任何外部利益集团或政治势力所左右；专业性体现了对内职能，即治理委员会必然要深谙大学发展的客观规律、理解大学理念与文化并能遵循大学发展规律及其运行逻辑；代表性体现了对外职能，即能够客观地代表公众利益及相关利益群体，满足社会发展需求，协调外部关系。只有在决策活动中最大限度地符合了大学本质属性、客观规律与公共利益需要的治理结构，才是能够被大学和社会认可与接受的治理结构。同时需要针对治理委员会建立健全公开透明、科学有效的遴选、监督及评价机制，从而保障治理委员会能够符合上述要求。其次，依靠公共资源提供公共服务的高教机构，其运营管理必然要强调公开透明，向社会公众负责，因此治理结构中离不开完善的社会监督体系，建立健全独立的社会评价、监督、问责机制与专业认证评价体系，从而保障公共服务的质量效率及公共资源的有效利用。由此可见，传统大学的治理结构体现了大学所有者及管理者对大学决策、管理与运行的影响力，核心是保障、维护和实现公共利益。

（5）相关教学特征

企业大学

A. 服务对象、学习者及学习形式

企业大学以服务母体企业为主，学习者以企业内部员工为主体，属在职继续教育，以在职学习形式为主。知识经济时代，随着高等教育的大众化与普及化，企业员工大多数受过高等教育，也是相对成熟的学习者，具备一定的学习能力，并具有明确的学习动机、学习目标。同时大多数职业岗位要求具备一定的专业知识、技能和能力，要求具备必要的从业资质。因此，企业大学所从事的是高等职业教育中的在职成人继续教育，并且是持续的终身教育，很多业务骨干、行业专家、企业高管都是通过职后的努力学习、日积月累的工作实践才获得职业生涯的卓越成就，企业大学也必将成为从事在职成人继续教育、高等职业教育与终身教育的重要舞台，并且遵循成人教育、职业教育与终身教育的客观规律。

B. 决定学习内容的因素

学习内容一般是母体企业生产实践中所需的面向具体职业岗位的专业知识、技能和能力，完全是根据母体企业具体的实际需求来确定。由于不同的企业所在行业、所处发展阶段和所面临的实际挑战都各不相同，学习需求、学习内容也自然各不相同，因此企业大学学习内容的决定性因素在于母体企业内在的实际需求，而不存在外在的统一要求。

C. 学习项目的认证效力

学习内容是由母体企业的实际需求决定的，学习所要达到的目标要求也自然首先要符合母体企业的要求。因此企业大学的学习内容、学习要求具有一定的个性化与专用性，学习项目的认证效力范围也自然首先要以企业内部为主、以企业内部为基础。

另外，根据加里贝克尔的特殊培训理论，企业更愿意开设企业内部专用的学习项目，因为通过非专用的学习项目所培养的员工一旦跳槽，尤其是跳槽到企业的竞争对手那里，则相当于为竞争对手投资，致使企业蒙受更大损失，例如全球通信联盟的成立就是为了避免同行企业间在人才竞争上的零和博弈与恶意竞争。

有些企业大学有能力、有需要开展正式认可的非专用性的学历学位教育项目，这也与母体企业的实际情况与实际需要密切相关。正式认可的学历学位教育项目的认证范围不再局限于母体企业，拓展至整个社会，但同时也必然要接受教育行政管理部门的审批、监管与评价，符合相关从业资质、达到从业要求。能够独立开展学历学位教育项目的企业大学并不多见，一般需要与传统大学联合开展。

D. 学习责任

企业大学是服务母体企业的，母体企业是企业大学的创办者与管理者，更是受益者，人力资本开发是知识要素开发的核心，是母体企业的重要生产环节，是能为企业带来丰厚回报的重要投资，是企业投资行为，学习的时间与费用主要由企业保障，因此学习责任主要由企业承担。尽管企业积极倡导员工自主学习，注重培养员工的自主学习能力与可持续任职能力，并通过相关学习制度、激励机制、奖惩措施来促使员工主动承担学习责任，但对于服务企业发展战略、经营管理及核心业务等有针对性的系统学习还是由母体企业主导并负责具体实施的，事实上制定学习制度、建设学习文化等也是在承担学习责任和对学习进行有效管理。另外，员工也将企业提供的学习机会、给予学习时间与经费的保障以及由此而获得的职业生涯发展视为企业给予员工的福利，也是企业留住员工并改进工作绩效的重要措施。

传统大学

A. 服务对象、学习者及学习形式

传统大学的教育服务对象不是局限于某个组织，而是面向全社会，以服务社会公众为主，学习者以中学后的职前广大适龄青年为主，属职前学历教育，学习形式以职前学习与全职学习为主。通过四年左右有计划、有组织的全职专业学习使学习者系统高效地掌握某学科专业领域相对专深的知识与技能。

B. 决定学习内容的因素

传统大学的学习内容主要是根据大学自身的学科专业建设发展情况来自主确定。学科专业水平是大学教学与科研实力的体现，但也只有当学科专业水平达到正式的学历学位教育项目要求、符合招生条件等外在统一标准时，才开办相关教育项目并进行招生。因此，大学自身的学科专业建设发展情况决定了学习内容，同时学科专业的建设发展情况也能反映大学自主办学的教学与科研实力，体现外在的社会需求及教育行政管理部门的统一要求。

C. 学习项目的认证效力

传统大学依靠科学严谨完善的学位制度与严格统一规范的认证体系，主要提供官方正式认可的非专用的教育项目，即不同专业、不同层次的学历学位项目。但随着学科专业理论与社会生产实践的密切交流及传统大学服务社会功能的强化，传统大学也逐步尝试向某个组织提供定制的专用性个性化的教育培训项目。

D. 学习责任

在传统大学，学习是全职学习者的主业，学习的责任主要由学习者自主承担。为达到学习目标，学习者必然要付出必要的努力，保障必要的学习时间和费用，学习更多的是学习者的自我投资行为。

2. 知识生产服务的类型——组织运行逻辑

企业大学服务于母体企业的生产实践，为母体企业的生产实践供给开发知识要素，与生产实践相融合是企业大学的重要特征和先天优势，本研究将企业大学的知识生产服务是以母体企业的生产实践为基础并与母体企业的生产实践相融合——这一规律特征概括为生产实践逻辑。生产实践逻辑体现了企业大学知识生产服务的客观规律，决定了企业大学知识生产服务的类型；它是企业大学的运行逻辑，贯穿企业大学运行的各个环节与各个方面，体现在知识生产服务系统的结构与功能上，企业大学的治理结构、组织结构、知识结构、文化理念及其相关教学特征等方面都体现了生产实践逻辑。

传统大学的知识生产服务，无论是在教学科研还是在服务社会方面都是以学科专业为基础，本研究将传统大学的知识生产服务是以学科专业为基础——这一规律特征概括为学科专业逻辑。学科专业逻辑体现了传统大学知识生产服务的客观规律，决定了传统大学知识生产服务的类型；它是传统大学的运行逻辑，贯穿传统大学运行的各个环节与各个方面，体现在知识生产服务系统的结构与功能上，传统大学的治理结构、组织结构、知识结构、文化理念及其相关教学特征等方面都体现了学科专业逻辑。

企业大学与传统大学的组织运行逻辑主要体现在治理结构、组织结构、知识结构、文化理念及其相关教学特征等方面。

（1）治理结构

由于不同类型的高教机构具有不同使命与定位，尤其是具有不同的客观发展规律及其内在运行逻辑，如研究型大学注重学术研究逻辑，教学型大学则注重教学逻辑，而职业院校则注重职业逻辑。由于高教机构在知识生产服务上又具有很强的专业性，从事核心业务的专业人员必须具有较高的执业资质和专业素养，他们是组织内在运行逻辑的实践主体，是高教机构的核心资源并创造核心价值，具有重要地位和作用。因此，治理结构必然要体现从事核心业务的专业人员的地位作用和影响力，从而使大学运行符合其内在逻辑要求并实现其内在核心价值。如，研究型大学以学术逻辑为基础，而科研人员则为学术逻辑的实践主体，因此在其治理结构中要强化学术权力，体现学术权力的重要影响，突出科研人员的地位作用和影响力，完善教授治校的制度设计，使行政管理服务于学术研究，强化学术研究的核心地位，彰显学术研究机构应有的内在核心价值，因此很多著名研究型大学制定了学术评议会制度，从而使大学运行能够遵循学术逻辑，并形成科学有效的治理结构和治理规则。因此，符合大学发展规律及其内在运行逻辑要求是其治理结构设计的核心和前提，如违背大学发展规律及其运行逻辑，即使是经过各方博弈能够充分保障各方利益的治理结构也必然会阻碍大学的长远发展。

由此可见，高教机构的治理结构不仅体现了组织性质与知识生产服务的目的，而且体现了组织运行逻辑与知识生产服务的类型。治理结构反映了组织内在运行逻辑的实践主体对组织决策、管理的影响力，核心在于使组织运行遵循其内在逻辑。由于实践主体更熟悉组织运行的规律，更了解组织运行中存在的问题以及改进的措施，他们还是组织的核心资源并为组织创造核心价值。因此，他们的利益得到保障、维护与实现并强化他们在决策管理中的影响力有助于组织运行更好地遵循其内在逻辑。

企业大学

企业大学治理结构保障了企业大学的运行能够更好地遵循生产实践逻辑，

从而更好地实现知识生产服务的目的，保障企业大学职能的实现。由于企业大学的知识生产服务与企业生产实践相融合，并且承担着服务企业发展战略的重要职能。因此，来自各业务部门、职能部门的负责人成为企业大学治理委员会或教学指导委员会的重要成员，他们是企业内在运行逻辑的实践主体，他们在企业大学决策管理中具有重要影响力。他们的参与既能够反映一线生产实践的实际情况和切实需求，又有助于在企业发展战略层面统筹协调、群策群力、资源共享与系统整合，保障了企业大学战略功能的实现；保障了决策的民主性与科学性；更保障了决策的执行效力，从而从根本上保障企业大学切实遵循生产实践逻辑，更好地实现企业的发展战略。

传统大学

传统大学以学科专业逻辑为基础，无论是科学研究，还是专业教学都以学科专业为基础为核心。传统大学的内在运行逻辑的实践主体则是科研工作者和教学工作者，他们是大学的核心资源并为大学创造核心价值。因此，在学校治理结构中必然要强化他们的影响力、突出他们的地位作用，从而保障、维护和实现他们的利益。通过完善教授治校的制度设计，形成了有效的治理结构和治理规则，使行政管理服务于教学、科研，从而强化教学与科研的核心地位，彰显教学科研机构应有的内在核心价值，使整个组织的运行能够更好地遵循学科专业逻辑。

（2）组织结构

企业大学

企业大学的组织结构体现了生产实践逻辑，其组织结构保障了企业大学知识生产服务与企业生产实践相融合。企业大学内部组织结构的设置一般是根据企业大学的服务对象而非学科门类来设置院系（服务对象主要是母体企业的各业务部门职能部门以及核心生产环节、生产岗位等），并且所组建的学习组织纵向深入到基层一线生产实践，横向扩展到各业务部门与职能部门，从而更好地服务企业的发展战略、经营管理及核心业务，更好地与企业生产实践相融合，高效实现知识效能、改善工作绩效。例如，摩托罗拉大学由领导力和管理学院、营销学院、质量学院、供应链学院和工程学院等五个学院组成。

企业一般会在各业务部门与职能部门及基层生产单位组建学习组织。有的企业建立了从总部到分部再到基层生产单位的三级培训体系，有助于企业大学的知识生产服务与企业生产实践相融合。例如，中国电信拥有总部、省、市三级培训体系，企业大学的知识生产服务能够深入到一线生产岗位。

企业大学一般还会设置由各业务部门职能部门的负责人组成的教学指导委员会，在企业大学的重大事项和宏观发展上予以指导、协调和支持，甚至研讨有关企业的发展战略问题，从而使企业大学更有效地整合各部门力量并服务企业的整体发展战略。

企业大学通过能够深入基层一线生产实践的纵向学习组织和能够有效沟通协调各业务部门职能部门的横向交流平台，使企业大学更好地服务企业的发展战略、核心业务和经营管理。企业大学组织结构充分体现了知识生产服务与生产实践相融合的特征，体现了生产实践的运行逻辑，同时与生产实践相融合的组织结构又更好地实现了其服务企业生产实践的职能。

传统大学

传统大学的组织结构体现了学科专业逻辑，学科专业决定了传统大学的组织特性。传统大学在横向上以不同学科专业为基础组建各个院系并围绕学科专业开展教学、科研等实践工作，并且在纵向上以学科专业层级形成的本科、研究生等学历学位层级。传统大学内部还围绕学科专业组建了学术组织机构。

组织实践、组织运行与组织职能同样体现了学科专业逻辑。传统大学形成了以学科专业为基础的学科专业研究的范式、方法和学科专业教学的模式、方法，从而科学有效地指导学科专业的科研与教学实践。同时还形成了以学科专业为基础的组织运行模式，从而实现传统大学以学科专业逻辑为基础的教学与科研的重要职能。

另外，学科的分化与融合反映了人们对客观世界认识的不断深入，传统大学的组织形式也将随之改变，以利于人们更好地认识客观世界。

（3）知识结构

企业大学

企业大学的知识体系反映了企业的具体生产实践，其知识结构是以生产实践逻辑进行组织的。企业大学的知识结构以生产实践的不同部门、不同岗位、不同的生产流程以及不同职级序列等进行组织，并形成系统的课程体系。同时，课程体系由浅入深对应着员工职业生涯发展的不同层级并有相应的岗位知识技能要求，并且职业生涯发展的不同阶段也是基于生产实践的岗位职级进行规划和评定的。

生产实践逻辑与学科专业逻辑的关系。企业大学的知识以职业岗位的工作过程为载体、以生产实践为内在逻辑进行组织并以改善工作绩效为目的，但每一个职业岗位和工作过程的生产实践又都是对各学科专业知识的综合运用和具体实践，学科专业知识也是改善工作绩效、服务发展战略的重要工具，运用学科专业知识的目的不在于促进学科专业的发展，而在于发挥知识效能，改善具体的工作绩效，实现企业的发展战略。

传统大学

首先，传统大学的知识构成以学科专业知识为主体，知识结构是以学科专业逻辑进行系统组织的，其知识体系系统抽象且本质逻辑地反映了学科专业领域的客观世界，并且知识内容强调的是什么、为什么以及基本原理和客观规律。其次，知识体系的发展也是以学科专业的发展为基础，学科在分化与融合的演进过程中产生新的交叉学科或更加细化的专门学科。另外，在学生培养方面注重基础的专业能力和通识能力的培养，注重系统全面深入地掌握学科专业知识体系。不仅专业学习是以学科为内在逻辑的，而且在专业基础学习以及在社会文化、公民教育等通识教育方面也都是以学科为基础的，其知识结构也是以学科逻辑进行组织的。

（4）文化理念

文化理念是组织长期发展过程中形成的内在稳定的价值取向与思维方式，并影响外在行为习惯和方式。组织的文化理念能够深刻反映组织的内在运行逻辑。

企业大学

由于企业大学的知识生产服务与母体企业的生产实践相融合，以生产实践逻辑为基础，因此企业大学的文化理念实质上反映的是母体企业的文化理念，主要体现在知识观和经营理念等方面。

所谓知识观，就是对知识的基本看法、见解与信念，是人们对知识的内涵、外延、本质、价值、起源与功能等问题假设的总和。作为参与市场竞争的营利性、竞争性组织，激烈的市场竞争孕育了企业的知识观。"没有最好，只有更好"的生存发展之道、"优胜劣汰"的市场法则以及知识经济的迅猛发展必然要求企业不断学习、学以致用、持续改善，以求善求用的知识观为指导，追求最大化最优化的知识效能，通过不断改善实践、不断增强企业竞争优势来实现企业的经营目标和发展战略，实现可持续的健康发展。虽然在企业的生产经营的各个环节中也存在求真、求美的实践活动，但这些活动都是围绕"求善、求用"的核心展开。例如，一些处于行业领先地位的企业组织投入巨资进行与企业产品研发密切相关的基础科学研究，但其最终的目的不在于探索未知世界的客观规律、本质特征和普遍真理，即不在于求真求知，而是在市场竞争的驱动下，为实现竞争优势不断提升这一求善求用的目的。企业的知识创新尤其是产品研发都是以市场需求为导向、以市场营利为目的，企业也因此具有很强的知识产权保护意识。传统经济时代，企业组织求善，即获取竞争优势，改善工作绩效，并不局限于知识这一种工具、手段与途径，知识的地位作用也并不突出，而知识经济时代，企业若要获得竞争优势则越来越倚重知识工具，企业大学的核心价值也因此得以彰显。

因此，企业大学知识观主要倾向于求善求用，把知识作为达成组织目标的工具、手段与途径，体现了知识的工具性。其中强调实用主义，强调绩效导向的学习，强调知识生产服务与生产实践相融合，从而将知识转化为企业组织的生产力，最大化最优化地实现知识效能。

企业大学的知识观反映了企业的知识观，其管理理念同样反映了企业的管理理念。母体企业生产实践中逐步形成的文化理念也深深根植于企业大学，尤其是企业化经营的管理理念，其中包括：成本效益原则、实用主义、市场竞争意识、市场服务意识、品牌品质意识、合作共赢意识、团队协作精神以及自主创新、勇于探索、大胆实践、创业变革的开拓精神，权责明晰、公平公正的契约精神和能够激发个体自主学习自主创新的扁平化柔性管理、目标明确高效运作的项目管理及其相关的竞争、激励与评价机制等。

传统大学

传统大学的知识观则主要倾向于求真求知，体现了知识的目的性，追求真理是传统大学的终极目的，也是传统大学的内在核心价值。求真求知是传统大学重要的知识观，是传统大学文化理念的核心，体现了学科专业逻辑。人类对未知世界的好奇和对客观真理的崇尚是人类追求真理的不竭动力，并成就了传统大学源远流长的发展历史。对真理的追求可以说贯穿于传统大学发展之始终，并体现在传统大学实践活动的方方面面。首先，科学研究就是追求真理，就是探究未知世界的客观规律。其次，培养专门人才是以学科体系为基础向学习者传授专业领域的客观规律，学科体系就是人们对客观世界的真实反映，是求真求知的结果，也是求真求知的基础，是传统大学从事学科教学与科研的基础。通过学习客观规律，认知世界本质，学习者认知和改造客观世界的能力在不断提升的同时，个性品质也得到历练和发展。第三，服务社会、改造世界更是要以遵循客观规律为前提。

虽然在传统大学的实践发展中，离不开求善、求美，但相对于求真而言，求善、求美具有相对性与局限性，容易受到外在因素的影响，随时间、空间以及主体的不同而异，即不同的历史阶段，不同的民族文化、风俗习惯，不同的认知主体都会有不同的价值标准。同时，求善、求美也必然要遵循客观规律、符合客观规律，即要以求真为基础。与善和美不同，真理是不以人的意志为转移的，是人们对客观世界的真实反映，求真求知是人类社会赋予大学的使命责任，体现了传统大学对人类社会整体、长远与重大公共利益的关切。

学术独立与学术自由是求真求知的必要条件，更是大学精神的实质，这也必然要求大学组织不依附屈从于任何组织，具有一定的独立性，大学的运营管理理念也因此尤为彰显了学术独立与自由。此外，追求真理还需要理性、方法与人际协作，需要平等、开放与包容，需要独立的人格、坚韧的品格、执着的追求以及公正客观的态度等。

（5）相关教学特征

企业大学

A. 知识特点

企业大学知识是面向具体的职业岗位和工作过程的，企业大学的知识体系反映了企业的具体生产实践并以生产实践逻辑进行有效的组织，而不是以学科专业体系进行组织的，其根本特点也在于实践性。

实践性主要体现在：其一，知识本身的特点具有实践性。企业大学的知识强调如何做以及如何做得更好，而不强调是什么、为什么；强调知识的具体应用性、真实情境性、应用实效性和动态更新的时效性。虽然具体实践离不开抽象理论的指导，但相对而言企业大学知识不强调知识所属的静态的学科体系，不强调抽象的一般原理及知识的普遍适用性。其二，企业大学的知识源于实践、学于实践并用于实践。知识创新、知识分享与知识效能等知识生产服务的各个环节都离不开母体企业的具体生产实践。其中知识创新是知识生产服务的核心，企业大学的知识创新是与生产实践相融合的：首先生产实践就是知识创新的源泉；知识创新的主体则是生产实践中的全体员工；知识创新的目的就是改善生产实践；知识创新过程就是在生产实践中进行的；知识创新成果需要转化为现实生产力同时也需要生产实践的检验；知识创新的经验、方法则是在生产实践中探索、总结；知识创新的机制制度则是在生产实践中改进、完善。其三，不仅知识结构是以生产实践逻辑进组织，而且知识内容的表现形式也注重易于实践应用、便于操作执行，强调结构化、标准化、规范化、清晰明确与可操作性强①。

B. 学习评价

企业大学的学习不是以知识技能的掌握为目的，而是以改善工作绩效为目的与导向。企业大学的学习评价更注重将所学知识运用于企业的具体生产实践并发挥实际效能，相对而言不强调对知识体系的理解内化和系统掌握。工作绩效是与具体的职业岗位和工作过程密切相关的，企业的发展战略也可细化量化为各个岗位的绩效指标（KPI），并且知识经济时代企业改善工作绩效的工具、手段与途径主要依靠知识技能的有效运用。改善工作绩效这一核心目标贯穿整个学习过程的始终：学习需求分析注重工作绩效差距的调研，学习内容则必然以能够有效改善工作绩效的知识技能为主，学习评价则以工作绩效为重要依据和测量尺度。工作绩效的改善是检验知识技能及学习成效的重要依据和衡量标准，企业大学所提供的知识生产服务也是以实现最大化、最优化的知识效能为核心。因此企业大学的学习绩效评价体系中强化了工作绩效考核，企业大学的学习评价相对而言注重外在实践效果，具有外在依赖性、应变性与相对性，这也体现了求善求用的知识观，体现了生产实践逻辑。

企业大学的学习绩效评价不仅关注有形的可量化的关键指标，如培训满意度、生产效率、财务指标、培训成本与培训的投入产出效益等，而且关注企业学习所带来的诸如企业凝聚力、创造力、执行力、企业的形象内涵与员工士气等无形收益。另外，在学习绩效评价的具体操作中，为准确测量学习对工作绩效的影响，需要对影响工作绩效的诸多因素，如主观动机因素、外在激励因素、工作环境因素等进行一定的控制和干预。此外，评价体系中要建立完善相应的学习激励机制，使员工学习的外在压力转化为内在动力，使个体的学习与创新

---

① 刘春雷等. 知识视角下的企业大学研究［J］. 现代远程教育研究，2010（6）：62–67.

能力转化为组织的学习能力与创新能力，使个体的职业生涯发展与企业组织的发展相一致。

C. 教学模式

知识经济时代，职场学习与工作绩效已成为不可分离的关键概念，"职场学习与绩效（WLP）"成为培训与发展领域的最新阶段。以生产实践逻辑为基础的企业大学的教学模式不是以教师、课堂、教材为中心传统教学模式为主，而是以真实情境下的职场学习为主，强调理论与实践相结合、工学结合与学以致用，提倡深入生产实践的行动学习，注重分享源自生产一线的最佳实践，积极开展贴近实战的模拟训练和形象生动的案例学习。

由于网络虚拟学习不仅能够打破时空局限，降低学习成本，而且具有较好的学习效果，尤其是能够实现自主泛在学习、协作学习、远程学习与智能学习，从而能有效支持职场学习。因此网络虚拟学习已成为企业学习的重要方式，企业大学尤为重视网络学习的资源与环境建设，积极建设融网络学习、知识管理和电子绩效支持系统等多种功能于一体的综合学习平台。

D. 师资特点

实践经验是企业大学教师的基本要求，因此企业大学的教师大部分由母体企业各业务与职能部门具有丰富实践经验的业务骨干、行业专家及中高层管理者兼任。在具有丰富实践经验的基础上，还需具有很强的实践调研能力、工作反思能力以及逻辑表达能力，能及时调研、总结、分享工作中的最佳实践，从而胜任知识生产服务的各项工作。除内聘兼职教师外，对于外聘教师也同样注重实践经验，大多聘请具有丰富实践经验的大学教授、咨询师和培训师等。企业大学的教师资质认证虽然没有外在严格统一的准入标准，但要得到员工的认可，教师的实践经验非常重要，教师的实践经验一般体现在工作履历、岗位职级上，凭借丰富的实践经验能够有效地帮助员工将所学的知识技能转化为工作绩效，而脱离实践的理论学习则会显得枯燥晦涩，纸上谈兵、照本宣科更是企业学习的大忌。

传统大学

A. 知识特点

传统大学的知识构成以学科专业知识为主体，知识体系系统抽象地反映了学科专业领域的客观世界，知识结构是以学科专业逻辑进行系统组织的，知识创新也主要体现在学科专业的发展上。知识内容强调是什么、为什么，强调基本原理、客观规律，具有系统性、抽象性、普适性、客观性和权威性。

与企业大学不同，传统大学的学科专业知识具有非专用性，只要从事同一专业领域的生产实践，不管是 A 企业还是 B 企业，所应用的学科知识是通用的，专业领域的基本原理和客观规律也是不变的。

另外，传统大学不仅要培养专业人才，进行专业教育，还要促进学习者的个性发展，进行通识教育，尤其是知识经济时代随着岗位知识技能的快速更新与拓展，要求传统大学更注重通识教育，拓展专业口径，培养综合能力，使学习者具有很强的可塑性及可持续发展能力。

B. 学习评价

传统大学注重对学科专业知识的理解内化和系统掌握，使学习者获得对学科专业领域全面而深入的客观认识，学习、评价基于学习者对学科专业知识体系的认知程度的测量，并通过学历学位的认证体系予以衡量。传统大学的学习、评价相对而言注重对学科专业知识的内在认知程度，具有内在一致性、稳定性与绝对性，体现了求真求知的知识观，体现了学科专业逻辑。而企业大学的学习评价相对而言注重外在实践效果，具有外在依赖性、应变性与相对性，体现了求善求用的知识观。

C. 教学模式

为了能在规定时间内系统高效地掌握某一学科专业领域相对专深的知识与技能，传统大学的教学模式主要采取以教师为中心、教材（学科专业知识体系）和课堂为中心的传授式教学模式。

传统大学经过上百年的发展，早已形成了专业化的人才培养模式，各个学科专业具有成熟规范的培养计划、培养目标、培养规格与培养方案，具有科学完备的人才培养的标准、流程与体系，类似工业生产的流水线，具有规模化、集约化与标准化等特征，从而确保在规定时间内系统高效地完成学科专业知识的学习。由于系统高效地学习掌握某一领域经过数十年甚至数百年不断发展积累的知识成果，难以通过实践的方式体验学科知识发展中每一项重大发现的具体细节，并且实践教学成本相对较高，尤其是时间成本，因此传统大学更注重学科专业理论的传授，实践教学相对薄弱，传统大学难以在有限的时间内培养出行业专家或业务骨干。传统大学的实践教学一般通过实验室理想条件下的实验设计以及在有限的实训场所、实践基地进行有选择、有侧重的实施，在培养学生实践能力的同时加深对抽象理论的理解和认知。能在短时间内系统高效地掌握学科专业领域的知识、技能是传统大学的优势，但同时也是其不足所在，即专业知识与技能的实践运用能力难以兼顾，若想成为行业专家或业务骨干，毕业生还需在职场实践中长期积累与历练。

D. 师资特点

传统大学的师资要求更注重学科专业素养，要求从业人员具有扎实的学科专业理论基础，精通学科专业领域的知识技能，具有从事学科专业教学与科研的能力。传统大学的专业教师具有较高的从业要求和严格的准入标准，主要体现在学历学位的要求上，学历学位能够在一定程度上反映从业人员所应具备的学科专业素养。

（二）联系

1. 教育层次

在教育层次上二者同属于高等教育层次，企业大学属于高等教育层次主要体现在教育培训对象的受教育程度和课程内容的专业技术水平上。

（1）教育培训对象的受教育程度。在知识经济时代，在高等教育大众化甚至普及化的今天，企业员工大多是专业技术人员，接受过高等教育，甚至具有研究生学历。

（2）课程内容的专业技术水平。企业大学的课程内容则体现了生产实践领域中专业技术应用的最新发展，甚至是专业前沿领域的创新应用，因此不仅需要学习者具备一定的专业基础，还需具有持续多年的专业领域的实践经验，而不是局限于企业员工岗前培训的初级水平。尤其对于高新技术产业的龙头企业，以科技创新为核心衍生出从技术研发、产品生产到售后服务、经营管理等各个环节的知识创新，反映在企业大学的课程内容上自然要达到高等教育层次以上，具有一定的专业技术水平，体现了专业实践领域的最新发展。有些高新技术企业的企业大学甚至达到研究型大学的教育科研水平，如神舟学院、微软亚洲研究院与爱立信中国学院等。

2. 教育培训的专业化

企业大学与传统大学都属于专业化的高等教育机构，这也是企业大学自称为"大学"的一个重要原因。企业大学一般是由企业培训部门逐步发展成为专业化、规范化的教育培训机构，专业化水平也体现了企业大学与企业培训部门的本质差异。

企业大学教育培训的专业化程度主要体现在与传统大学一样具有相对完善的课程体系、师资体系与学习评价认证体系，具有规范的运营管理体系。并且在发展过程中逐步摸索出符合企业在职教育培训规律、具有自身发展特点的一系列行之有效的教学模式、课程开发模式、师资认证管理制度和学习绩效评价方法等，使企业在职教育培训具有更高的专业化水平。有的企业大学甚至具备学历学位教育资质，能够独立授予官方正式认可的证书，如神州学院和南加利福尼亚水务公司员工开发大学等。

3. 交流与合作

传统大学与企业大学分属于职前学历教育和在职继续教育，在教育过程中具有衔接性并共同组成终身教育体系。学习内容、研究内容各侧重于学科专业的理论基础和专业领域的实践应用，并且二者各自遵循学科专业逻辑与生产实践逻辑，因此都具有很强的互补性。

从通识教育、学科专业教育到在职继续教育，从学科专业能力到职场实践能力的塑造培养，从具备从业资格到成长为业务骨干甚至行业专家，传统大学与企业大学共同构成了人力资本开发的重要环节，共同承担人力资本开发的重要任务。在某种意义上，二者同为企业人力资本要素的供应商，既分属于人才市场的供需双方，所遵循的学科专业逻辑与生产实践逻辑又具有很强的互补性。因此二者的密切交流与合作有助于传统大学了解职场对人才具体能力素质的需求，有助于提高人才培养的质量与效率，有助于学科专业领域与生产实践领域的良性互动，有助于孵化新兴产业并促进相关学科专业发展，有助于实现产学研的有机融合，有助于产业界与教育界的沟通。双方可基于共同的愿景使命和战略目标建立战略合作伙伴关系或形成大学联盟，实现资源共享、优势互补与互利共赢。

知识经济时代，传统大学已经走出象牙塔，发挥自身的优势满足生产实践领域的需求。例如，传统大学开设"专业硕士"等教育项目以培养面向职业岗位的应用型高级专门人才，一些传统大学还与企业大学合作创办定制化教育培训项目、创办市场急需的新兴专业和培养市场急需的专业人才。企业大学与传统大学的区别与联系详见表4.5。

表 4.5　企业大学与传统大学比较

比较的内容 / 比较的组织			企业大学	传统大学
区别	组织性质及相关特征	组织性质（知识生产服务目的）	**为母体组织提供自助服务** 隶属于母体企业，由母体企业出资创办并运营管理。母体企业由工商行政管理部门监管。依托母体企业组织的权利和资源，体现了组织的内部服务关系。	**提供非营利性的公共服务** 由教育行政管理部门监管。依托公共权利和公共资源，体现了公民权利与国家责任之间的公共服务关系。
		1. 主要职能	自助服务：服务母体企业的发展战略、经营管理、核心业务等。	公共服务：培养专门人才、发展科学、服务社会等。
		2. 产权归属	是母体企业下属的职能部门，不是具有法人产权的独立组织。	公共产权或公益产权。
		3. 经费来源	以母体企业的预算拨款为主。	公共税收、社会捐赠及学费。
		4. 治理结构	体现了企业所有者及管理者对企业大学决策管理运营的影响力，核心是维护企业所有者、管理者的利益。	体现了大学所有者及管理者对大学决策管理运行的影响力，核心是维护公共利益。
		5. 教学特征 — 服务对象、学习者及学习形式	以服务母体企业为主，学习者以企业内部员工为主体，属在职继续教育，以在职学习为主。	以服务社会公众为主，学习者以中学后的职前适龄青年群体为主体，属职前学历教育，以全职学习为主。
		学习内容的决定因素	主要由母体企业决定，根据母体企业的实际需要来确定。	主要由大学自主决定，根据大学的学科专业建设发展情况来自主确定。
		学习项目的认证效力	以企业内部认证为主，具有一定的专用性。	以官方正式认可学历学位教育为主，具有非专用性。
		学习责任	由企业保障学习时间、学习经费，是企业开发供给知识要素的必要投资。	主要由学习者个人付出努力，自主承担学习责任，是学习者的自我投资。

比较的内容 \ 比较的组织		企业大学	传统大学
区别	组织运行逻辑及相关特征		
	组织运行逻辑（知识生产服务类型）	**以生产实践逻辑为主**	**以学科专业逻辑为主**
	1. 治理结构	体现运行逻辑的实践主体即各业务部门职能部门的负责人在决策管理中影响力，使组织运行遵循生产实践逻辑。	体现运行逻辑的实践主体即教学与科研人员在决策管理中的影响力，使组织运行遵循学科专业逻辑。
	2. 组织结构	根据服务对象设置院系且学习组织纵向深入到基层生产实践单位，横向扩展到各业务部门职能部门。	以学科专业为基础组建各个院系并围绕学科专业开展教学、科研等实践工作。
	3. 知识结构	以生产实践逻辑进行知识组织，即根据具体的职业岗位及其工作过程进行知识组织，并形成面向不同岗位不同职级的课程体系。	以学科专业逻辑进行知识组织，即根据学科专业门类进行知识组织，并形成不同专业不同层次的课程体系。
	4. 文化理念	以求善求用的知识观为主，体现知识的工具性，以企业化经营理念为指导。	以求真求知的知识观为主，体现知识的目的性，强调学术独立、学术自由。
	5. 教学特征 知识特点	知识体系反映了企业的具体生产实践，强调如何做以及如何做得更好，强调实践性。	知识体系反映了学科专业领域的客观世界，强调是什么、为什么，强调基本原理、客观规律。
	学习评价	强调知识效能的转化、工作绩效的改善，注重外在实践效果。	注重对学科专业知识体系的理解内化和系统掌握，注重内在认知程度。
	教学模式	以绩效导向的职场学习为主。	以传授式教学模式为主。
	师资要求	注重教师的生产实践经验，体现在工作履历岗位职级的要求上。	注重教师的学科专业素养，体现在学历学位的要求上。

续表

比较的内容 ＼ 比较的组织		企业大学	传统大学
联系	教育层次	同处高等教育层次。	
	专业化水平	都是具有专业化水平的高教机构，都具有相对完善规范的课程体系、师资体系、学习评价认证体系、运营管理体系等。	
	交流与合作	二者分属于职前学历教育和在职继续教育，是终身教育体系的重要组成部分，是人力资本开发的重要环节，同时学科专业逻辑与生产实践逻辑具有很强的互补性，因此二者具有广泛深入的合作基础。	

二、企业大学与行业性大学及商学院

行业性大学（Industry - based University）是为服务行业发展需要而创办的具有鲜明行业特色，并形成了明显的行业性学科优势的大学，也称为特色型大学（Characteristic University）。行业性大学一般在本行业的科技进步和人才培养方面发挥着重要的作用。行业性大学以服务行业需要为主要目的，在专业设置、课程体系、实验条件、培养模式、师资队伍建设、学科建设和科学研究等方面都具有较强的行业性特点，并体现了服务行业产业的宗旨①。

商学院是以商学为主的高教机构，商学作为某个具体应用学科领域，涵盖了企业经营管理、财会与金融等方面的学科专业门类。商学院通过探索、发现、抽象与概括商业实践活动中的一般性原理及内在的本质规律，建构和发展学科理论，同时培养学科专业的应用型和学术型专门人才，并为实践应用领域提供专业咨询与指导。

与传统大学相比，商学院与行业性大学在学科设置上具有一定特色，是与企业、行业与产业的生产实践密切相关的应用学科，而实践应用是其学科知识体系创新发展的重要源泉。它们与企业、行业与产业的实践发展密切联系，相互促进、共同发展。总体上商学院与行业性大学属于传统大学范畴，因此继承

---

① 王亚杰. 挑战与出路：特色型大学的发展之路 [J]. 高等工程教育研究，2008（1）：1 - 6.

了企业大学与传统大学的区别与联系，这里仅做一些强调和补充。

（一）联系

1. 都关注专业领域

之所以把行业性大学与商学院一起与企业大学做比较分析，主要原因是企业大学与它们都关注相同的专业实践领域，即行业的专业技术实践领域和以企业经营管理为主的商业实践领域，尤其是企业经营管理方面的知识早已成为企业大学服务企业发展战略的关键，甚至很多企业大学只把企业经营管理作为主要学习内容，也因此一些企业大学命名为"商学院""管理学院"，如"中国移动管理学院""GE 商学院"等。

2. 都注重专业领域的实践应用

企业大学、行业性大学及商学院的都注重专业领域的实践应用，尤其是二者的知识创新、知识发展都与专业领域实践应用密切相关，实践应用是各自知识体系创新发展的重要源泉。企业大学的知识生产服务与企业生产实践相融合，以生产实践逻辑为基础。行业性大学及商学院是应社会生产实践、行业企业发展的需求而产生并不断发展的，它们都是以应用学科为主体，与专业领域的实践应用密切相关，在与专业实践领域的互动中相互促进、共同发展。例如，GE 的商业实践为 GE 商学院提供了广阔的发展舞台；高度发达的美国商业造就了世界一流的商学院；印度高度发达的软件服务业造就了培养软件工程师的摇篮。与此同时，专业领域的学科发展和企业大学的知识生产服务也为行业企业的发展提供了强有力的智力支持。

然而由于一些行业领域的专业知识源自具体的领域实践，致使相关专业知识的应用具有一定的局限性，难以抽象为普适的一般原理，或上升为行业通用的技术标准和规范，尤其是经营管理等方面的社会科学领域，受到社会文化背景、生产力水平、民族文化传统及意识形态等众多因素的影响，知识的应用范围必然具有一定的局限。例如，一些在欧美发达国家适用的经济原理、商业规律与管理方法却难以在亚洲发达国家发挥效用。

3. 交流与合作

由于拥有共同的实践领域，企业大学与行业性大学及商学院保持密切地交流与合作。企业大学拥有行业领域实践经验丰富的技术专家与高层管理者，拥有行业领域面向职业岗位的课程资源和实践教学资源；而行业性大学、商学院则拥有完备的学科专业体系、优越的教学科研条件、雄厚的师资力量和科研实力。二者可在师资、课程、实践教学等方面实现资源共享、优势互补与合作共赢，共建高层次实质性的大学联盟。尤其是行业性大学具有突出的行业领域的学科优势，在行业的前沿科技服务和高端人才培养上与行业龙头企业创办的企业大学具有先天的合作优势，与企业大学合作研发科技项目、开发教育培训项目和培养定制化的高端人才，从而能有效实现产学研的有机融合。如，我国航空航天领域的行业性大学——北京航空航天大学与航天科技集团创办的企业大学——神舟学院、中国航空工业集团创办的企业大学——中航大学和通信领域的行业性大学——北京邮电大学与中国电信集团创办的企业大学——中国电信学院等都在进行广泛而深入的交流与合作。

（二）区别

1. 视野不同

虽然企业大学与行业性大学及商学院都关注相同的实践领域，但企业大学为母体企业提供自助服务，更多地关注母体企业的具体实践，更具有针对性。

而行业性大学及商学院则关注代表学科专业发展的实践应用领域，商学院关注不同产业、行业与企业的具有代表性的商业实践；行业性大学则关注世界范围内的本行业的最具代表性的专业实践，尤其关注能够代表行业发展前沿的龙头企业的专业实践。行业性大学及商学院关注的实践领域都不局限于某个具体的企业组织，它们具有更宽的视野。

2. 知识的适用范围不同

企业大学的知识体系大多源自母体企业自身的具体实践，并以实现知识效能为目的，用于改善企业自身的具体实践，因此其知识具有一定的针对性、专用性，难以抽象上升为具有普适性的一般原理和客观规律。

而行业性大学及商学院则注重从比较广泛的具体实践中抽象总结出一般原理和客观规律，建构和发展学科理论体系，从而更好地服务领域实践。如，商学院的案例教学注重从众多的企业最佳实践案例中总结出成功之道，同样行业性大学关注行业实践领域的技术发展，尤其是能够代表行业领先水平的众多优秀企业，从而概括出行业主流技术特征及行业科技发展的规律与趋势等，并深入研究行业科技发展的前沿领域。

3. 知识的组织形式不同

企业大学是根据核心业务岗位、工作任务及其工作流程来组织知识内容的，即以生产实践逻辑组织知识，并基于具体岗位实践调研和工作过程分析进行课程开发建设，因此不同的企业大学，其课程知识体系各具特点，具有很强的针对性与专用性。

而行业性大学及商学院则以学科专业逻辑来组织知识内容，学科体系具有标准统一性、领域共识性、共享性、权威性与客观性，因此所有大学的学科专业设置具有很强的内在一致性，并且具有领域学科门类完备的优势，有利于学科间的交叉融合，协同攻关，促进知识创新与发展。

三、企业大学与高等职业院校

高等职业教育具有促进学习者个性发展的教育属性，还具有服务社会生产的职业属性，其职业属性是职业教育的核心属性。高等职业教育培养能够胜任具体职业岗位的技术型和技能型人才，使学习者具备从事某项职业的能力素质，具有明确的职业针对性，并以就业为导向。高等职业教育的具体实施必然以现实的社会生产实践为依据，面向具体的职业岗位及其工作过程，因此高等职业教育必然要遵循生产实践逻辑。

有关专家曾依据社会生产的过程和目的，将人才分为学术型人才、工程型人才、技术型人才和技能型人才四类。其中，学术型人才主要从事研究和发现科学原理（客观规律）等工作；工程型人才主要从事规划、决策与设计等工作；而技术型人才和技能型人才主要从事的工作是在生产一线将规划、决策、设计等转化成物质形态。技术型人才与技能型人才的区别在于前者主要应用智力技能进行工作，而后者主要依赖操作技能完成任务。学术型和工程型人才主要由普通高等教育培养，而高等职业教育培养的则是能够胜任具体职业岗位的高素质技术型和技能型人才。

高等职业教育特定的人才培养目标决定了实现目标的途径、方法和规律，其体现在校企合作、工学结合等宏观层面，也体现在基于职业分析的专业建设、工作过程导向的课程开发、结合职场案例注重实践迁移的教学方式、融入职业情境的实习实训、职场能力主导的学习评价和"双师"素质导向的师资培养等微观层面。这些都突出了生产实践是职业能力素质培养不可或缺的重要途径。

　　培养技术型和技能型人才的高等职业教育强调职业的针对性，强化服务社会生产，具有明确的职业倾向性，通常以职业领域、职业岗位为基础组建院系、设置专业与开发课程。课程结构是基于工作过程系统化的动态的课程结构，并按照具体的职业岗位的工作过程及工作任务的逻辑组织知识。同时，不要求系统掌握相关的理论知识，而是围绕职业需要来有重点地学习必要的理论知识。强调通过现场实习培养实践操作技能，通过体验真实的职业情境，培养职业认同感、责任感，逐步适应职业角色，使学生具备从事具体岗位的职业能力素质，能够胜任生产一线的岗位工作。并在教学组织安排上强化深入企业的一线生产岗位进行的实践学习，突出了双轨制的职教特点。从模拟实践、实训到顶岗实习，从实习的学时要求到岗位实操的考核评价，从校内实训基地建设到基于校企合作的校外实习基地建设，从职业资格认证到学历认证，建立了一整套完善的符合职教规律的实践教学体系及相关的制度规范。正是由于高等职业教育与企业大学同属于职业教育范畴，因此二者遵循相近的教育教学规律，采取相近的教育教学模式①。

　　（一）区别

　　高职院校与传统大学具有相同的组织性质、相同的知识生产服务目的，即面向社会公众提供非营利的公共服务，因此同上述企业大学与传统大学在组织性质上的区别具有很多相同点。企业大学与高职院校在组织性质上的区别具体体现在主要职能、产权归属、经费来源、治理结构及相关教学特征方面，详见表4.6。其中在教学特征的学习项目认证效力方面，高职院校所教授的职业技术与职业技能虽然是面向具体职业岗位的，但却是相对通用的技术与技能，可适用于不同的企业，因此相对企业大学而言高职院校所教授的职业技术与技能具有一定的非专用性。

---

① 刘春雷等．职业教育的核心属性及其规律剖析［J］．中国高教研究，2011（7）：77 - 80.

表4.6 企业大学与高职院校比较

比较的内容 \\ 比较的组织			企业大学	高职院校
区别	组织性质及相关特征	组织性质（知识生产服务目的）	**为母体组织提供自助服务** 隶属于母体企业，由母体企业出资创办并运营管理。母体企业由工商行政管理部门监管。依托母体企业组织的权利和资源，体现了组织的内部服务关系。	**提供非营利性的公共服务** 由教育行政管理部门监管。依托公共权利和公共资源，体现了公民权利与国家责任之间的公共服务关系。
		1. 主要职能	自助服务：服务母体企业的发展战略、经营管理、核心业务等。	公共服务：培养技术型、技能型人才，服务社会生产等。
		2. 产权归属	是母体企业下属的职能部门，不是具有法人产权的独立组织。	公共产权或公益产权。
		3. 经费来源	以母体企业的预算拨款为主。	公共税收、社会捐赠及学费。
		4. 治理结构	体现了企业所有者及管理者对企业大学决策管理运营的影响力，核心是维护企业所有者、管理者的利益。	体现了高职院校所有者及管理者对院校决策管理运行的影响力，核心是维护公共利益。
		5. 教学特征 — 服务对象、学习者及学习形式	以服务母体企业为主，学习者以企业内部员工为主体，属在职继续教育，以在职学习为主。	以服务社会公众为主，学习者以中学后的职前适龄青年群体为主体，属职前职业教育，以全职学习为主。
		学习内容的决定因素	主要由母体企业决定，根据母体企业的实际需要来确定。	主要由院校根据专业建设发展情况及市场需求自主决定。
		学习项目的认证效力	以企业内部认证为主，具有一定的专用性。	以官方正式认可学历学位教育为主，具有非专用性。
		学习责任	由企业保障学习时间、学习经费，是企业开发供给知识要素的必要投资。	主要由学习者个人付出努力、自主承担学习责任，是学习者的自我投资。

比较的内容 / 比较的组织			企业大学	高职院校
联系	组织运行逻辑及相关特征	组织运行逻辑（知识生产服务类型）	以生产实践逻辑为主	
		1. 治理结构	体现运行逻辑的实践主体在组织决策管理中的影响力，使组织运行更好地遵循生产实践逻辑。	
		2. 组织结构	组织结构体现生产实践逻辑：企业大学根据服务对象设置院系且学习组织根植于各生产实践单位。高职院校以职业领域、职业岗位为基础组建院系、设置专业，同时注重实习基地的组织建设。	
		3. 知识结构	以生产实践逻辑进行知识组织，即根据具体的职业岗位及其工作过程进行知识组织，并形成面向不同岗位不同职级的课程体系。	
		4. 文化理念	以求善求用的知识观为主，体现知识的工具性。	
		5. 教学特征 · 知识特点	知识体系反映了具体生产实践，强调如何做以及如何做得更好，强调实践性。	
		学习评价	以工作实践检验学习效果，强调知识的运用，注重专业实践能力。	
		教学模式	注重实践教学，强调工学结合。	
		师资要求	注重教师的生产实践经验。	
	教育层次教育类型		同处高等教育层次，同属职业教育。	
	专业化水平		都是具有专业化水平的高教机构，都具有相对完善规范的课程体系、师资体系、学习评价认证体系、运营管理体系等。	
	交流与合作		二者分属于职前学历教育和在职继续教育，是终身教育体系的重要组成部分，是人力资本开发的重要环节，同时组织运行都以生产实践逻辑为主，具有广泛深入的合作基础。二者的实质性合作密切联系了职教产品的生产者与消费者；密切联系了理论与实践；密切联系了区域经济与职业教育的发展。	

（二）联系

1. 组织运行逻辑——生产实践逻辑

企业大学与高职院校知识生产服务类型相同，都从事职业教育，遵循生产实践逻辑，并体现在治理结构、组织结构、知识结构、文化理念及相关教学特征等方面。

其中，治理结构体现运行逻辑的实践主体在组织决策管理中影响力，从而使组织运行更好地遵循生产实践逻辑，尤其在实施双轨制的德国的高职院校，通过立法明确了企业在参与职教过程中的权利责任，不仅保障了企业实践资源的共享、实践教学的有效实施，而且保障了企业自身的利益，从而使校企间的实质性合作能够深入开展。

组织结构体现了生产实践逻辑：企业大学根据服务对象设置院系且学习组织根植于各生产实践单位。高职院校以职业领域、职业岗位为基础组建院系、设置专业，同时注重实习基地的组织建设，强化企业实习基地在岗位实践教学中的作用，从而保障有效实施双轨制。

知识结构以生产实践逻辑进行知识组织，即根据具体的职业岗位及其工作过程进行知识组织，并形成面向不同岗位不同职级的课程体系。

文化理念体现了生产实践逻辑，都以求善求用的知识观为主，体现知识的工具性。

相关教学特征体现了生产实践逻辑：知识特点都强调实践性，强调如何做以及如何做得更好，知识体系都反映了具体生产实践；学习评价注重以工作实践检验学习效果，注重专业实践能力，强调知识的运用、知识效能的转化；教学模式注重实践教学、强调工学结合。在师资要求上都注重教师的生产实践经验。

2. 交流与合作

企业大学与高职院校同处于高等教育层次，都是具有专业化水平的高教机构，并且都从事职业教育。它们分属于职前职业教育和在职继续教育；职前职业教育使得学习者获得从业资质，即职业准入资格；企业大学的在职继续教育则更倾向于更新知识技能、改善工作绩效和促进员工的职业生涯发展。它们使学习者成为初具从业资质的职业准入者并进一步成长为职业领域的骨干专家，是终身教育体系的重要组成部分，是人力资本开发的重要环节，同时组织运行都以生产实践逻辑为主，具有广泛深入的合作基础。

在某种意义上，企业大学与高职院校同为行业企业人力资本要素的供应商，同时，二者分属于人才市场的供需双方，其实质性合作密切联系了职教产品的生产者与消费者；密切联系了理论与实践；密切联系了区域经济与职业教育的发展。

企业大学与高职院校的合作密切联系了职教产品的生产者与消费者，即人才市场的供需双方，促进职教产品社会价值的实现。其一，企业可以优先选择胜任岗位要求的优秀人才，或通过定向培养来满足企业发展对后备人才的需求，避免在人才市场中选人所带来的一些弊端，如岗位要求不胜任，岗位磨合难适应、新入职员工不稳定等，以至于增加企业人才交易成本，影响企业生产效率。其二，高职院校能够深入了解市场需求信息，调整优化专业设置和人才培养方案等以适应市场需求，适应行业企业以及区域经济的发展，使人才培养更具针对性，以增强职教产品的市场竞争优势，提高就业能力。其三，高职院校能基于自身的科研优势为企业提供技术研发方面的服务，也能基于在人才培养上的专业化优势加强企业员工的在职培训、继续教育，以实现资源共享，提高办学效益，并共同应对知识更新给双方带来的挑战，也强化了高职院校服务社会、服务市场的功能[1]。

企业大学与高职院校的合作密切联系了理论与实践，提高人才培养质量，提升职教产品的内在价值。在高等职业教育中，职业能力素质培养过程中包含大量实践能力的培养、隐性知识的获取乃至职业认同感、归属感和职业文化的培养，这些都需要在真实的工作情境中，在职业岗位的生产实践中反复磨炼，逐渐内化。在知识快速更新、产业结构优化升级和仪器设备技术更新换代加速的今天，行业企业一线岗位的生产实践是获取职业能力素质的源泉，是职教人才培养质量的重要保障，是职业教育发展的重要依托。尤其是实力雄厚拥有企业大学的企业所提供的岗位实践环境及教育教学资源能够有力促进职教产品内在价值的提升，使其更具有市场竞争力。

---

① 刘春雷等. 职业教育的核心属性及其规律剖析 [J]. 中国高教研究，2011（7）：77 - 80.

企业大学与高职院校合作能够促进区域经济与职业教育的协调发展。区域经济的发展，产业结构的优化升级，尤其是新兴产业的孵化、成长，都离不开技术、人才的支持。高素质的技术技能型人才的储备往往成为区域经济发展、产业优化升级和企业战略发展的重要制约因素。实质性的校企合作密切联系了区域经济与职业教育的发展，能够孵化区域优势产业并促进其成长壮大，促进行业企业的战略发展，在带动区域经济发展的同时，提高人才培养的质量和效率，从而促进职业教育发展，进而促进区域经济与职业教育的协调发展。

企业大学与高职院校基于共同的愿景使命和战略目标，建立战略合作伙伴关系或形成大学联盟，并通过资源、信息的共享和各自优势的互补，有助于双方提高人才培养的质量与效率，尤其是二者具有相近的教学规律、教学模式，因此相关的教学资源、教师资源能够很好地融合共享，实现职前职后教育的融会贯通，资源的系统整合，从而提高办学质量和效益。例如，摩托罗拉大学与主要从事职业教育的美国社区学院的合作，通过在社区学院推行六西格玛课程，既为企业培养了符合企业要求的未来员工，也造就了一批可与企业大学共享的课程师资。

第三节 企业大学与提供市场服务的高教机构

提供营利性的市场服务的高教机构主要有高等教育公司、创业型大学及教育培训咨询公司等，这里着重比较研究企业大学与高等教育公司的区别与联系。高等教育公司的组织运行逻辑与企业大学相同，都是以生产实践逻辑为主。

一、企业大学与高等教育公司

由于高等教育成本远高于学费收入，高等教育一直以来都是高度接受国家财政补贴的行业①。因此以营利为目的的私人资本也一直不会涉足高等教育行业，也因此使人们形成了高等教育与营利性无法相容的固有观念。事实上，大

---

① Levin, Henry M. *Thoughts on For - Profit Schools* 〔J〕. Education Matters, 2001, 1 (1): 6 – 15.

多数国家的私立高等教育组织也都是非营利性组织。

20 世纪中期，营利性高等教育组织，即高等教育公司，在全世界开始兴起和发展，纽约州立大学教授丹尼尔·C·莱维（Daniel. C. Levy）称之为"私立高等教育的第三次浪潮"①。20 世纪末 21 世纪初，营利性高等教育组织迅速发展，并具有与其他类型高教组织直接竞争的可能。尤其在高等教育和市场经济高度发达的美国，营利性高教组织的发展最能反映高等教育领域的市场化特征，它们得到市场的认同和政府的支持，发展也最为迅猛。在美国有超过 6000 所的高等教育机构符合 Title IV 资格（美国政府通过"Title IV"项目向大学生贷款以资助其受教育），其中营利性高等教育组织达到 38%②。甚至一些非营利性高等教育组织主动改变自己属性而成为营利性高等教育组织，例如大峡谷大学（Grand Canyon University）③。这里以美国为例，对其营利性高等教育做简要介绍。美国营利性高等教育的发展得益于经济发展对知识劳动力需求的强劲增长，高等教育的市场需求也随之强劲增长④。同时成人在职学生对高等教育的需求持续增长使得营利性高等教育的发展有了肥沃的土壤，也使受教育者的人口特征发生根本改变⑤。

美国除公立教育外，私立教育（private education）和私营教育（proprietary education）并存。二者最大的不同是私立教育是非营利性（not‑for‑profit）教育，而私营教育则是营利性（for‑profit）教育。在高等教育阶段，私营教育的概念等同于营利性高等教育。美国政府把营利性高等教育组织视为公司，没有直接的税收减免、土地优惠，但在办学上予以指导，还根据需要对营利性院校

---

① Levy, Daniel. C. *Unanticipated development：Perspectives on private higher educations emerging roles* [R/OL]. (2002‑04) [2012‑5‑20] http：//www. albany. edu/dept/eaps/prophe/publication/paper/PROPHEWP01_ files/PROPHEWP01. pdf

② *The National Center for Education Statistics* [R/OL]. [2007‑12‑18] http：//www. nces. ed. gov.

③ *Barlett，Thomas. For‑Profit Christian University Fires Tenured Professors* [J]. The Chronicle of Higher Education, 2005, 51 (38)：9.

④ Block，Howard M.，Johnston，Derek S. *Stocks for All Seasons‑Edueation Services Industry Overview* [R]. San Francisco：Banc of America Securities Equity Research Division, 2003, 7.

⑤ Moe，M.T.，Bailey，K.，Lau，R.. *The Book of Knowledge：Investing in the Growing Edueation and Training Industry* [R]. New York：Merrill Lynch & Co., 1999.

提供一定的支持。营利性高教组织和非营利性私立高教组织的不同详见表4.7。

表4.7　非营利性私立高教组织与营利性高教组织的比较

比较的组织 比较的内容	非营利性私立高教组织	营利性高教组织（高等教育公司）
组织性质	非营利性。无须缴纳运营税、增值税等，社会捐赠可用做捐赠人抵税。	营利性。依据美国联邦公司法设立，与公司具有同等的权利、责任和义务，须照章纳税。社会捐赠不可用做捐赠人抵税。
产权归属	校产不属个人，由校董会代理法人产权，属公益产权。	校产归举办人所有，举办人有权进行校产转移、利润分配，甚至停办学校。
经费来源	公共税收、社会捐赠及学费。	以学费为主。
管理部门	由教育行政管理部门审批，完全按正规学校运作，接受各有关教育管理部门的直接和间接管理。	在工商管理部门注册，经州高教管理部门批准。在教育方面（课程设置、校舍要求、招生规定、教育质量、师资要求、学分学历学位承认等）与公立大学和私立非营利大学一样必须接受各有关教育管理部门的直接和间接管理。
运营方式	由校董会决策，按公益事业单位运营，不能发行股票，较多考虑社会效益。	由举办人或承办人按公司方式运营管理，经证券行会批准后可发行股票，较多考虑经济效益，为股东赢得收益。
收益分配	受法律限制较多，举办人或参与人可以拿取报酬，但办学收益不得作为红利分给出资人。	收益可比照公司进行处置，国家对举办人、承办人、参与者的分红未做限定。

　　美国政府对营利性高等教育的支持主要体现在以下几个方面①：支持营利性院校通过改善管理、提高质量获得各级学位授予资质，并准许已获学位授予资质的院校的学生申请资助，营利性院校的经费收入中源于政府提供的学生贷

---

① 驻纽约总领馆教育组．美国的营利性高等教育［J］．中国高等教育，2003（19）：45－46.

款或政府担保的学生贷款比例超过 70%，政府通过高校认证管理和学生资助管理间接对营利性高等教育组织进行引导，提高其教学服务的水准，并避免其一味地逐利，而忽视高等教育教学规律①②。政府还鼓励具有学位授予资质的营利性院校参加关于高等教育发展战略、教育与市场以及改善管理等方面的会议，和非营利院校一道研讨共性问题，探索改革思路。教育主管部门还指导营利性院校提高网上教学效益，或参加跨境合作办学。允许营利性院校的教师申请联邦、州政府关于技术改造、教育试验方面的科研项目。

美国营利性高等教育公司凭借其专业针对性强、教学安排灵活、教学服务措施人性化、注重实践能力培养以及出色的教育服务品质和性价比、雄厚的课程开发实力、高效的经营管理和成本控制等竞争优势拥有了大量客户并占有一定的市场份额，已经并正在培养一批批在金融管理、市场营销、保健服务以及信息技术等方面的区域经济发展所需要的应用型人才。

（一）区别

由于公司是企业的一种形式，属于企业的范畴，因此高等教育公司本身就是企业。虽然企业大学所属的母体企业与高等教育公司的组织性质相同，但作为母体企业下属的职能部门的企业大学却与高等教育公司在组织性质上存在根本差异，并具体体现在主要职能、产权归属、经费来源、治理结构及相关教学特征方面，详见表4.8。

高等教育公司不是隶属于某个组织并服务该组织的职能部门，而是具有独立法人地位的企业组织。由于面向市场提供营利性的高等教育服务是其创造产值利润的主营业务，因此高等教育公司受教育行政管理部门和工商行政管理部门的监管；依托私人权利与私人资源，体现了私人牟利追求与消费者之间的市场关系；产权归举办人所有，属于私有产权；经费来源以学生缴纳的学费为主，学生是其服务的客户；其治理结构体现了公司治理，体现了高教公司的所有者及管理者对组织决策管理运行的影响力，核心是维护所有者利益。

---

① Bailey, T., Badway, N., GumPort, P. J.. *For - Profit Higher Education and Community College* [R/OL]. Stanford：National Center for Postsecondary Improvement, School of Edueation, Stanford University, 2001. [2012 - 05 - 20] http：//www. stanford. edu/group/ncpi/documents/pdfs/forprofitandcc. pdf

② Kelly, K. F.. *Meeting needs and making profits：the rise of for - profit degree - granting institutions* [R]. ECS Issue Paper. Denver：Economic Commission of the States, 2001.

表4.8 企业大学与高等教育公司的比较

比较的内容 ＼ 比较的组织			企业大学	高等教育公司
区别	组织性质及相关特征	组织性质（知识生产服务目的）	**为母体组织提供自助服务** 隶属于母体企业，由母体企业出资创办并运营管理。母体企业由工商行政管理部门监管。依托母体企业组织的权利和资源，体现了组织的内部服务关系。	**提供营利性的市场服务** 由教育行政管理部门和工商行政管理部门监管。依托私人权利与私人资源，体现的是以货币可支付能力为前提的私人牟利追求与消费者之间的市场关系。
		1. 主要职能	自助服务：服务母体企业的发展战略、经营管理、核心业务等。	市场服务：提供营利性高等教育服务，满足市场需求，以职业教育为主。
		2. 产权归属	是母体企业下属的职能部门，不是具有法人产权的独立组织。	产权归举办人所有，属私有产权。
		3. 经费来源	以母体企业的预算拨款为主。	以学费为主。
		4. 治理结构	体现了企业所有者及管理者对企业大学决策管理运营的影响力，核心是维护企业所有者、管理者的利益。	体现了高教公司的所有者及管理者对组织决策管理运营的影响力，核心是维护所有者利益。
		5. 教学特征：服务对象、学习者及学习形式	以服务母体企业为主，学习者以企业内部员工为主体，属在职继续教育，以在职学习为主。	完全服务于市场需求，学习者即市场客户，是个体学习者或企业组织，以成人在职学生为主，并以在职学习为主。
		学习内容的决定因素	主要由母体企业决定，根据母体企业的实际需要来确定。	主要由公司根据市场需求自主决定。
		学习项目的认证效力	以企业内部认证为主，具有一定的专用性。	根据市场需求既可提供官方正式认可学历学位教育项目，也可提供定制化服务。
		学习责任	由企业保障学习时间、学习经费，是企业开发供给知识要素的必要投资。	学习者投资购买服务，公司提供服务并确保服务质量、满足客户要求，二者是平等的契约关系，各自承担约定的责任。

比较的内容 ＼ 比较的组织			企业大学	高等教育公司
区别	组织运行逻辑及相关特征	组织运行逻辑（知识生产服务类型）	以生产实践逻辑为主	
		1. 治理结构	体现运行逻辑的实践主体在组织决策管理中影响力，使组织运行更好地遵循生产实践逻辑。	
		2. 组织结构	组织结构体现生产实践逻辑：企业大学根据服务对象设置院系且学习组织根植于各生产实践单位。高教公司以职业领域、职业岗位为基础组建院系、设置专业，同时注重实习基地的组织建设。	
		3. 知识结构	以生产实践逻辑组织知识，即根据具体的职业岗位及其工作过程进行知识组织，并形成面向不同岗位不同职级的课程体系。	
		4. 文化理念	以求善求用的知识观为主，体现知识的工具性。以企业化经营理念为指导。	
		5. 教学特征	知识特点	知识体系反映了具体生产实践，强调如何做以及如何做得更好，强调实践性。
			学习评价	以工作实践检验学习效果，强调知识的运用，注重专业实践能力。
			教学模式	注重实践教学，强调工学结合。
			师资要求	注重教师的生产实践经验。
	教育层次教育类型		同处高等教育层次，以职业教育为主，以在职成人继续教育为主。	
	专业化水平		都是具有专业化水平的高教机构，都具有相对完善规范的课程体系、师资体系、学习评价认证体系、运营管理体系等。	
	交流与合作		具有企业基因的高教公司是企业大学的价值链合作伙伴，是企业大学重要的服务供应商，是企业大学市场外包项目的重要合作伙伴。从专业设置、课程开发到师资共享、学生就业，从实践教学、企业员工培训到企业招聘，双方都存在着密切的实质性合作。	

高等教育公司组织性质的教学特征体现在：高等教育公司完全服务于市场需求，学习内容根据市场需求自主决定，既可提供官方正式认可的学历学位教育项目，也可提供定制化服务，但以高等职业教育服务为主，以市场急需的实用的职业技术、技能教育为主。学生即为市场客户，以在职成人学生为主，学习形式以在职学习为主。高等教育公司一般把在职成人高等教育作为目标市场，聚焦于传统大学所忽略的目标群体，例如不适合传统大学学习模式的成人在职人员以及难以获得高等教育机会的弱势群体。阿波罗集团创始人斯伯林把凤凰城大学模式描述成以成人为中心的大学，而凤凰城大学的宗旨就是给在职成人提供受教育的机会①②。高等教育公司的客户自主投资购买教育服务，公司提供服务并确保服务质量、满足客户要求，二者是平等的契约关系，各自承担约定的责任。

从组织性质的差异不难看出：一旦企业大学脱离母体企业而面向市场独立经营并提供营利性的高等教育服务时，企业大学就改变了自身的属性而成为具有独立法人地位的高等教育公司。而如果企业大学不脱离母体企业，但不局限于服务母体企业，而是以面向市场提供营利性的高等教育服务为主，并且该营利服务成为能够为母体企业直接创造产值利润的一项主营业务，这时的企业大学也不再是企业大学，而是母体企业旗下的高等教育公司，例如，美国的凤凰城大学就是阿波罗集团公司旗下的一个高等教育公司。

（二）联系

1. 组织运行逻辑——生产实践逻辑

企业大学与高等教育公司的知识生产服务类型相同，都以高等职业教育为主，并且是主要面向在职成人学生的在职继续教育，因此主要遵循生产实践逻辑，并体现在治理结构、组织结构、知识结构、文化理念及相关教学特征等方面，详见表格4.8。其中二者的文化理念不仅以求善求用的知识观为主，而且都以企业化经营理念为指导。具体表现如下：

---

① Sperling, John. , Tucker, Robert W. *For Profit Higher Education*：*Developing A WorldClass Workforce*［M］. New Brunswick：Transaction Publishers，1997.

② *University of Phoenix Mission and Purpose*［EB/OL］.［2012 - 5 - 21］http：//www. phoenix. edu/about_ us/about_ university_ of_ phoenix/mission_ and_ purpose. html.

以客户为中心、以市场为导向的高教公司与企业大学一样具有很强的服务意识、质量意识。高教公司的产值利润主要源自学费，满足学生需求、提高服务质量成为公司发展的关键，学生在校保持率、学位完成率、就业率及雇主对毕业生的满意程度等则成为衡量公司成功与否的重要指标。学生与学校是一种平等的契约关系，把学生看作顾客，处处以学生为中心，体现顾客至上的服务理念。

高教公司与企业大学一样注重成本效益和竞争优势。高教公司的每门课程都由一个专业团队基于市场调研进行设计开发，并用于任何一个授课点、任何一个教师的同一门课程。基于专业的开发团队，统一标准的课程内容及形式，统一的教育服务质量标准及大量市场需求所带来一定规模的生源，实现课程在多个分校进行快速标准化复制，从而实现高教公司基于规模扩张的快速发展。规模越大，边际成本越低，规模效益越显著，赢利也就越多。尤其充分利用网络远程教学，显著提升了办学效益。高教公司将网络教育作为重要的发展策略例如，作为全美注册人数最多的在线大学，2008 年凤凰城大学已经为 20 万学生提供在线服务，全部课程都通过互联网教授，无须学生到校学习①。企业大学也采取同样的运营管理和经营策略，统一的课程标准、教学设计、教学要求与教学评价标准，从而达到统一的学习效果，把企业的最佳实践快速、无损与高效地进行复制与传播，尤其是充分发挥网络远程教学的成本效益优势实现办学效益的最大化。

与非营利大学相比，高教公司的教育培训服务的费用较低，性价比较高，这使高教公司在高教服务市场中具有一定的竞争优势。高教公司机构相对精简，只雇用了少数的全日制教员，而大量雇用实践经验丰富的兼职教师讲授应用性和职业性的课程，这样不仅保证授课质量，而且大大降低了办学成本。企业大学的师资来源也主要是企业内部的业务骨干和高层管理者，他们同样发挥了保证教学服务质量，降低成本的作用。

此外，高教公司还保证校历常年运转，并重视教学资源、教学设施运转效率，认真核算学费收费标准和教育成本，注重规模效益、注重产品营销及

---

① *University of Phoenix's Background* ［EB/OL］. ［2012 - 05 - 21］http：//www. phoenix. edu/about_ us/media_ relations/just – the – facts. html.

品牌形象建设，强化管理层的领导核心等。正是基于这些高效务实的企业化的经营管理措施，使得营利性大学在上缴高额税收后，仍能累积资本进行规模扩张。

2. 交流与合作

企业大学与高教公司即营利性高校同处于高等教育层次，都是具有专业化水平的高教机构，都主要从事职业教育并且都是在职成人继续教育，都是在职成人继续教育的重要组成部分，在职业教育服务上具有密切联系。二者同为企业人力资本要素的供应商，分属于人才市场的供需双方和人力资本供应链的上下游，具有共同的责任和愿景，因为通过人力资本开发合作，不仅能满足企业雇主的人才需求，而且能够满足学习者自身发展的需求。因此，双方具有广泛深入的合作基础，更易于开展深度的共赢合作，从而实现优势互补、资源共享和互利共赢。二者尤其都具有企业基因，都遵循生产实践逻辑，注重企业化经营，强调市场规律，具有相同的管理理念、管理模式及管理方法，能够相互理解并认同对方的组织文化和运行逻辑。具有企业基因的高教公司是企业大学最佳的价值链合作伙伴之一，是企业大学重要的服务供应商，是企业大学市场外包项目的重要合作伙伴。从专业设置、课程开发到师资共享、学生就业，从实践教学、企业员工培训到企业招聘，双方都存在着密切的实质性合作。

企业大学与高教公司的师资都注重实践经验，双方可以实现师资共享。企业大学与高教公司主要提供职业教育培训，由于学员都是具有一定工作经历的在职人员，所以对教师的专业特长和工作经验要求很高，因此它们都注重从生产实践领域聘请行业专家和业务骨干作为兼职教师。凤凰城大学约有 1.1 万名兼职教师，占教师总数的 96%。教师平均有 16 年的工作经验①。具有丰富生产实践经验的兼职教师能把最新的专业技术、产业界的知识和经验及时地教给在职成人学生，不仅解决理论与实践的脱节问题，而且容易与有工作经验的在职成人学生交流，教师的作用不再局限于知识的传授者、裁判者，而更像是一个顾问、辅导员和学习事务助理。雇佣兼职教师不仅能提高教学质量，还可显著

---

① 王俊峰. 从凤凰城大学看美国营利性高校的发展 [J]. 世界教育信息，2011（02）：45 – 47.

降低教学成本。

在专业设置、课程开发及实践教学方面双方的合作也更为密切。按照联合国教科文组织《国际高等教育标准分类》的基准进行区分，高教公司所提供的各级学位层次的专业教育主要以职业为导向，并提供职业课程和职业生涯规划服务。此外，高教公司为迎合市场需求，开通速成课程，以弥补非营利性高校的不足，满足广大在职成人的教育需求。基于职业教育的市场服务优势，高教公司经常与企业大学合作为企业员工提供定制化的学习项目。如，美国电话电报公司的商业与技术学院和凤凰城大学建立学习联盟，为公司在全球 20 万员工提供本科和研究生学位教育项目。与企业大学合作既开辟了教育服务市场，又能深入了解企业需求，从而优化专业设置、提升服务水平与竞争优势。

高教公司在专业设置、课程开发及实践教学方面需要与企业开展深入合作，全面深入了解企业生产实践现状，保证专业设置、课程知识与企业职业岗位的实际需求无缝对接。实践教学更需要深入企业生产一线，共享企业的培训课程、教学资源与环境，在真实的职场情境中进行职业技术、技能的培养。以凤凰城大学为例，其课程设计充分考虑到企业的需求和学生的兴趣，包括会计、金融、管理、信息技术、健康护理和教育等，涵盖了从副学士学位到博士学位的多层次、多样化课程。一般由营销、管理、财务、学生就业顾问和教师共同组成的专业团队负责开发学习项目及其课程，并且按照市场需求市场变化来及时更新课程设计及内容，每半年就根据学生、雇主或认证机构的要求改进教学方法和技术，每年所有课程都要重新审理，高科技课程每半年就审理一次，以保证及时反映最新的科技发展①②。

学校与很多企业建立了合作关系，充分考虑企业雇主的需求，聚焦具体岗位所需的知识技能，以专业化的课程开发团队开发适销对路、极具竞争力的专业课程。并注重校企合作完成实践教学，将课堂放到企业，把企业培训课程与学位课程紧密结合在一起。这样，学校既可做到不断更新课程，保证提供社会

---

① Olsen, Florence. *Phoenix Rises, The University's Online Program Attracts Students, Profits, and Praise* [N]. Chronicle of Higher Education, 2002 – 11 – 01.

② Ruch, Richard. *Higher Ed, Inc.* [M]. Baltimore：The Johns Hopkins University Press, 2001.

最急需的知识和技能，企业又可以把市场人才需求的信息反馈到学校，根据需求及时调整和开发教育培训项目及相关培养方案、专业课程等①。

二、企业大学与教育培训公司

教育培训公司是企业大学重要的服务供应商和合作伙伴。教育培训公司服务的领域非常宽泛，涉及认证考试培训、职业技能培训、企业员工培训乃至学前教育领域。同样，咨询服务公司也是面向很多领域提供咨询服务，如员工发展、组织变革、企业管理、战略发展、法律会计、金融保险、资产评估与市场分析等等，并且有些咨询服务公司与教育培训公司开展相同的市场服务。这里主要讨论的是面向企事业单位组织提供服务的教育培训公司。实际上，教育培训公司与高等教育公司具有很多共性，因此企业大学与二者的区别与联系具有很多一致性，这里主要做些强调和补充。

（一）区别

在服务对象上，企业大学局限于为母体企业服务；教育培训公司则根据自身服务专长、业务能力及知识与经验的积累为广大市场客户提供服务，满足教育培训市场的需求，为不同的企事业单位组织提供市场服务，而不局限于某个特定组织。

教育培训公司与服务对象作为市场供需双方，二者的关系是平等的契约关系。二者通过市场招投标、议价，签订服务项目合同，明确双方的责任权利，并按约定的要求进行项目实施与管理，最后经过评审验收，达到预订服务目标，从而完成相应的服务。服务母体企业，为母体企业供给开发知识要素、提供专业化的知识生产服务既是企业大学自身的重要职能，又是分内的工作任务与岗位职责。

由于教育培训公司不是专门为某个具体客户提供服务，服务不同客户的多个项目便可能由不同的项目组并行实施。虽然按客户要求公司可以提供个性化、定制化的服务，但作为提供服务的局外人，教育培训公司难以与客户的具体生产实践相融合，因此具有一定的局限性。隶属并服务于母体企业的企业大学能

---

① 王俊峰. 从凤凰城大学看美国营利性高校的发展 [J]. 世界教育信息, 2011 (2): 45-47.

与母体企业的生产实践相融合，能够持续专注地为母体企业提供专业化、个性化和系统化的全面深入的服务，并具有更强的责任感、使命感。

（二）联系

企业大学与教育培训公司都具有企业的基因，都采取企业化的运营管理模式，都强调成本效益、服务质量，并且对企业经营理念、市场规律都有深入的理解和认同，尤其双方都以项目管理模式开展具体工作，因此双方更容易开展广泛而深入的合作。教育培训公司是企业大学重要的服务供应商和合作伙伴，尤其在课程研发、培训服务等方面双方能长期保持密切合作关系。

另外，除了高等教育公司、教育培训公司之外，创业型大学①②在依托教学与科研优势提供市场服务、实现经济效益方面，本质上与营利性高教公司、教育培训公司相同，都是以市场为基础通过提供知识产品与服务并获取市场利润，因此创业型大学也是企业大学的重要合作伙伴与服务支持者。

第四节　企业大学与提供自助服务的高教机构

为母体组织提供高等教育培训服务的机构都是提供自助服务的高教机构。根据母体组织的性质划分，有营利性组织（即企业组织）、非营利性组织和政府组织三种类型。服务母体企业的高教机构包括企业大学及传统的企业培训部门。服务非营利组织及政府组织等母体组织的高教机构则包括组织大学及传统的培训部门。本节主要将企业大学与传统的企业培训部门、组织大学进行比较研究。

一、企业大学与企业培训部门

（一）联系

企业大学与企业培训部门都是隶属于母体企业并服务于母体企业的职能部

---

① 伯顿·克拉克. 建立创业型大学：组织上转型的途径［M］. 北京：人民教育出版社，2003：1.

② Clark, Burton R. *Collegial Entrepreneurialism in Proactive Universities：Lessons from Europe*［J］. Change. 2000, 32（1）：15.

门，具有相同的组织性质和知识生产服务目的，并体现在主要职能、产权归属、经费来源、治理结构及相关教学特征等方面。同时，二者又都与母体企业的生产实践相融合，都遵循生产实践逻辑，具有相同的组织运行逻辑和知识生产服务类型，并体现在治理结构、组织结构、知识结构、文化理念及相关教学特征等方面，详见表4.9。

另外，企业大学与企业培训部门都是主要面向企业在职员工提供职业教育培训的高教机构，二者同处高等教育层次，同属职业教育和在职成人继续教育。此外，企业大学一般都是在企业培训部门的基础上创建的，二者一脉相承，在发展上具有继承性。

表4.9　企业大学与企业培训部门的比较

比较的内容　　比较的组织		企业大学	企业培训部门
联系	组织性质（知识生产服务目的）	**为母体企业提供自助服务** 隶属于母体企业，由母体企业出资创办并运营管理。母体企业由工商行政管理部门监管。依托母体企业组织的权利和资源，体现了组织的内部服务关系。	
	1. 主要职能	自助服务：服务母体企业。	
	2. 产权归属	是母体企业下属的职能部门，不是具有法人产权的独立组织。	
	3. 经费来源	以母体企业的预算拨款为主。	
	4. 治理结构	体现了企业所有者及管理者对企业大学决策管理运营的影响力，核心是维护企业所有者、管理者的利益。	

续表

比较的内容			企业大学	企业培训部门
组织性质及相关特征	5.教学特征	学习者及学习形式	以服务母体企业为主，学习者以企业内部员工为主体，属在职继续教育，以在职学习为主。	
		学习内容决定因素	主要由母体企业决定，根据母体企业的实际需要来确定。	
		学习项目认证效力	以企业内部认证为主，具有一定的专用性。	
		学习责任	由企业保障学习时间、学习经费，是企业开发供给知识要素的必要投资。	
联系	组织运行逻辑及相关特征	运行逻辑（知识生产服务类型）	**以生产实践逻辑为主**	
		1. 治理结构	体现运行逻辑的实践主体在组织决策管理中影响力，使组织运行更好地遵循生产实践逻辑。	
		2. 组织结构	组织结构体现生产实践逻辑：根据服务对象组建服务组织。	
		3. 知识结构	以生产实践逻辑进行知识组织，根据具体的职业岗位及其工作过程进行知识组织。	
		4. 文化理念	以求善求用的知识观为主，体现知识的工具性。以企业化经营理念为指导。	
		5.教学特征 / 知识特点	知识体系反映了具体生产实践，强调如何做以及如何做得更好，强调实践性。	
		学习评价	以工作实践检验学习效果，强调知识的运用，注重专业实践能力。	
		教学模式	注重实践教学，强调工学结合。	
		师资要求	注重教师的生产实践经验。	
		教育层次 教育类型	同处高等教育层次，同属职业教育，同属在职成人继续教育。	

比较的组织 比较的内容		企业大学	企业培训部门
区别	学习需求	学习需求旺盛。学习是系统的、主动的、持续的、前瞻的，刚性学习需求占比不大，大多是与企业发展战略密切相关的学习项目，以积极的发展需求为主。	培训需求不足。培训多是随机偶发的、被动的、应急的，并且以刚性生存需求为主，如安全培训、岗前培训等。
	职能定位	战略定位。在企业中具有战略地位，并发挥着服务企业的发展战略、经营管理、核心业务等重要职能。一般隶属于决策层，由企业的董事长或CEO负责领导，并由各职能部门、业务部门高管参与企业大学的运营管理并给予支持与配合。能够实现企业整体教育培训工作的系统管理，能够对企业内外的学习资源进行统筹协调集约管理，从而更好地聚焦战略、服务战略。知识生产服务具有全局性（系统）、长远性（持续）、前瞻性（主动）。	战术定位。地位作用不显著，汇报层级不高，一般隶属于企业人力资源部，权责有限。无法实现企业整体培训工作的系统管理，难以统筹协调企业内外的培训资源与服务。培训的内容有限、缺乏创新、层次不高、职能单一、效果不佳，对培训不够重视、态度消极。
	专业化水平	知识生产服务具有较高的专业化水平。企业大学知识生产服务的专业化水平主要体现在专业化体系化制度化建设、企业大学的核心能力及知识生产服务内在逻辑规律的成熟完善上。体系化建设包括师资体系、课程体系、评价体系、管理体系、教育培训体系等。企业大学具有不可替代的核心能力并能创造核心价值。对知识生产服务的内在逻辑规律的认识在企业大学实践中不断深化。	教育培训的专业化水平有限。缺乏教育培训的体系化建设，师资体系、课程体系、评价体系、管理体系以及培训流程不成熟；师资管理不够规范；培训课程的自主研发能力薄弱；培训工作大多是事务性工作；培训资源与环境相对匮乏，整合内外资源的能力有限；在职教育培训的制度化建设不完善。

（二）区别

虽然企业大学与企业培训部门具有相同的组织性质和组织运行逻辑，并且二者在发展上具有继承性，但由企业培训部门发展成为企业大学仍是质的飞跃，二者存在本质差异，主要体现在学习需求、职能定位和专业化水平上。

二者同为母体企业的职能部门，都具有教育培训的职能，都是改进工作绩效的工具。工具的价值在于实现一定的功能以及实现功能的效率和质量。但由于学习需求、职能定位不同，知识生产服务的专业化水平的差异，致使二者存在质的区别。企业大学是企业的战略工具，具有服务企业战略的专业化水平，而培训部门则只是企业的战术工具，也不具备服务企业战略的专业化水平。

1. 学习需求

企业培训部门

由于知识要素并未成为企业生产实践的基础要素，企业对知识生产服务的需求有限。生产实践中的知识创新不足、知识更新相对缓慢、专业知识技能总体要求不高以及企业组织的专有知识相对有限，致使培训需求相对不足。企业培训部门的在职培训大多是随机偶发、被动与应急的，并且以刚性生存需求为主，如安全培训、岗前培训等。

企业大学

由于知识要素成为企业生产实践的基础要素，在企业生产实践中具有重要地位，对专业化的知识生产服务的需求十分旺盛，内生实质性需求迫切。生产实践中的知识创新、知识更新相对较快，专业知识技能总体要求较高，企业组织的专有知识相对占比较大，致使学习需求旺盛。企业大学的在职学习是系统、持续、主动与前瞻的，刚性学习需求占比不大，大多是积极的发展需求，是与企业发展战略密切相关的学习项目。

2. 职能定位

企业大学的职能定位提升至战略层面，主要由于知识要素成为企业生存发展的基础要素，企业对专业化的知识生产服务的实质性需求越来越迫切，知识生产服务在企业的发展战略中的作用也越来越重要，因此局限于战术层次的知识生产服务难以满足企业的需求。尤其是创新型、学习型与知识型企业，从发展战略到经营管理、从技术研发到绩效改进，无不需要专业化的知识生产服务提供系统全面的支持。因此，由企业培训部门发展为企业大学的重要驱动力在于知识要素在企业生产实践中地位作用的显著提升，企业对知识要素、对专业化的知识生产服务的内生实质性需求，这也应作判断是否为真正的企业大学的重要依据。

企业培训部门

企业培训部门的职能定位局限在战术层面，在企业中的地位作用并不显著，汇报层级不高，一般隶属于企业的人力资源部门，职权与责任有限，无法实现企业整体培训工作的系统管理，难以统筹协调企业内外的培训资源与服务。

培训的内容有限、缺乏创新、层次不高、职能单一与效果不佳，对培训重视不够、态度消极。培训内容大多局限于面向日常生产实践岗位的专业知识技能，主要以教育培训的事务性工作为主，缺乏自主创新。培训对象主要以基层员工为主，培训的层次相对不高，培训职能主要局限于服务企业的核心业务。由于缺乏相关的学习制度、评价体系与激励机制等，培训与培训绩效由此脱钩，培训效果不佳；培训部门常被视为成本部门而不受重视；组织及个体员工对培训的态度认识也多是消极的；培训作用在于避免损失，培训与企业发展战略无关、与个人职业发展无关。

企业大学

企业大学的职能定位提升至战略层面，在企业组织中具有重要的战略地位，并发挥着服务企业的发展战略、经营管理与核心业务等重要职能。企业大学要实现服务企业发展战略的职能，首先要具有健全的组织保障、有力的执行机构、必要的职责权限与完善合理的组织结构，即实现职能的有效载体。企业大学一般在企业中具有较高的组织地位，隶属于决策层，由企业的董事长或 CEO 负责领导，并由各职能部门、业务部门高管参与企业大学的运营管理并给予支持与配合。企业大学服务企业发展战略的职能也尤为突出，企业的决策层、管理层以企业大学为平台交流研讨、群策群力，共谋企业发展大计，服务企业发展战略。企业大学的一切工作都围绕企业的发展战略，其组织结构为其更好地服务发展战略提供了有力的组织保障。

企业大学在母体企业中具有相对独立的组织结构，并具有一定的职权与责任，便于实现企业整体教育培训工作的系统管理，能够对企业内外的学习资源进行统筹协调集约管理，从而更好地聚焦与服务战略。同时，企业大学的学习组织体系能够保障企业大学与企业的各个生产环节相融合，与企业的各职能部门业务部门密切联系，基于完善的学习组织体系，基于知识创新、知识应用来为企业的战略决策、经营管理与核心业务等提供全面的专业化的知识生产服务，从而有效实现工作绩效的改善、知识效能的转化。

企业大学战略层面的职能定位需要保障实现战略职能的组织地位、组织结构及相应的权限和职责。同时，战略层面的职能定位必然要求企业大学的知识生产服务具有全局性（系统）、长远性（持续）和前瞻性（主动）。

全局性（系统）。由于企业战略是关乎企业发展的整体和长远利益，而非局部随机的被动应急式的培训，企业大学因此需要围绕组织战略发展进行资源与环境、制度与机制和文化与理念的系统整合，具有统一的组织行为、明确的组织目标和强烈的组织意愿，使各部门的学习能够协调一致统筹安排。企业大学提供全员、全程和全面的知识生产服务，具有服务发展战略、经营管理、核心业务、变革转型、文化建设、技术研发、人才开发、人才测评、高管培养和职业生涯管理等高层次全方位的职能。支持系统性学习不仅需要完善的学习组织体系，更需要强有力的制度保障和激励机制，尤其需要企业高层的承诺、支持、参与以及具有统筹协调优化整合内外资源的权限和能力。真正使个人的职业生涯与企业的发展相统一；使个人、部门的学习绩效与企业的学习绩效相统一；使个人、部门的学习能力、创新能力转化为企业的学习能力、创新能力。同时，使工作与学习相结合，理论与实践相结合，正式学习与非正式学习相结合，并完善课程体系、师资体系、学习体系、知识管理体系、运营体系和评价体系的体系化建设。

长远性（持续）。由于企业战略一般体现在企业的战略发展规划、长远发展目标乃至企业的愿景中同时知识经济促进了知识的快速更新、知识保鲜期日益缩短且终身学习的需求日益迫切，企业大学的知识生产服务必然因此是持续长期的过程。学习成为一种常态；学习成为工作的一部分；学习能力成为员工可持续任职能力的核心，成为员工职业生涯发展的基础；学习也成为企业的一种生存方式和一项重要投资。企业大学不仅要营造学习氛围、建设学习文化，还要完善学习制度，健全学习激励机制，从而养成学习习惯，促进企业组织真正成为学习型组织。

前瞻性（主动）。由于企业的发展战略具有前瞻性，发展战略的制定、发展方向的确定因此是以科学决策为基础的。决策的依据不仅要深刻认识企业自身的发展现状，熟知自身的不足与优势，更要了解外部发展环境，洞察行业产业乃至竞争对手的发展动态。因此，企业大学不仅要为各职能部门、业务部门的决策者、管理者提供研讨交流的平台，深入了解企业发展的现实，同时还要促进企业的对外交流，发展联盟、促进合作，及时学习共享行业产业的最佳实践、最新动态，从而为企业战略决策提供重要支持。另外，企业大学不仅要满足企业及员工当下的能力需求，更要未雨绸缪，研究规划未来发展的能力需求。同时，还要完善学习发展的激励机制，激发员工的学习热情，主动承担学习责任，变"要我学"为"我要学"。并使员工的个人职业生涯发展与企业的未来发展相统一，为企业发展战略储备能力、储备人才。

3. 专业化水平

企业培训部门

教育培训的专业化水平有限。缺乏教育培训的体系化建设，师资体系、课程体系、评价体系、管理体系以及培训流程不成熟，难以保障培训实施的规范化、科学化；难以保障培训的效果和效率；培训部门的工作人员缺乏严格的专业岗位从业资质标准；师资管理不够规范，稳定的专职的教师资源难以保证；缺乏严格的师资认证标准，师资水平较难保证；培训课程的自主研发能力薄弱，且缺乏规范的课程标准，虽然课程研发能力是企业培训专业化水平的重要体现但课程尚未实现体系化建设；培训工作大多是事务性工作，例如制定培训计划、安排培训时间、控制培训进度、提供培训场所及聘请培训教师等，而诸如培训需求调研、课程设计研发、培训效果监测改进等涉及知识生产、知识创新和知识服务等创造性工作则相对不足；培训资源与环境相对匮乏，整合内外资源的能力有限；在职教育培训的制度化建设不完善，培训制度、运营管理机制和激励机制、评价机制等不完善，学习文化、学习氛围不够浓厚。

企业大学

企业大学知识生产服务具有较高的专业化水平。企业大学知识生产服务的专业化水平主要体现在专业化、体系化、制度化建设和企业大学的核心能力及知识生产服务内在逻辑规律的成熟完善上。体系化建设包括师资体系，涉及内部师资认证评价、师资培养发展与内外师资选用标准等；课程体系，涉及课程研发、课程设计与课件设计开发制作等；评价体系，涉及评价的指标、目的、方法与效果等；管理体系，涉及项目管理、师资管理、运营管理、教学管理、

179

知识管理、学习资源与环境建设、学习制度与学习文化建设以及相关的激励机制与评价机制；教育培训体系，涉及培训组织体系（纵向基层中层高层不同培训层级和横向业务部门职能部门不同培训部门）、培训目标、培训流程、培训实施与培训评价等。企业大学具有不可替代的核心能力并能创造核心价值，核心能力则主要包括知识创新、知识分享与知识效能等。针对知识生产服务的内在逻辑规律的认识在企业大学实践中不断深化，相关理论研究也在不断发展。

二、企业大学与组织大学

（一）联系

企业大学和组织大学都是隶属于母体组织并服务于母体组织的职能部门，具有相同的组织性质和知识生产服务目的，并体现在主要职能、产权归属、经费来源、治理结构及相关教学特征等方面。同时，二者又都与母体组织的生产实践相融合，都遵循生产实践逻辑，具有相同的组织运行逻辑和知识生产服务类型，并体现在治理结构、组织结构、知识结构、知识观及相关教学特征等方面。

企业大学与组织大学都是主要面向母体组织在职员工提供职业教育培训的高教机构，二者同处高等教育层次，同属职业教育和在职成人继续教育。此外，二者在学习需求、职能定位和专业化水平等方面也都基本相同。

（二）区别

企业大学与组织大学唯一的不同在于二者所属的母体组织的性质上。企业大学的母体组织是企业组织，是营利性组织；组织大学的母体组织则是非营利组织或政府组织。

一般而言，非营利组织是指介于政府组织和企业组织之间的那些不以营利为目的的、志愿性和公益性的社会组织。联合国国际标准产业分类体系把非营利组织划分为教育、医疗和社会工作、其他社区服务和个人服务三大类。非营利组织不仅可以克服市场经济中的政府失灵与市场失灵，而且承担着诸多重要的社会职能，尤其是有助于促进社会各项公益事业的发展。政府、市场和非营利部门在满足个人对于公共物品需求方面具有互补关系，非营利组织在捐赠人的资助和志愿者的无偿劳动以及政府的支持下得以存在①。

政府主要基于强制性的权力进行运作，市场主体主要以非强制性的原则来运作，非营利组织则主要是以志愿的原则来运作。国有资产主要通过强制性的税收形成，产权国有；企业组织的私有财产则通过市场的自由竞争获得利润而形成，产权私有；非营利组织的资产主要来源于社会，是通过志愿服务和社会捐赠形成的，属于公益产权。另外，由于非营利组织承担了政府所应当承担的部分公共服务职能，并且非营利组织的发展必须要有政府的支持，要有相当一部分资金来自国家财政，并通过竞争性的政府采购或者政府委托等适应市场经济需要的形式来提供这部分公共资金。非营利组织不具有利润分配机制，虽然可以开展营利性经营活动，但经营所得不能通过任何形式转化为任何人的私有财产，而必须把各种收入用于公益事业。因此，非营利组织在获得免税、减税等政策扶持的同时，其运营管理要接受社会的监督，要建立有效的非营利组织的运作和管理制度，以加强资源的有效运用和分配，提高组织管理效能。同样，随着社会民主进程的不断深入发展，对于政府的运作、公权力的使用也越来越强调公开、透明，强调效率与责任。

上述母体组织性质的差异性也自然会反映在它们所各自创办的提供自助服务的大学上。企业组织是参与市场竞争的主体，对外在的市场竞争非常敏感。激烈的市场竞争直接影响企业组织的生存发展，优胜劣汰适者生存的市场法则要求企业组织具有更强学习力以加强自身的适应性和应变力。尤其在知识经济下，通过创建企业大学提升企业学习力的需求更为迫切，因此企业组织具有更强的积极性和内在驱动力来创建事关其生存发展的企业大学，而相对于具有一定保障的政府组织和非营利组织则要弱化一些。随着知识经济及全球一体化的发展，它们所涉及的业务知识和技能与企业组织一样不断加速更新，并随着监督问责机制的建立健全以及公众要求的不断提高，强化了其竞争意识、责任意识和服务意识。因此，通过创建提供自助服务的大学来提升服务能力，也成为其促进自身发展的切实有效的选择。

另外，非营利性组织依靠的组织成员的志愿服务，其利他主义的内在驱动

① Weisbrod, Burton A. *To Profit or Not to Profit: The Commercial Transformation of the Nonprofit Sector* [M]. New York: Cambridge University Press, 1998: 20–26.

是志愿服务的基础。成员们在提供公共产品和服务过程中具有很强的责任感、使命感，重视通过有意义的高质量的工作所带来的强烈的成就感，获得内在无形回报，从而实现自我价值和追求。因此在学习业务知识和技能的过程中，他们更加积极主动，工作也更富有热情。为使组织成员产生为组织服务的主动意愿，为实现组织目标而付出更大的努力，很多企业和政府组织在阐述组织使命和愿景时，也更多地强化社会责任，突出公益责任。

母体组织各自不同的组织特征及管理方式所造就的组织文化也自然会影响各自大学的学习文化，同时组织学习文化也会反作用影响母体组织文化，二者相互影响、相互促进。例如政府组织垄断性的权力控制和支配机制，注重等级、权威与规范等组织特性难免会使组织学习也多少具有刻板僵化的习气，但通过积极开展有针对性的组织学习也会克服各自的不足；面对激烈市场竞争的企业组织，在企业大学的学习中也会体现出积极进取、开放灵活与务实高效的文化学习；而为社会公众提供公共服务和产品的非营利组织则也会体现出平等协作、志愿互助的文化学习。

第五节　企业大学与相关概念的辨析

无论在高等教育领域还是在企业培训领域，企业大学都是新生事物，其本质属性和内在逻辑有待深入研究，针对企业大学及相关概念进行界定与辨析具有重要意义。与企业大学密切相关的概念有高等教育、大学与学习型组织等，然而企业大学与之存在哪些区别与联系呢？

一、企业大学与高等教育

本研究主要从高等教育的组织机构视角对高等教育概念进行界定。由于实施高等教育的组织机构是随着时代的发展而不断发展变化的，因此对高等教育概念的界定也是动态发展、与时俱进的。尤其是进入知识经济时代，现代高等教育发展更是日新月异，高等教育的专业化分工与协作日益发达，高等教育的规模、类型、层次与形式都发生了巨大变化。在办学规模上，很多国家都实现了高等教育大众化与普及化；在办学类型上，文理通识型、学术研究型、工程应用型与职业技术型等办学类型日益多元化；在办学层次上，专科、本科及研究生教育不断完善；在办学形式上，虽仍以学历教育的大学为主流，但业余大学、成人大学、函授大学、广播电视大学与开放大学等非正规大学得到迅猛发展。同时，创业型大学、产业大学、企业大学和营利性高教公司等不同本质属性高教机构不断涌现并蓬勃发展，高等教育的内涵外延不断丰富不断发展，人们对高等教育的认识与界定也随之不断发展。高等教育概念界定也越来越具有包容性，不再强调专业性、正规性，而是突出其更为本质的属性，即"高等性"。因此，更具概括性包容性的中等后教育（Post - secondary Education）和第三级教育（Tertiary Education）的概念得到一定认同。

联合国教科文组织2011年第36届大会教育委员会通过《2011国际教育标准分类》修订文本，其中对高等教育界定为：高等教育是建立在中等教育之上，在专业化的教育学科领域提供学习活动。它以高度复杂和专业化的学习为目标。高等教育包括通常所理解的学术教育，但由于它还包括了高级职业或专业教育，因此比学术教育更广泛。高等教育包括《国际教育标准分类法》5、6、7、8级（如表4.10所示），分别标示为短线高等教育、学士或等同、硕士或等同、博士或等同四个等级，层次上更加清晰①。

表4.10　《国际教育标准分类法（ISCED）》2011版

2011版		2011版本有关高等教育的说明（高等教育5至8级） (Tertiary education (ISCED levels 5 –8))
等级	等级名称	
5级	短线高等教育 （short-cycle tertiary）	通常是为了给参加者提供专业知识、技艺和能力。通常，这些课程是基于实用和特定职业，培训学生进入劳务市场。5级课程的目的通常是为就业而准备的，但是它们可给与学分，用于转入《国际教育标准分类法》6级或7级课程。
6级	学士或等同 （bachelor or equivalent）	通常是为了给参加者提供中等程度的学术/或专业知识、技艺和能力，使其获得第一学位或等同资格证书。本级的课程一般以理论为基础，但可包括实践的成分，传授研究的最新发展水平和/或最好的专业实践。传统上由大学和等同的高等教育机构提供。

① 联合国教科文组织官网数据库《国际教育标准分类法（ISCED）》［DB/OL］．［2012 - 05 - 12］http：//unesdoc. unesco. org/images/0021/002116/211619c. pdf.

2011 版		2011 版本有关高等教育的说明（高等教育 5 至 8 级） （Tertiary education（ISCED levels 5 – 8））
等级	等级名称	
7 级	硕士或等同 （master or equivalent）	通常是为了给参加者提供高级的学术/或专业知识、技艺和能力，使其获得第二学位或等同资格证书。本级课程可有大量的研究成分，但还不够获得博士资格证书。一般来说，本级课程以理论为基础，但可包括实践成分，传授研究的最新发展水平和/或最好的专业实践。传统上由大学和其他等同的高等教育机构提供。
8 级	博士或等同 （doctoral or equivalent）	主要是为获得高级研究资格而设置。本级课程致力于高级学习和原创性研究，一般仅由如大学这样的研究型高等教育机构提供。学术领域和专业领域都有博士课程。

资料来源：联合国教科文组织官网数据库《国际教育标准分类法（ISCED）》

另外，辞书辞典对"高等教育"的界定有：

《西方教育辞典》："高等教育具体地说是指那种能授予毕业文凭（diploma）和学位（degree）或其他高等资格的教育，通常要求入学学生具备比进入继续教育所需的更为严格的教育。"[1]

《中国大百科全书·教育》："高等教育从广义上说是指一切建立在普通教育的基础上的专业教育。它包括专修科、本科和研究院，全日制的和业余的，面授的和非面授的，学校形式的和非学校形式的等层次和形式。"[2]

《教育百科辞典》："高等教育是在中等教育基础上实施的专门教育。它分为专修科、本科、研究生班以及继续教育。实施机构为大学专门学院、专科学校、半工半读大学、业余大学、管理干部学院、广播电视大学、函授大学、夜大学、党校、研究生院、成人教育学院、继续教育学院等。"[3]

《教育大辞典》[4]："高等教育是指中等教育以上程度的各种专业教育以及少

---

① （英）德·朗特里著. 西方教育辞典［M］. 杨寿宁，杜维坤，译. 上海：上海译文出版社，1988（3）：124.

② 中国大百科全书·教育［M］. 北京：中国大百科全书出版社，1985（8）：94.

③ 张念宏等编. 教育百科辞典［M］. 中国农业科技出版社，1988（7）：81.

④ 汪永栓主编. 教育大辞典：第3卷［M］. 上海：上海教育出版社，1991（11）：3 – 45，60.

量高等教育机构设置的一般的教育课程计划所提供的教育""中学后教育（Post-secondary Education）是指中等教育以上程度的各级各类教育。20 世纪 50 年代以后，涵义已扩大，可作为高等教育的同义词""第三级教育（Tertiary Education）是指中等教育以上程度的各级各类教育。一般认为与高等教育同义。它包括由大学、各级各类独立学院、高等专科学校、各种成人教育机构及其他有关机构实施的该级正规和非正规教育。"

此外，我国在法律上对高等教育的界定是：《中华人民共和国高等教育法》第二条第二款规定："本法所称高等教育，是指在完成高级中等教育基础上实施的教育。"

上述对高等教育的界定主要反映了高等教育三个方面的属性，即正规性、专业性和高等性。然而其中哪个属性更具包容性，更能反映高等教育的本质、现状乃至发展趋势呢？

正规性。正规性是为了保障高等教育的质量和效率，主要体现在：1. 提供高等教育的组织机构具有正规性，即实施高等教育的组织机构必须接受教育主管部门的审批、监管与评价等，其必须具备从业资质，遵守从业规范，符合统一标准，如师资要求、教学设施等，从而强化组织机构的专业化、职业化与规范化。2. 受教育者的正规性，即受教育者要符合接受高等教育的条件，如受教育程度、知识基础与年龄要求等，从而符合教学要求、保证教学质量以达到教学目标。3. 教育项目的正规性，即实施经教育主管部门正式认可的学历学位教育。

然而，正规性也具有很大的局限性，尤其是随着知识经济的发展、知识的快速更新，人们对高等教育的需求越来越多样化、个性化，终身学习日益重要，各种建立在中等教育基础之上的业余函授教育、进修教育等非正规的继续教育受到人们的重视和社会的认可。正因如此，新版分类允许以非正规或非正式学习途径获得的相当于正规教育的资格证书作为衡量受教育程度的依据，这也反映出世界各国在推进终身学习过程中非正规和非正式学习日益受到重视。因此，正规性难以全面准确界定现代高等教育，不能与时俱进体现高等教育的最新发展。

专业性。高等教育的专业性则主要体现在教学内容的专深上，即不仅有体现高深学问的学科专业知识，而且有明显职业倾向的职业技术知识，这些教学内容都体现了高等教育的专业性。然而，随着高等教育的大众化与普及化，原本以研究高深学问为主要特征的高等教育出现了类型和层次上的变化，高等教育发展更加多样化。另外，随着社会发展，在许多普及高等教育的国家和地区，大学本科教育已出现淡化专业性的趋势，更加注重文理通识教育，注重学生通识能力及可塑性的培养，并因此被视为一种基础教育；探究高深学问的专业教育则随之上移由研究生阶段教育来完成。虽然专业性不能准确界定高等教育，但总体而言，大多数高等教育机构组织仍以传授专业知识为主；只是专业性虽然仍是高等教育的重要属性，但已并非本质属性了。

　　高等性。这里的高等性不是特指高等教育所传授知识的专门性、深奥性，而是区分中等教育的相对概念。仅强调高等性则不仅能把各种类型、层次、形式乃至最新形态的高等教育组织机构都包括在内，从而使高等教育概念更具开放性、包容性与前瞻性，而且能够反映高等教育的本质属性，与其他等级的教育区别开来。

　　因此，本研究从高等教育组织机构的角度将高等教育界定为中等后教育，即以中等教育为基础的各种类型、各种层次、各种性质以及各种形式的教育。在高等教育大众化的今天，在知识经济时代，在职继续教育必然属于中等后教育，甚至大多数接受在职继续教育的员工也都接受过高等教育，因此在职继续教育不仅是中等后教育，而且很可能是大学后教育，而企业大学日益成为在职继续教育的主力。因此，企业大学自然应属于高等教育范畴。

　　目前，在日益发达的高等教育系统中，在不同类型、不同层次、不同性质与不同形式的众多高教机构中，如何对企业大学科学定性定位，这需要深入认识企业大学本质属性和内在逻辑。另外，属于高等教育范畴的企业大学是否是大学呢？这里还需对大学进行界定。

二、企业大学与大学

　　大学这一概念也是随着历史的发展而不断发展的。在历史上，大学（studium genarale）由"学馆"（studium particulare）发展而来，学馆是探索和传播某一方面的高深学问的学校，而大学则是探索和传播普遍的高深学问的机构。19世纪产生了现代意义的大学，其标志是根据洪堡的提倡创办于1810年的柏林大学。现代意义大学是以对学术的所有领域进行综合研究为使命的综合大学，强调大学自治，教学与科研统一①。现代意义的大学与中世纪的近代大学在形式上截然不同，它不是单科的而是强调多学科的综合的教学和研究。对大学概念，历史上很多教育家进行了描述和界定，具体有：

德国教育家洪堡认为：大学是高等学术机构，是学术机构的顶峰。大学不是高级中学，也不是专科学校，而是带有研究性质的学校，它一方面进行纯科学的研究，从而发展科学、探索真理，一方面将研究过程与教学过程结合，通过科学研究来修养个性品质，培养人才②③。洪堡认为：大学是受国家保护但又享有完全自主地位的学术机构④。

德国教育家雅斯贝尔斯认为："大学是一个由学者和学生共同组成的追求真理的社团。"⑤

英国教育家纽曼认为："大学是探索普遍学问的场所（a studium generale or school of universal learning）"⑥，"大学是所有知识和智力发展的王国，应吸纳人类所有艺术、科学、历史和哲学方面的知识，并使其适得其所"⑦。

美国教育家弗莱克斯纳认为："大学是学问的中心，致力于保存知识，增进系统的知识，并在中学之上培养人才。"⑧ 他还用一个新名词——高深学问学院（school or institute of higher learning）来命名大学⑨。

另外，辞典辞书对大学的界定有：

《简明不列颠百科全书》把大学（University）界定为"通常包括一所文理

---

① （日）平冢益德主编. 世界教育辞典 ［M］. 黄德诚，译. 长沙：湖南教育出版社，1989：124.

② 威廉·冯·洪堡. 论柏林高等学术机构的内部和外部组织 ［J］. 陈洪婕，译. 高等教育论坛，1987：（1）.

③ 彼得·贝格拉. 威廉·冯·洪堡传 ［M］. 北京：商务印书馆，1994：79.

④ 陈学飞. 美国、德国、法国、日本当代高等教育思想研究 ［M］. 上海：上海教育出版社，1998：146.

⑤ Jaspers, Karl. *The Idea of the University* ［M］. London Peter Owen Ltd., 1965：19.

⑥ John Henry Cardinal Newman. *The Idea of a University：Defined and Illustrated* ［M］. Loyola University Press，1987：464.

⑦ John Henry Cardinal Newman. *The Idea of a University：Defined and Illustrated* ［M］. Loyola University Press，1987：437.

⑧ Flexner, Abraham. *Universities：American，English，German* ［M］. Oxford University Press，1930：230.

⑨ Flexner, Abraham. *Universities：American，English，German* ［M］. Oxford University Press，1930：214.

学院、研究生院和专业学院并有权授予各个学科领域的学位"。

《中国教育百科全书》对"大学"的解释是："大学是高等学校种类之一。主要培养本科及本科以上专门人才，在文科（含文学、历史、哲学、艺术）、政法、财经、教育（体育）、理科、工科、农林、医药等八个学科门类中，以3个以上不同学科为主要学科，有较强的教学、科学研究力量和较高的教学、科学研究水平，全日制在校学生计划规模在5000人以上的学校。"①

《教育大辞典》："大学是高等院校的一种。近代意义的大学起源于中世纪欧洲的教师和学生行会，最早出现的近代大学为十二世纪的波洛尼亚大学和巴黎大学。十九世纪初，洪堡倡导建立的德国柏林大学开创了大学的新模式，一般由多个不同科类的学院（或学部、系、培训与研究单位等）组成。主要实施本科和本科以上层次的全日制高等教育，亦常提供一定的各级各类非全日制高等教育及某些全日制专科教育。各国具体的设置标准不尽相同。"②

《教育百科辞典》："大学是实施高等教育的机构。包括综合大学、专科大学和学院。"③

《世界教育辞典》："大学是指高等院校中以学术为媒介进行研究和教育，即培养人和进行高等专业教育的机构。"④

另外，《中华人民共和国高等教育法》第三章第二十五条规定：大学应当具有较强的教学、科学研究力量，较高的教学、科学研究水平和相应规模，能够实施本科及本科以上教育，且必须设有三个以上国家规定的学科门类的高等学校。

上述对大学概念的界定从组织机构的视角来看，严格意义上的大学应具备的属性主要有：

其一，大学不等同于高等教育。高等教育是大学的上位概念，大学是实施高等教育的组织机构中的一种，高等教育是一定层次、一定阶段的教育。

其二，大学是正规的高等教育组织机构。确切地说大学是实施本科及本科

---

①　张念宏主编.中国教育百科全书［M］.北京：海洋出版社，1991：108.

②　汪永铨主编.教育大辞典：第3卷［M］.上海：上海教育出版社，1991（11）：60.

③　张念宏等编.教育百科辞典［M］.北京：中国农业科技出版社，1988（7）：91.

④　（日）平冢益德主编.世界教育辞典［M］.黄德诚，译.长沙：湖南教育出版社，1989：63.

以上学历、学位教育的全日制普通高等学校；是由国家教育主管部门审核批准的，接受教育主管部门的监管和评价，具有严格的资质要求、从业规范与从业标准等。学制年限、学历层次、学科建设、专业设置、教学设施、教学目标、培养方案、师资水平及入学条件等都有严格统一的标准。

其三，大学注重学术研究。大学强调学术机构性质，强调探究高深学问、探究真理，强调学术独立、学术自由并遵循学术规律，注重教学与科研相统一。因此，大学具有一定的学术水平科研实力、具有很强的专业性和较高的办学层次。

其四，大学强调综合性，多科性。大学历来强调探索和传播普遍高深学问，普遍学问强调了学科门类、专业方向的丰富完备。尤其是随着科学发展，学科的分化交叉融合日新月异，因此，现代大学更应是包括多种学科的综合性大学。相对于大学而言，学院的学科设置则相对单一、有限。

基于上述对大学属性的分析总结，本研究从高等教育组织机构的角度对大学进行如下界定：大学是多学科综合性、具有一定学术水平的正规的高等教育机构，主要实施本科及以上层次的全日制高等教育。

因此，一些专科院校、单科院校、职业院校与继续教育机构（如我国的部分成人教育学院、广播电视大学、管理干部学院等），其办学水平、办学层次、学术水平和科研实力等方面难以与大学相提并论，不能算作是严格意义上的大学。

同样大部分未经教育主管部门核准，不具备正式认可的学历学位教育资质的企业大学也同样不是严格意义上的大学，并且即使一些具备正式认可的学历学位教育资质的企业大学也很难实现多学科综合性发展，也可能出于这个原因，一些企业大学冠以"学院"之名。但一些由企业甚至是个人出资创建的经教育主管部门核准、具备学历学位教育资质的大学，虽然能够称得上是严格意义上的大学，但其又不是企业大学。因此企业大学与企业创建的严格意义上的大学有本质不同，企业大学是以为母体企业提供自助服务为主；大学则是面向社会公众提供服务，或是营利的市场服务，或是非营利的公共服务，严格意义上的大学也因此必须经教育主管部门审核批准并具备相关教育资质。另外，英国等一些国家以及美国的个别州政府甚至对"大学""学院""研究院""协会"等术语的使用进行了法律上的限制，以保护学术机构的信誉，确保相关术语应用的严肃性。也难怪很多教育界学者用严格意义上的大学标准严苛地审视企业大学，认为其难以达到大学水准，不能与大学相提并论。问题的关键是需要反思企业大学是否要遵循大学的学科逻辑，是否要符合大学的要求和标准去发展，这样发展是否有悖企业大学本质属性以及企业大学发展是否有其内在的固有逻辑。

虽然严格意义上的大学不等同于高等教育，但在平时的日常生活语言中，有时用"大学"指代"高等教育"，用"大学"泛指各种性质、各种层次、各种类型和各种形式的高等学校，大学成为高等学校的总称。因此，企业大学称谓中的"大学"也可以理解为非严格意义上的大学，是指代高等教育，是泛指的高等学校。

三、企业大学与学习型组织

知识经济时代，企业大学与学习型组织对企业的发展具有越来越重要的意义，并且二者的联系也越来越紧密。对学习型组织的界定有：

彼得·圣吉（Senge）认为："学习型组织是一个不断创新、进步的组织。在这个组织中，人们不断突破自己的能力上限，创造真心向往的结果，培养全新、前瞻而开阔的思考方式，全力实现共同的抱负，并不断一起研究如何共同学习。"彼得·圣吉提出了创建学习型组织的"五项修炼"：自我超越、改善心智模式、建立共同愿景、团体学习与系统思考①。

加尔文（Garvin）认为："学习型组织是善于创造、获取和传递知识，并以新知识、新见解为指导，勇于修正自身行为的一种组织。"②

野中郁次郎认为：应该用"知识创造型公司"来描述学习型组织，其根本特征是"发明新知识不是一项专门的活动……它是行动的一种方式，是存在的一种方式，每个人在其中都是知识工作者。"③

Marquardt认为："系统地看，学习型组织是能够有力地进行集体学习，不

---

① 彼得·圣吉. 第五项修炼——学习型组织的艺术与实务［M］. 郭进隆，译. 上海：上海三联书店，1998：2.

② Carvin, D. A.. *Building a learning organization*［J］. Harvard Business Review, 1993（July-August）：78－91.

③ Nonaka, Ikujiro. *The Knowledge－Creating Company*［J］. Harvard Business Review, 1991（November/December）：96－104.

断改善自身收集、管理与运用知识的能力，以获得成功的一种组织。"①

Pedler 等人更倾向于用"学习型企业"而非"学习型组织"，他们认为："学习型企业是这样一个组织，它能帮助其中所有的成员学习，同时不断使自身发生变革。"②

Watkins 和 Marsick 认为："学习型组织是通过不断学习来改革组织自身的组织，而学习在个人、团体、组织或组织相互作用的共同体中产生，是一种持续性并可以战略性地与工作相结合的过程。学习的结果不仅导致知识、信念、行为的变化，而且，增强了组织的成长和创新能力。因此，学习型组织是把学习共享系统组合起来的组织。"③

综合上述界定不难看出学习型组织的本质特征体现在以下几个方面：

1. 学习是学习型组织的核心特征。学习型组织的核心价值在于最大限度地激励学习和保证学习的有效性。组织学习不仅能使企业组织更具灵活性、适应性，更是企业成长、创新、发展与变革的重要基础，是实现组织愿景的重要途径。强化组织学习能力体现了知识经济时代先进的管理理念，组织学习能力创新能力更是知识经济时代企业组织的核心竞争力，是企业组织可持续发展的基础。

2. 强调围绕组织目标进行系统的持续的共同学习。学习具有明确的指向性，即为实现组织目标愿景而学习，因此学习是系统、共同与持续的。组织中每个成员的学习不是无目的的随机学习，而是围绕组织目标进行系统的学习，并且为了能更有效地实现组织目标，组织学习一般是与生产实践相融合的。为实现共同的目标愿景，学习同时也是所有成员共同的学习，他们不仅共享学习资源，并且积极进行协作学习，及时分享交流学习心得、学习经验与学习成果，提高组织学习效能。另外，实现组织目标愿景需要持续不断的学习，从而促进组织不断成长进步，获得持续发展。

---

① Marquardt, M. J.. *Building the Learning Organization*：*A Systems Approach to Quantum Improvement and Global Sucess*［M］. New York McGraw－Hill, 1996：29.

② Pedler, Mike., et al. *A Strategy for Sustainable Development*［M］. New York：McGraw－Hill, 1991：18.

③ Watkins, Karen., Marsick, Vietoria. *Sculpting the Learning organization*：*Consulting Using Action Technologies*［J］. New Directions for Adult and Continuing Education, 1993（2）：81－90.

3. 组织学习是以个体学习为基础的。由于组织学习的目标愿景同时也是个体学习的目标愿景，因此组织学习依靠个体学习，但不强迫个体学习；学习源自个体的内驱力，在实现个体自我超越的同时实现组织的不断成长，组织与个体共同进步、共同发展。

4. 学习型组织有其自身的内在逻辑。上述本质特征体现了学习型组织的内在逻辑，同时，要成为真正的学习型组织，还需要基于学习型组织的内在逻辑进行有效的知识管理、设计有效的组织结构、完善组织学习机制学习原则、健全组织学习制度、形成组织学习文化、优化组织学习资源与环境和探索有效的组织学习方法、学习模式等。例如，建立能促进有效沟通的扁平化组织结构，搭建有助于知识分享的虚拟学习社区和知识管理平台等，从而有效地将个体学习能力转化为组织学习能力，进而实现组织目标。

企业大学与学习型组织二者之间有一定的联系，体现在：其一，二者都服务于企业组织的目标。学习型组织围绕组织目标愿景进行学习创新，企业大学则服务于母体企业的发展战略。其二，在学习对企业组织的重要意义上二者具有共识。它们在组织学习和发展上具有相同的价值观和指导理念，都强调组织学习是知识经济时代企业发展变革的重要基础，都注重培养企业组织的学习能力创新能力。其三，都是企业基于组织学习的一种管理模式管理手段。都注重通过基于学习的解决方案来改善工作绩效、实现组织目标；并且都强调将学习融入企业的日常生产实践和经营管理中。同时，也都强调将个体的学习与创新转化为组织的学习与创新，并将企业组织的学习能力与创新能力视为企业组织的核心竞争力。

但二者也存在一定差异：其一，学习型组织是企业组织的某种属性特征，真正成为学习型组织的企业与一般企业有本质不同；企业大学则是母体企业有形的组织机构。其二，学习型组织可以是整个企业组织，也可以是企业下属的某个组织；企业大学与母体企业的关系则是隶属关系。其三，学习型组织是很多企业发展的目标；企业大学则是促进企业发展的工具。成为学习型组织的企业不一定拥有自己的企业大学，但企业大学可以促进母体企业成为学习型组织。

学习型组织集中体现了组织学习与发展的先进的文化理念，而企业大学则是这一理念指导下的实体工具，同时企业大学可被赋予一定的权限和职责，使其在部门协调、资源整合与运行管理等方面更富有效率，从而更好地服务企业战略。目前，学习型组织是很多企业的发展目标、发展方向，但如何达到这一目标仍需要不断地实践探索，尚无普适模式和清晰途径可供参考，正如彼得·圣吉所说：没有一个组织可以说自己已经是一个学习型组织。并且目前人们对学习型组织的认识也并不统一，现阶段有关学习型组织的理论与实践更多地停留在文化理念层面。虽然同样对企业大学认识不深，但相对学习型组织而言，创建企业大学要易于实现。建成企业大学不是目的，如何更好地发挥企业大学效能，促进整个母体企业真正成为学习型组织，才是企业大学的价值所在。

四、企业大学的内涵阐释

综合上述企业大学与相关组织的比较研究，及企业大学与高等教育、大学、学习型组织等相关概念的辨析界定，并基于企业大学的发展规律、组织性质及组织运行逻辑，本研究针对企业大学的内涵进行如下阐释：

其一，企业大学属于高等职业教育范畴。

企业大学是众多不同类型、层次、性质与形式的高教机构之一，主要从事在职成人继续教育，属于高等职业教育范畴。其与职前专业教育逻辑互补、时间连续，是职后继续教育的主力，是人力资本开发的重要一环，是终身教育体系的重要组成部分。

其二，企业大学与大学的关系。

有些企业大学能够达到严格意义上的大学或学院的要求，具备一定的办学实力办学水平，并且获得相关资质，能够提供正式认可的学历学位项目，接受相关教育行政主管部门的审核、监管和评价。但多数企业大学并未达到严格意义上的大学或学院的要求，也并不将其作为发展目标，自然不需要获得相关资质并接受相关部门的审核、监管和评价，也自然不能提供正式认可的教育项目。对于企业大学，较少提供正式认可的学位课程的原因之一是较难获得教育行政主管部门的认证。传统的高等教育机构往往会花费很多时间和精力，克服各种困难去获得国家的基金和争取公众的认可，而很多企业大学则不愿意付这种高昂的代价①，或没有必要。因此，作为一类高教机构而言，大多数企业大学并

---

① Allen, M. *Corporate University Handbook*, *Designing*, *Managing*, *and Growing a Successful Program* [M]. AMACOM Div American Mgmt Assn, 2002.

不是严格意义上的大学，并不必然接受相关教育行政主管部门的审核、监管和评价。同时，隶属并服务于母体企业的企业大学也并未发展成为独立的行业，形成企业大学自身的统一的行业规范、准入标准与资质要求等，也就没有必然的强制的外在监管与评价，而是基于母体企业内生的实质性需求和要求。

冠以"大学"称谓的原因分析如下：

1. 价值取向、象征意义（隐喻）。大学称谓说明学习对企业发展的重要意义，是企业价值观的体现，具有一定的象征意义。冠以大学称谓有助于企业组织强化学习意识、学习理念、学习价值与学习文化，建设学习环境、学习资源、学习机制乃至学习型组织，激发学习热情、端正学习态度，提升企业教育的地位，重视企业学习。但不强调正规完备的大学实体机构，更注重持续的全面的学习过程。正如 Walton（2005）的观点："企业大学称谓事实上是推崇学习的一种价值取向，是肯定学习活动对组织的重要价值，对确立其在组织中的重要地位具有一定的象征意义，而不是试图去复制传统大学的实践或价值①。"

2. 强调专业化。严格意义上的大学本身就是专业性很强的高教机构，冠以大学称谓更加凸显了企业大学的专业化特征，而不再是传统意义上的企业培训机构。专业性不仅体现在知识生产服务的内容上，更体现在服务的管理上：企业大学强化知识的生产性、创新性，强化基于企业战略对学习资源与环境的优化统筹协调、高效集约管理，强调体系化（师资、课程、培训体系等）、制度化建设，从而提供专业化的知识生产服务。

3. 市场宣传策略。企业大学冠以大学之名，是市场运作的手段工具，企业大学能提升企业文化内涵，提高企业知名度，强化企业品牌。企业大学虽然与大学定义不符，但并不影响其实际的功能、使命②。

4. 泛指高教机构。如前所述，非严格意义上的大学可代指泛指高教机构，而企业大学是众多高教机构中的一类。

另外，不同的企业组织对自己的企业大学也有不同的称谓，如企业教育与培训中心（Corporate Education and Training Centres）、领导力中心（Leadership

---

① Walton, J. *Would the Real Corporate University Please Stand Up* ［M］. Journal of European Industrial Training, MCB University Press, 2005, 29（1）: 7–20.

② Blass, E. *What's in a name? A comparative study of the Traditional public university and the corporate university* ［J］. Human Resource Development International, 2001（2）: 153–172.

Centres）和管理学院（Management Institutes）等①②。据 Meister（1998）调研发现："54% 的企业大学并未冠以'University'称谓，而是用'Institute of Learning'或'Learning Academy'替代"③。这一方面能避免因"大学"术语所引起的质疑和非议，甚至避免违反相关法律规定，因为一些国家在法律上限制使用"大学""学院"等术语，例如美国有的州规定如果企业培训部门不能提供可获得大学学分的学习项目则不能使用"大学"称谓④。而另一方面，一些企业组织避免使用企业大学称谓是因为大学具有太多的与传统大学相联系的含义，而这些含义在商业语境中却会产生负面影响⑤，例如，很多大学具有非营利的公益属性等。

其三，学习型组织是组织的某种属性特征，而企业大学则是母体企业下属的具体的职能部门。

学习型组织是企业发展的目标，而企业大学则是促进企业发展的工具。学习型组织集中体现了组织学习与发展的先进的文化理念，而企业大学则是这一理念指导下的实体工具。拥有企业大学并不一定就能使母体企业成为真正的学习型组织，但企业大学可以促进母体企业成为学习型组织。相对学习型组织而言，创建企业大学要易于实现，然而建成企业大学不是目的，如何更好地发挥企业大学效能，促进整个母体企业正在成为学习型组织才是企业大学的价值所在。

其四，企业大学的组织性质、主要职能及服务对象。

企业大学是隶属于母体企业的新型专业化的教育培训机构，是由母体企业出资创办并负责运营管理的，主要职能是服务于母体企业的发展战略、经营管理与核心业务等，服务对象以企业内部员工为主。

---

① Wagner，S. *Putting the 'U' in Europe* [J]．Training & Development，2000，54（5）：93–104.

② Lester，T. Degree Culture [J]．Human Resources，1999（3）：74–78.

③ Meister，J. C. *Corporate Universities：lessons in building a world – class workforce* [M]．New York：McGraw – Hill，1998.

④ 袁锐锷，文金桃．试析美国企业大学的现代高等教育性征 [J]．比较教育研究，2002（12）：37–41.

⑤ Densford，L. *Learning From the Best：APQC finds what makes a CU successful* [J]．Corporate University Review，1998，6（1）：13–15.

　　虽然企业大学不是母体企业能够直接创造产值利润的主营业务部门，但其所提供的专业化的知识生产服务对母体企业而言却越来越不可或缺。随着企业日益成为知识创新的主体，企业生产实践成为知识创新的源泉，知识要素成为企业生产实践的基础要素，人力资本开发成为企业发展的第一要务，知识生产服务因此成为企业提高生产效率和竞争优势的重要投资，企业大学成为开发供给知识要素的重要生产部门，为企业提供专业化的知识生产服务。

　　服务母体企业发展战略这一主要职能决定了企业大学不仅仅是职能单一的内部教育培训机构，其与企业各业务和职能部门存在密切的联系，基于母体企业的需要和要求，其被赋予更多的功能角色，不局限于教育培训、人力资源开发等，而是围绕企业整体发展战略承担起战略决策、经营管理、组织发展、创业变革、文化建设、知识管理、知识创新、职业生涯规划、支持核心业务和改善工作绩效等多种职能。企业大学为母体企业提供量身定制的自助服务，由于不同的企业有各自不同的需求和要求，导致企业大学各不相同、各具特色。但企业大学所提供的这些职能与服务的基础却又都是相同的，即都是以知识和学习为基础的，都是专业化的知识生产服务，都是基于知识和学习的解决方案，都有赖于组织的创新能力和学习能力，反映了企业大学的内在共性。因此，发展企业的学习能力、增长企业的智慧应是所有企业大学的共同使命。

　　企业大学服务对象以企业内部员工为主，而非面向社会提供公共服务或市场服务，但有时为了服务母体企业的整体发展战略，致使其服务对象不再局限于内部员工，而是拓展至顾客、供应商等企业的价值链成员，并与传统大学、高教机构及培训公司等人力资本开发价值链成员建立合作伙伴关系，从而基于社会资本、社会关系的开发来服务母体企业的发展战略。

　　其五，企业大学的发展规律和内在运行逻辑。

　　企业大学产生发展具有历史必然性，其根本动因源自母体企业对知识要素及专业化的知识生产服务的实质性需求，这也是企业大学产生发展的客观规律。企业大学的内在运行逻辑是以生产实践逻辑为基础，其提供的知识生产服务是与企业的具体生产实践相融合的。

　　企业大学为母体企业开发供给知识要素，提供专业化的知识生产服务。知识要素主要包括人力资本要素和科技创新要素，知识生产服务则是以知识要素的开发供给为主要服务内容，具体包括：知识创新、知识分享与知识效能。知识分享也即知识学习，是知识生产服务的基础环节，是知识创新、知识效能的基础，企业大学更加注重持续学习的过程这一实质；知识创新是知识生产服务的核心能力，是产生知识效能的关键，同时既是学习的最高成效，也是学习的重要内容；知识效能也即学习绩效，企业学习是以改善工作绩效为导向的，知识生产服务的最终目的与宗旨就是最大化最优化地实现知识效能。另外，知识生产服务也是传统大学的主要职能，知识分享即教学，知识创新即科研，知识效能即服务社会；企业大学与传统大学的侧重还有所不同，企业大学注重知识效能的实现，而传统大学则更注重教学与科研，二者的内在逻辑存在本质差异，企业大学以生产实践逻辑为基础，而传统大学则以学科专业逻辑为基础。

企业大学的内在运行逻辑是以生产实践逻辑为基础，其提供的知识生产服务是与企业的具体生产实践相融合的。其治理结构、组织结构、知识结构、文化理念及相关教学特征都体现了生产实践逻辑。企业大学的院系组织是依据服务对象进行设置，并由企业的决策者或管理者领导企业大学，同时形成能够体现生产实践逻辑和维护企业所有者利益的治理结构；知识结构则是依据企业生产实践中的职业岗位、工作过程和职级序列进行系统组织的；企业大学的文化理念也深受企业生产实践中的成本效益、开拓创新、市场竞争与品牌质量等企业化经营理念的影响，并强调求善求用的知识观。

综上所述，基于企业大学的比较研究与概念辨析，基于企业大学的发展规律、组织性质及组织运行逻辑，本研究对企业大学的内涵阐述如下：

企业大学主要从事在职成人继续教育，其高端属于高等职业教育范畴。它由母体企业出资创办并运营管理，是隶属于母体企业并服务于母体企业的发展战略、经营管理及核心业务的新型专业化、多功能的知识生产服务组织。企业大学的产生发展源自母体企业对知识要素及专业化的知识生产服务的实质性需求。企业大学是为母体企业开发供给知识要素、提供专业化知识生产服务的重要生产部门。企业大学提供的知识生产服务是以生产实践逻辑为基础，而不同于传统大学的学科专业逻辑，同时又是与母体企业的生产实践相融合并为其他高教机构所无法替代。企业大学以求善求用的知识观为指导；以发展企业学习能力、增长企业智慧为使命；以专业化的知识生产服务为支撑；以全员全面全程学习为基础；以服务发展战略为核心；以改善工作绩效为导向；以最优化、最大化知识效能为宗旨；以增强企业核心竞争力、实现企业可持续发展为目标。

本章小结

　　本章的主要内容具体包括：以组织性质和组织运行逻辑为比较维度进行企业大学与相关组织的比较研究。通过企业大学与相关组织的比较研究，系统深入地剖析企业大学的组织性质和组织运行逻辑，全面分析了企业大学与相关组织的区别与联系，并为企业大学与相关组织开展合作、建立联盟提供参考；企业大学的组织性质主要有：企业大学由母体企业出资创办并运营管理、隶属于并服务于母体企业，企业大学的组织性质还决定了企业大学的主要职能、产权归属、经费来源、治理结构及相关教学特征等方面；企业大学的组织运行逻辑遵循生产实践逻辑，并体现在企业大学的治理结构、组织结构、知识结构、文化理念及相关教学特征等方面；比较研究的相关组织有：提供公共服务的传统大学、行业性大学及商学院、高等职业院校，提供市场服务的高等教育公司、教育培训公司和提供自助服务的企业传统培训部门、组织大学等。此外还对企业大学与高等教育、大学、学习型组织等相关概念进行了辨析界定，并基于企业大学的发展规律、组织性质及组织运行逻辑对企业大学的内涵进行了阐述。

第五章

企业大学对高等教育创新发展的启示

知识经济时代，以知识要素为基础的社会生产实践成为知识创新的重要源泉，并对现代高等教育的发展具有重要的推动作用，使从事开发供给知识要素的高等教育与社会生产实践的关系越来越密切。知识经济社会，企业成为知识创新的重要主体，隶属于母体企业、根植于生产实践的企业大学具有与生产实践相融合的先天优势，其知识生产关系适应并促进了知识生产力的发展，其与生产实践相融合的知识生产服务模式符合生产实践领域知识发展的客观规律，满足了社会发展的需要，企业大学因此在知识经济时代获得蓬勃发展并显示出旺盛的生命力，对高等教育创新发展具有重要启示。

第一节　社会生产实践与现代高等教育发展

知识经济社会，知识要素成为社会生产实践的基础要素，为社会生产实践供给和开发知识要素的高等教育机构则成为知识经济社会重要的基础设施。同时，社会生产实践又成为知识创新的重要源泉，社会生产实践对高等教育的发展具有重要的推动作用，与生产实践密切联系的职前专业教育、在职继续教育都得到了充分发展，其专业化水平也都有了质的飞跃。高等教育与生产实践相互促进、共同发展。

一、社会生产实践促进了现代高等教育的生态多样化

知识经济促进了专业教育、专业研究的蓬勃发展，其专业化水平不断提高、专业化分工日益发达，逐步分化衍生出知识生产服务目的、类型各不相同的新

型高教机构，逐步建立完善了具有丰富学科门类、专业方向，面向不同职业领域、工作岗位，具有不同类型、不同层次的专业教育和专业研究体系。无论是公共服务、市场服务还是自助服务都得到了充分发展，其中以学科专业逻辑为基础和以生产实践逻辑为基础的专业教育、专业研究体系日益完善，不同教育机构间的交流互动与分工协作日益密切。终身教育体系、国家创新体系日益完善。同时，高等教育不仅实现了规范化、标准化、科学化、专业化、系统化、多元化与大众化，而且将逐步实现高等教育普及化、国际化、网络化、智能化、个性化、定制化、多样化乃至教育培训的市场化、产业化。

现代高等教育领域正呈现出一个前所未有、类型多样和形态各异的生态系统：按办学主体、办学目的划分有营利与非营利的高等教育机构；按职能倾向划分有教学型与科研型；按人才培养目标划分有培养职教人才的高等职业教育和培养学术型工程型人才的普通高等教育；按培养对象所处发展阶段划分有职前高等教育和职后高等教育等。此外，还有由母体企业出资创办并服务母体企业的企业大学；服务产业行业的产业大学；依托科技研发实力孕育引领新兴产业并主动满足市场需求的创业型大学；依托远程网络教育平台以在职成人为主但同时广泛服务社会不同群体的开放大学等。

社会发展的外部需求促进了现代高等教育领域的"生态多样化"，同时也营造了现代高等教育发展的"生态环境"。知识经济的发展使知识的应用价值进一步彰显，而经济全球化、科技迅猛发展及知识快速更新则加剧了社会生产实践领域对科技创新、人力资本等知识要素的依赖。开发供给知识要素的高等教育为适应社会发展、满足生产实践领域对知识要素日益多样化、个性化的需要，强化细化了专业化分工，衍生出能满足不同需求的高教机构，促成了高等教育领域的"生态多样化"。

社会发展需求的多样化、个性化主要表现在以下几个方面：其一，数量需求——高等教育大众化、普及化、多元化与多样化的要求。知识经济发达的国家，其高等教育已由精英教育逐步进入高等教育的大众化、普及化阶段。数量需求不仅体现在人才数量、人才结构类型上，而且体现在办学主体多元化以及办学形式、产品服务的多样化上，从而满足生产实践领域的需求。其二，质量需求——可持续任职能力的需求。知识的快速更新要求高等教育在人才培养上不仅注重学科专业知识的系统掌握以及职业技能的熟练运用，更要注重可持续任职能力的培养，以适应不断发展变化的岗位要求、提升人力资本。其三，时间需求——职后高等教育的需求。知识快速更新使职后高等教育的需求日趋旺盛，终身教育、成人在职持续学习得到社会的高度重视，高等教育由职前教育拓展至职后终身教育。其四，空间需求——不同实践领域、不同社会群体对高等教育的需求。随着知识经济向社会纵深和更广的范围发展，知识经济早已由高科技领域拓展到更广泛的服务领域，同时对高等教育的需求也由职场领域拓展至社会不同群体，建设和发展学习型社会得到广泛认同。

社会发展不仅促进了高等教育的生态多样化，而且营造了适宜的"生态环境"，促进了高等教育的内外交流、繁荣发展。营造适宜的"生态环境"是项社会系统工程，不仅取决于经济社会的发展程度，还需要完善的体制、制度、机制的设计以及文化理念的变革。

随着知识经济的发展，不断成熟的知识要素市场促进了知识应用价值的实现，产业化发展、市场化运营促进了知识要素的有效配置，激发了知识创新的热情。并且随着鼓励科技研发、成果转化、政产学研合作、知识创新与分享的激励机制及相关的政策法规和制度环境的不断健全、成熟，更加彰显了科技创新要素和人力资本要素的重要价值。尤其是信息技术的飞速发展、全球化的分工与合作，进一步加速了知识更新、成果转化，提高了知识要素开发应用的效率，促进了高等教育领域的发展与变革。"生态环境"在某种程度上决定了高等教育的发达程度，而良好的"生态环境"能够吸引全世界的优秀人才，因此汇集了世界精英的高等教育则必然在知识经济时代释放巨大的能量，创造巨大的知识财富，并促进行业产业乃至国家经济的发展。

二、社会生产实践促进了现代高等教育知识体系的发展

以知识要素为基础的社会生产实践促进高等教育学科专业的知识更新与创新，高等教育的学科专业知识体系在不断发展完善、高度分化、细化、深化的同时，不同的学科专业领域出现交叉融合，更加注重综合应用、强调协同创新。

学科专业知识体系客观地反映了现实的社会生产实践，同时也为生产实践提供科学指导，学科专业与生产实践相辅相成、相互促进。知识经济强化了知识的应用价值，强化了学科专业发展与生产实践创新的密切联系，以知识要素为基础的社会生产实践成为知识创新的重要源泉，其促进了与生产实践密切联

系的专业知识的快速更新、不断发展；促进了学科专业的交叉融合、综合应用与协同创新，促进了新学科、新专业和新方法的产生发展。

另外，与生产实践密切联系的产品知识正逐渐成为专业教育的基础之一，它能加强专业教育与生产实践的密切联系，从而更好地满足生产实践对专业人才的需求，尤其是对高级专业人才的培养更离不开生产实践的历练。产品知识与学科专业知识不同，学科专业知识注重学科专业逻辑，强调某一学科专业领域在一定条件下的抽象的客观规律、普适的基本原理，追求不变的真理；而产品知识则注重生产实践逻辑，强调在具体情境下以具体产品为载体综合应用、高度整合多种学科的专业知识技能，同时强调产品的实际性能、具体功能和市场需求等一系列具体的边界条件，并追求不断的改进与优化。其中产品知识必然要以专业知识为基础，它强化了基于学科专业知识的实践应用能力和迁移能力，并在具体实践中有助于深化理解抽象的学科专业知识并有助于创新和发展相关学科专业理论。

三、社会生产实践促进了现代高等教育的规模质量、内容形式、人才培养发生根本变化

（一）社会生产实践促进高等教育普及化、终身化

在以知识要素为基础的知识经济社会中，从事社会生产实践的劳动者绝大多数是具有一定专业知识技能的知识型员工，专业技术人才成为社会发展的中坚力量，初级专业人才已全面普及，中高级专业人才占比也相对较高。因此，发达的高等教育成为知识经济社会的重要基础，只有实现高等教育的普及化，才能满足知识经济对专业人才的需求。

然而高级专业人才培养则仍需要精英式培养，尤其是实践应用型的领域专家难以通过单纯的教学活动实现规模化培养，它需要长期的专业研究和丰富的实践积累，因为具体的生产实践能为应用型高级专业人才的成长提供广阔的空间，因此以科技创新为核心的创新型企业组织将成为培养高级专业人才的主体。企业大学通过专业化的知识生产服务，为高级专业人才的快速成长提供良好环境、创造优越条件。

社会生产实践促进了终身教育，职后继续教育获得繁荣发展。与生产实践密切联系的职后继续教育在知识经济时代得到空前的发展，尤其是与具体生产

实践相融合的企业大学如雨后春笋般迅猛发展。职后继续教育是知识要素开发与供给的重要环节，是国家创新体系、终身教育体系的重要组成部分，既且为创建学习型社会发挥着不可替代的重要作用，又在促进员工职业生涯发展中发挥着重要作用。职后继续教育在知识快速更新的知识经济时代，其密切联系生产实践的优势适应了知识经济的发展，满足了生产实践的需求，也成就了自身的大发展大繁荣。职后继续教育服务既包括市场服务，即面向市场的营利的职后继续教育培训服务；也包括公共服务，即由政府主导的非营利的职后继续教育培训服务；还包括自助服务，即由企业组织乃至行业协会创建的服务本企业本行业自身发展的在职继续教育培训服务。

此外，高等教育对象以职前适龄青年为主体不断拓展至中老年不同年龄阶段、不同社会阶层、不同社会群体和不同行业组织，更具开放性、包容性，进一步强化了专业教育服务社会、服务生产的功能。

（二）高等教育的质量不断提高、内容形式不断丰富

随着教育资源的日益丰富，信息技术智能技术的普及应用，专业教学研究的不断深入，以及能够提供个性化、定制化的教育培训市场的日益发展，专业教育的质量及专业化水平不断提高，满足各种需求的学习项目日益丰富，学习方式、教育模式获得前所未有的突破。学习者能够不受时空限制自由获得智能化、个性化与定制化的教育服务；能够实现高仿真的虚拟情境化学习；能够随时随地方便获取优质教育资源，实现自主泛在学习；能够实现在线实时交流互动学习。

（三）人才培养注重综合能力、可持续发展能力培养

知识经济时代专业知识更新加速，专业人才培养需要与生产实践密切联系，需要及时洞悉行业领域专业知识的发展更新，以满足生产实践的人才需求。专业教育在强化学科专业基础知识、基本原理的学习掌握的同时，进一步加强专业实践能力的培养。通过建立完善专业教育的相关制度机制法规来密切专业教育与生产实践的联系，整合二者的知识资源，强化专业实践能力的培养，避免理论与实践的脱节，促进对专业知识技能的理解、掌握和迁移，促进专业知识技能的及时更新，从而适应知识经济的发展。

知识经济社会，人的价值得到彰显，人不再是机器的附庸，而是创新和学习的主体，无论是国家或是企业组织的学习力、创新力，都要基于人对知识的

内化与外化，人力资本要素成为核心要素。专业教育中人才培养目标也更加强调以人为本；更加注重内在修为、心性品质的个性教育；注重综合能力、全面发展的均衡教育；注重通识能力、创新能力与学习能力等综合能力的培养；培养可塑性强、一专多能的复合型人才，培养可持续任职能力、可持续发展能力，以适应专业岗位知识技能的快速更新。

四、社会生产实践促进了现代高等教育社会功能、发展环境的完善

社会生产实践促进了现代高等教育社会功能的完善，同时促进了高等教育的发展环境不断完善。以知识要素为基础的知识经济社会，专业教育、专业研究为社会生产实践的各个领域开发供给专业人才并提供科技创新成果，因此高等教育机构成为开发供给知识要素的重要生产部门，其中专业教育的质量结构与层次规模布局直接影响国家产业与经济发展，高等教育在经济社会发展中具有重要的战略地位，成为国家战略发展的关键。此外，职前专业教育与在职继续教育共同构成了国家终身教育体系、科技创新体系，并且在创建学习型社会的过程中发挥重要作用。

知识经济社会，在国家层面完善了高等教育的相关政策法规、体制、制度与机制，完善了高等教育的发展环境、知识要素市场、终身教育体系与国家创新体系，整合生产实践领域与专业教育领域的资源，促进政产学研有机整合，发挥整合优势，实现资源共享、优势互补。例如，德国的双轨制职业教育的本质就是在国家层面基于立法整合企业产业的教育培训资源与职前专业教育资源，并保障协调双方的利益，最终实现共赢，真正使职业教育既与生产实践紧密联系，又能够遵循生产实践逻辑和职业教育规律。

在发挥国家高效整合优势、弥补市场不足的同时，市场机制的地位作用优势仍是难以替代。知识经济社会建立完善了知识要素市场及知识产权保护与转让的制度法规，建立完善了促进知识转化的机制制度环境，为大学、科研院所及教育培训机构等众多专业教育专业研究主体的知识产权出售与转让提供了交易平台和制度保障，以发展创业型大学，促进知识资本化，加速知识向现实生产力的转化。市场机制能够高效合理配置知识资源，为知识创新提供不竭动力；市场机制能够有效促进不同的专业研究主体联合研发、协同攻关，进一步激发其知识创新的活力与热情；市场机制能够促进不同类型不同属性的专业教育培

训机构进行有效的分工协作、形成教育联盟，实现资源共享、优势互补。专业教育、专业研究的蓬勃发展有力地促进了知识应用价值的高效实现、促进了知识向现实生产力的高效转化，从而适应知识经济的发展、满足社会生产实践的需要。

由此可见，在知识经济社会里，以知识要素为基础的社会生产实践对现代高等教育的发展产生了前所未有的巨大影响，无论是高等教育的类型层次、规模质量、专业设置、学科发展，还是专业知识体系、专业人才培养乃至高等教育的社会功能、发展环境，无不体现了来自生产实践的重要影响。知识经济社会的生产实践对高等教育产生重要影响的根本原因在于知识要素在社会生产实践中的地位作用显著提高，社会生产实践日益成为知识创新的重要源泉，并且知识更新、知识创新的加速更加强化了高等教育与生产实践的密切联系。

第二节　企业大学对高等教育创新发展的启示

高等教育在知识经济社会扮演着越来越重要的角色，而社会生产实践对现代高等教育的影响越来越显著，其促进了现代高等教育的发展。根植于生产实践的企业大学具有与生产实践相融合的先天优势，其知识生产关系适应并促进了知识生产力的发展，其与生产实践相融合的知识生产服务模式符合知识发展的客观规律，满足了社会发展的需要，企业大学也因此在知识经济时代获得蓬勃发展并显示出旺盛的生命力。企业大学的经营之道、成功之道必然对现代高等教育的创新发展具有重要启示，对 21 世纪的大学发展具有重要价值。

基于对企业大学发展规律、共性特征、组织性质和组织运行逻辑的研究，本研究认为企业大学对高等教育创新发展的启示主要有：企业大学在知识经济时代的高等职业教育、成人教育、继续教育和终身教育领域拓展了高等教育的边界；企业大学促进了高等教育的效能化、多元化、信息化与国际化，由此促进了大学体制、机制的创新；企业大学将信息时代的企业家精神注入高等教育的文化理念之中。

一、企业大学拓展了高等教育的边界

（一）企业大学主要从事在职继续教育，是高等职业教育、成人教育、继续

教育和终身教育的重要组成部分

随着高等教育的专业化分工与协作日益发达，高等教育的规模、类型、层次与形式都发生了巨大变化，高等教育的内涵外延不断丰富不断拓展，人们对高等教育的认识与界定也随之不断发展。联合国教科文组织 2011 年第 36 届大会教育委员会通过《2011 国际教育标准分类》修订文本，其中强调高等教育建立在中等教育之上；高等教育包括通常所理解的学术教育，但由于它还包括了高级职业或专业教育，因此比学术教育更广泛；允许以非正规或非正式学习途径获得的相当于正规教育的资格证书作为衡量受教育程度的依据，这也反映出世界各国在推进终身学习过程中非正规和非正式学习日益受到重视。这些都体现了高等教育概念的界定越来越具有包容性，更具包容性的中等后教育（Post - secondary Education）和第三级教育（Tertiary Education）的概念也得到一定认同。

当高等教育进入大众化阶段之后，在职继续教育中属于中学后教育的比重越来越大。由于企业员工中接受过高等教育的成员不断增加，因此从事在职继续教育的企业大学不仅是中学后教育，而且可能是大学后教育，这就促使企业大学从内容到形式都必须不断向高端提升，企业大学的性质也由此而归属于高等职业教育范畴。

知识经济促进了知识的快速更新，人力资本开发不再一劳永逸，需要持续开发，成人教育、继续教育和终身教育越来越重要，在职继续教育不仅能造就业务骨干、行业专家与企业高管，成就无数个体的职业生涯发展，更能为企业组织发展、国家经济发展提供智力支持。因此高等教育中的在职继续教育的需求尤为迫切，其发展也更为迅猛。作为现代高等教育的新生力量，企业大学将逐渐成为在职继续教育的主力，成为高等职业教育、成人教育、继续教育和终身教育的重要组成部分。企业大学将成为供给开发人力资本的重要组织，成为终身教育体系、国家创新体系与知识循环体系的重要组成部分。企业大学正与其他高教机构优势互补、紧密合作，共同促进知识经济的发展，成为知识经济社会中各类高级应用人才培养的重要基础工程。

（二）与生产实践相融合的企业大学在高等职业教育、成人教育、继续教育和终身教育领域拓展了高等教育的边界

传统高等教育领域与其他行业领域一样，是基于社会的专业化分工而形成

的专门从事高等教育的行业领域。专业化分工提高了高等教育的效率，但也使传统高等教育相对独立于其他社会生产实践领域，甚至与其他各生产实践领域相割裂。

进入知识经济时代，现代高等教育为满足社会生产实践领域日益增长的多样化需求而呈现出生态多样化的发展态势，衍生出与生产实践密切联系的高教机构，如促进知识资本化的创业型大学，以市场服务满足社会生产实践需求的高教公司以及由国家主导的服务产业发展的产业大学，乃至以远程网络教育平台为基础的更具开放性、灵活性的开放大学。

虽然这些高教机构与社会生产实践密切联系，在一定程度上适应了社会的发展，满足了生产实践的需求，但毕竟它们仍无法完全与生产实践相融合，存在一定的局限性。尤其随着知识经济的发展，生产实践成为知识创新的重要源泉，生产实践领域对知识生产服务的内生的实质性需求日益迫切，于是根植于母体企业生产实践的企业大学应运而生，为母体企业提供与生产实践相融合的知识生产服务，满足了企业生产实践的需求。

企业大学以特有的先天优势，完全根植于母体企业的生产实践、完全与母体企业的生产实践相融合致使高等教育的边界得以拓展，使现代高等教育不再独立于生产实践领域，而由生产实践领域之外拓展至生产实践领域内，并与生产实践相融合，切实满足生产实践领域对高等教育的需求。

现代高等教育因企业大学实现了与生产实践相融合，因企业大学拓展了高等教育的边界，主要体现在以下几个方面：其一，企业大学拓展了高等教育的人才培养模式；其二，企业大学拓展了高等教育的学习内容与形式；其三，企业大学拓展了高等教育的时空；其四，企业大学拓展了高等教育的结构与功能。

（三）企业大学拓展了高等教育人才培养模式

企业大学的人才培养是完全与企业的生产实践相融合的，是其他高教机构所难以实现的，同时也是培养应用型人才所不可或缺的，尤其是高端应用型人才，包括企业高管、商业精英等管理型人才，行业专家、科技精英等科技型人才，业务骨干、行家里手等技能型人才，他们是企业大学的学习者、创新者，同时更是企业的生产实践者，为企业创造核心价值的核心人才。与生产实践相融合的人才培养模式是精英式培养，尤其有助于提高高端应用型人才培养的质量与效率，同时应用型人才的培养也难以离开生产实践。

企业大学的学习者同时也是企业的生产实践者。企业大学的学习者是相对成熟的学习者，具有一定学习能力、学习基础。并且他们既是学习者、创新者，又是生产实践者，因此，具有明确的学习目的、学习目标和较强的自主学习意愿、学习动机。他们对学习内容有较强的辨别、选择和评价能力，对学习效果有一定的自我感知、评价能力。

企业大学在生产实践中进行知识创新、知识学习，在生产实践中检验学习、评价学习。生产实践成为知识创新的源泉、学习的重要载体，更是检验学习内容、评价学习绩效的有效途径，因此生产实践使企业大学的学习具有完备的实践检验环节，整个学习过程所具有的及时有效的反馈改进提示，使学习成为能够不断优化改进的闭环反馈系统。而传统大学相对而言偏重学科专业知识的系统掌握，实践反馈环节相对弱化，尤其是有些实践应用知识既难以及时更新，又缺乏实践检验，导致应用人才培养存在一定局限。

企业大学的人才培养与企业的生产实践相融合，强调工学结合的职场学习、行动学习。主要特点可以概括为：由生产实践者在生产实践过程中为了改善生产实践而进行的有目的、有组织、有系统的知识创新、知识学习、知识应用和人才培养，真正实现产学研的有机融合。

1. 学习者、教学者是生产实践者。企业大学的学习者是企业的全体员工，讲师则可能是企业的高级管理者、技术专家、业务骨干与企业的一般员工等，也大多是企业的生产实践者。

2. 学习过程就是生产实践过程。企业大学的学习过程、人才培养过程融合在企业的生产实践过程中；它既注重基于日常的岗位生产实践和基于具体的工作任务、具体的研发项目、具体的决策管理事项等进行有目的、有组织、有系统的知识创新、知识学习、知识应用和人才培养，又注重生产实践过程中的团队协作、生产实践过程中跨部门和跨专业的交流与协作以及生产实践中传帮带的师徒式培养。

3. 学习的目的就是为了改善生产实践。企业大学知识创新、知识学习与应用和人才培养的目的是为了改善生产实践。生产实践是检验、评价知识创新、知识学习与应用和人才培养的有效途径，从而保障了人才培养的质量与效率，最大化、最优化地实现知识效能。

此外，先进的学习技术手段、丰富的学习资源环境能有效支持职场学习、自主泛在学习与团队协作学习，从而保障知识创新、知识学习与应用和人才培养能够与生产实践相融合，提高人才培养的质量与效率。

案例：隶属于中国航天科技集团公司旗下的大型科研生产联合体——中国空间技术研究院的神舟学院，依托研究院雄厚的空间技术实力，具有丰富工程经验的专家教师、系统的课程体系资源和先进的培训设施，培养出了符合各种实践需要的航天人才。学院还正努力成为国内外宇航公司中有影响力的航天器工程师资格认证学院。学院的研究生培养与科研生产、预先研究工作有机结合，注重研究生从事科学研究及工程技术能力的提高。为了培养高层次航天创新型人才，在研究生论文选题上，学院积极促进研究生开展前瞻性、探索性课题研究工作，有相当部分研究生参与了国防基金课题、国家自然基金课题以及学院的 CAST 创新基金课题的研究工作，对提高研究生独立承担科学研究工作能力起到重要作用。神舟学院围绕企业发展战略，形成航天特色的教学模式，为我国空间事业发展提供独立从事科学、工程技术研究的高级专门人才，并逐步形成具有 CAST 特色的高层次人才培养基地①。

因此，传统大学可以借鉴学习企业大学的人才培养模式，加强与企业大学的密切联系与深入合作，通过具体的项目合作促进应用型人才培养，同时也有助于明确人才培养的方向和目标，使之更具针对性，更符合市场需求，从而提高人才培养的质量效率。

（四）企业大学拓展了高等教育的学习内容与形式

企业大学服务于企业生产实践并与生产实践相融合，以企业全员、全面与全程的学习为基础，其中全员是生产实践中不同岗位的全体员工；全面是生产实践的各个方面，即不同的生产实践部门、不同的职业岗位与不同的生产环节等；全程则是生产实践的全过程。

1. 企业大学支持全员学习。全员学习不仅包括不同职业发展阶段、不同岗位职级的员工，而且贯穿每一位员工职业生涯发展的始终。教育培训及学习的内容包括：岗前培训、轮岗培训、职业等级认证培训、职业能力素质培训、正式认可的学位教育、知识技能更新培训、职业生涯发展各个阶段的教育培训以

①　神舟学院简介［EB/OL］.（2008 - 09 - 08）［2013 - 03 - 28］http：//si. cast. cn/Article/ShowInfo. asp？InfoID = 3.

及计划外的特殊学习，如根据企业发展变化而临时增设的培训、应对突发挑战的应急培训，根据员工的个体差异而量身定制的个性化学习项目，满足不同需求的自主学习项目，培养后继人才的人才储备项目等。

2. 企业大学支持全面学习。全面学习面向生产实践的各个方面，教育培训及学习的内容包括：不同职业岗位、不同职级的认证学习；企业专有知识、核心知识的学习，如企业文化及规章制度的学习，企业核心业务、经营管理、产品研发、服务创新与最佳实践等方面的知识学习；行业的共有知识、先进经验与最佳实践等方面的学习；企业价值链合作伙伴所共享的生产实践知识与技能的学习；面向企业未来发展的前瞻性知识学习、满足企业战略需要的多种能力学习；生产实践中不断更新的知识技能的学习，生产实践中所产生的新专业、新岗位的知识技能学习；面向可持续发展的能力学习，如学习能力、创新能力、应变能力和通识能力的学习与培养，团队协作能力、跨专业跨部门的交流协作能力的学习与培养等。

3. 企业大学支持全程学习。企业大学的学习贯穿生产实践的全过程，教育培训及学习的内容包括：企业战略决策的全过程、经营管理的全过程和核心业务的全过程所涉及的知识能力的学习；涉及企业整体发展、各生产实践部门的发展乃至员工个体的职业生涯发展的全过程，包括各个发展阶段的学习需求规划及相关的学习内容。

企业的生产实践涉及不同学科专业、不同知识能力，可谓是包罗万象。与生产实践相融合、支持全员全面全程学习的企业大学拓展了高等教育的学习内容。尤其是随着知识经济的发展，企业成为知识创新的主体，企业的生产实践成为知识创新的重要源泉，生产实践促进了学科的交叉融合，促进了新兴学科、专业的产生发展，企业大学也必将进一步拓展高等教育的学习内容。

企业大学不仅学习内容丰富，而且学习的形式、方法与模式多样，如：案例研讨、沙盘模拟、实战演练、情境体验、拓展训练、角色扮演、教练培训、课堂面授、师徒传习、轮岗培训、脱产学习、任务驱动式学习、行动学习、协作学习、团队学习、自主学习、竞争学习、网络虚拟学习、远程学习和多媒体互动学习等。企业大学不仅遵循学习规律，积极探索创新各种学习形式、方法与模式，而且积极尝试各种先进有效的学习技术手段，丰富学习资源与环境。企业大学成为创新学习形式、方法与模式的实验室，积极有效地拓展了高等教育的学习形式、方法与模式，有效促进了学习质量与效率的提升。

因此，传统大学等高教机构与企业大学的密切联系与深入合作，有助于传统大学知识内容的及时更新，及时满足生产实践的需求，并加强理论与实践的联系，还有助于传统大学创新学习的形式、方法与模式，从而提高教学效果。

（四）企业大学拓展了高等教育的时空

1. 企业大学延长了个体接受高等教育的时间，促进了高等教育的终身化

随着生产实践领域知识的更新加速，原来职前四年左右的专业教育不再一劳永逸，因为它已经无法适应职场实践领域知识的快速更新。摩托罗拉公司的前董事长兼总裁高尔文在美国工程教育协会的集会上曾说："摩托罗拉不再雇用用四年获得学位的工程师，相反，我们希望员工用 40 年获得学位。"① 学习与工作越来越同等重要，越来越不可分离，工作即是学习，学习即是工作，终身学习成为必然趋势，成为员工职业生涯发展的重要需求。与生产实践相融合的企业大学为应对生产实践领域知识的加速更新，满足员工终身学习需求，其所提供的知识生产服务是面向员工的整个职业生涯发展过程，涉及各个发展阶段，学习者的年龄跨度大，在职继续教育时间长，且学习内容不断更新。企业大学因此使高等教育由职业生涯发展的起点（即获取从业资质的职前专业教育）拓展至职业生涯发展的全程。企业大学不仅造就企业高管、行业专家与业务骨干，而且成就无数个体员工的职业生涯发展。企业大学延长了个体接受高等教育的时间，促进了高等教育的终身化。

2. 企业大学融合于生产实践领域，拓展了高等教育的发展空间

与企业生产实践相融合的企业大学成为沟通教育界与产业界的重要桥梁，促进产学研的有机融合，使高等教育的教学、科研的发展空间拓展至企业生产实践领域，高等教育从传统大学的课堂、教师、教材为中心拓展至企业大学的职场、学习者和实践为中心。企业大学不单纯是专业化的教育培训部门，还与企业的研发部门、决策部门、管理部门和业务部门密切联系，从而有效服务企业生产实践的各个方面。基于企业大学联盟，传统大学的服务范围也可拓展至企业生产实践，使传统大学为企业教育提供师资、定制学习项目并开发定制课

---

① 珍妮 . C. 梅斯特 . 企业大学：为企业培养世界一流员工［M］. 北京：人民邮电出版社，2005：165.

程；传统大学的科研服务也可密切关注企业的生产实践，与企业研发部门联合攻关。企业大学强化了理论与实践的密切联系，模糊了工作与学习的界限、教育与产业的界限，拓展了高等教育的发展空间。

（六）企业大学拓展了高等教育的结构与功能

1. 企业大学拓展了高等教育的结构

企业大学拓展了高等教育的教育层次类型结构。企业生产实践需要多种层次类型的教育，企业大学不仅从事着高等职业教育、成人教育、继续教育和终身教育，而且从事认证教育、学历学位教育。企业大学还在教育层次上拓展了高等教育，注重培养企业高管、行业专家与业务骨干等高端应用型人才，并在培养高端人才的过程中，发展了继续工商管理教育、继续工程教育和继续职业技能教育等。

企业大学改变了高等教育的学生结构。企业大学的学习者以企业在职员工为主，年龄跨度大，年龄结构多样化，因此使高等教育的非传统学生占比不断增长，学生群体变得更加多样化，不再局限于广大适龄青年群体，学生结构发生改变。

企业大学拓展了高等教育的能力需求结构。随着职业岗位知识的快速更新以及职业岗位能力要求的不断提高，企业大学越来越注重培养员工的可持续任职能力、学习能力、创新能力、通识能力、综合能力、迁移能力、应变能力与可持续发展能力。由于职前高教机构与企业大学共同参与企业人力资本开发，是人力资本开发价值链上的合作伙伴，企业对员工知识能力的需求会反馈给职前高教机构，明确企业对未来员工的知识能力需求，从而使人才培养更具针对性，提高人才培养的质量与效率。

企业大学拓展了高等教育的供需结构。企业大学能够满足职业导向的学习需求，能够提供实用的业界权威认证培训项目，乃至新兴专业的培训项目，有助于满足学习者的不同需求，提升学习者的就业竞争优势，因此企业大学或将成为高等教育的重要补充、成为传统高教机构的竞争者或合作者，并以此弥补传统高等教育的不足，进一步满足高等教育多样化需求。例如，摩托罗拉大学在品质管理方面的权威认证学习项目"六西格玛品质管理"等。

企业大学拓展了高等教育的组织结构和知识结构。与生产实践相融合的企业大学，在组织结构和知识结构上都遵循生产实践逻辑。企业大学的组织结构确保了其知识生产服务与企业各生产实践部门及生产的各个环节相融合。同样，企业大学的知识结构是以岗位知识技能为主体，并以不同生产部门、不同工作岗位与不同职级系列为内在逻辑进行组织并形成课程体系的。因此，无论是组织结构还是知识结构，都使企业大学的知识生产服务与企业生产实践充分融合，使企业大学已经超越了单纯的教育实体组织，其知识也已经超越了单纯的知识本身。企业大学与企业研发部门、管理部门与业务部门有机融合，已浑然成为生产实践部门，成为产学研共同体。同样，企业大学的知识也早已融入具体的工作任务、工作过程之中，使学习与工作、知识与实践浑然统一。

2. 企业大学拓展了高等教育的功能

企业大学以服务母体企业为根本职能在一定程度上拓展了高等教育的功能。以服务母体企业为根本职能的企业大学在服务于母体企业的发展战略、经营管理与核心业务等方面发挥着重要作用，体现了服务母体企业的内在核心价值，并形成了自身的本质特征和发展规律。企业大学的以服务母体企业为根本职能在一定程度上拓展了高等教育的功能，使其不再是单纯封闭的教育实体，而是与母体组织的生产实践相融合并成为母体组织的大脑、智慧中心，从而为母体组织的发展提供智力支持，增强母体组织的学习能力、创新能力，以使母体组织更具适应性、灵活性，实现母体组织的持续健康发展。

企业大学在服务母体企业的同时，也在整个社会层面的人力资本开发和知识生产方面发挥着越来越重要的作用，不断彰显其外在社会价值，同时也拓展了高等教育的功能。

在人力资本开发方面。知识经济时代，人力资本要素成为企业的核心要素，企业大学通过人力资本开发来服务母体企业。企业大学将成为职后继续教育的主战场，并与职前高等教育紧密衔接，成为构建终身教育体系的重要组成部分，成为促进个体员工职业生涯发展的加油站和练就业务骨干、行业专家、企业高管的锻造厂。同时也为构建学习型社会和提升产业行业竞争优势乃至促进国家经济发展提供重要支持。

在知识生产方面。随着知识经济的发展，以知识要素为基础的企业生产实践越来越成为知识创新的重要源泉，企业则成为知识创新的重要主体，企业大学正逐步发展成为人类社会重要的知识生产部门，成为知识循环体系的关键环节。企业大学深入参与企业生产实践过程中的知识创新，并及时对最新知识进行专业化、系统化的生产、加工与处理，形成初级知识产品，从而为知识的提炼（批判总结、去伪存真）、转化（由具体到一般的理论抽象并成为相关学科专业知识）、传播、内化和外化等后续知识生产环节奠定基础。

传统大学是从事高等教育的重要代表，传统大学的三大功能也是高等教育的三大功能，即教育、科研与服务社会。企业大学同样具备这三大功能，企业大学的人力资本开发、知识生产、服务母体企业与教育、科研、服务社会相对应，其中由于企业组织是构成社会的重要细胞，服务母体企业自然也就是服务社会。传统大学主要是通过培养专门人才和发展科学这两大根本功能来实现其内在核心价值，而企业大学则主要通过服务母体企业这一根本职能来实现其内在核心价值。传统大学的教育与科研是服务社会的基础，并受社会发展需求的影响；企业大学的人力资本开发与知识生产则是以服务母体企业为根本目的，是围绕企业发展战略进行的，既不是单纯的人力资本开发与知识生产，其人力资本开发与知识生产的效能也必然影响企业大学服务母体企业的效能。

由此可见，在某种程度上，企业大学与传统大学的三大功能密切关联：企业大学的内在价值（服务母体组织）与传统大学的外在价值（服务社会）相呼应；企业大学的外在价值（社会人力资本开发与知识生产）则与传统高等教育的内在价值（教学与科研）相呼应；在人力资本开发上，二者在时间上形成职前教育与在职继续教育相互衔接、在空间上并存的状态，共同构成终身教育体系；在知识生产上，二者在逻辑上形成学科专业逻辑与生产实践逻辑互补、在空间上并存的状态，共同构成知识创新体系。二者相互衔接、相互补充、密切关联与相辅相成（如图5.1所示）。

企业大学与传统大学功能互补，同时由于企业大学与生产实践相融合，能够充分及时地反映社会生产实践领域的现实需求，因此在教育、科研与服务社会方面，传统大学与企业大学存在广泛深入的合作空间。

在教学方面，与企业大学合作，能及时全面深入了解职场需求，注重培养职场所需的学习能力、创新能力、实践能力、综合能力以及可持续任职能力；并注重学科专业逻辑与生产实践逻辑的辩证统一；注重专业能力素养与通识能力素养、可塑性与专业性的统一。与企业大学合作，还能共享师资及实践教学资源，并能合作创办满足生产实践领域所需的新项目、新专业。

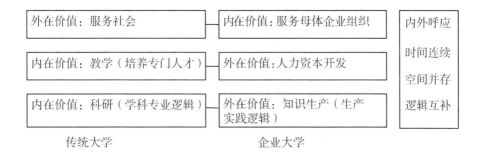

图5.1　企业大学与传统大学功能互补

在科研方面，与企业大学合作，有助于了解生产实践领域的发展前沿、发展趋势，从而发现具有重大研究意义的科研课题；有助于将生产实践领域的知识创新转化为相关学科专业理论，从而促进知识发展及相关学科专业的发展；有助于在生产实践中检验科研成果，并及时将科研成果转化为现实生产力、服务生产实践以实现经济效益；有助于整合传统大学与企业大学的研发资源、科研力量，协同攻关，提高科研效率。

在服务社会方面，传统大学与企业大学通过教育、科研方面的合作实现着传统大学服务社会的职能，并真正实现产学研的有机融合。二者间的密切交流与深入合作必然能实现优势互补、互利共赢。传统大学与企业大学建立联盟也必然是二者发展的必然趋势。

因企业大学而拓展了边界的现代高等教育将会具有大教育观的综合视野、更具全局意识和更能系统思考；更有利于教育领域与生产实践领域的资源整合、加强教育界与产业界的沟通；促进职前与职后教育的衔接与合作、理论与实践的密切联系和知识内化与外化的统一；更有利于系统建设国家终身教育体系、知识创新体系；更有利于实现个人发展、社会发展与知识发展的协调统一，使高等教育承担更大的责任、创造更大的价值。

二、企业大学促进了高等教育的效能化、多元化、信息化、国际化与大学体制机制创新

（一）促进了高等教育的效能化

企业大学与母体企业的生产实践相融合，注重成本效益的企业化管理早已融入企业大学的基因里。企业大学知识生产服务的宗旨就是最大化最优化地实现知识效能，企业大学的高效能体现在各个方面，其中人力资本开发效能、知识创新效能与运营管理效能是实现知识效能的关键，这三方面同时也是传统大学等高教机构在教学、科研与管理等方面值得学习和借鉴的。绩效导向是企业学习的重要特征，不仅要高效实现知识的内化、理解与掌握，更要将知识运用于生产实践、转化为现实生产力和提升工作绩效。不仅实现个体员工工作绩效的提升，更要提升企业组织的工作绩效和竞争优势，并实现企业整体的经营战略、发展战略，这同时也是评估企业大学的人力资本开发效能、知识创新效能与运营管理效能的重要依据。

1. 人力资本开发效能。人力资本要素是企业的核心要素，开发人力资本的效能直接影响企业发展战略，尤其是专业技术人才相对匮乏的新兴产业。企业大学通过专业化的知识生产服务能有效缩短行业专家、业务骨干与企业高管的培养进程。企业大学人力资本开发效能主要体现在以下几个方面：

（1）企业大学建立了有效的人才培养体制与机制。企业大学围绕企业发展战略制定人才发展规划，并根据发展规划有重点有针对地进行人才引进、培养与开发，着重培养核心人才，战略人才。而不是不分主次、不分缓急的平均用力。同时注重人才梯队建设、落实后继人才培养责任，并要求核心人才、战略人才承担高效培养发展岗位继任人才的重要职责，使有发展潜质的人才能够快速成长、脱颖而出，并完善相关制度、机制（如将培养发展继任者作为晋级评价的重要依据），从而加速人才培养进程，保障人才的持续供给，保障组织的自我发展、自我更新。另外，将企业人才发展规划与员工职业生涯发展规划相统一，在员工职业生涯发展的关键时期，适时提供必要的发展机会和强劲的发展助力，使其在服务企业发展战略中实现个人职业生涯的发展。

（2）企业大学注重整合企业内外资源，合作开发人力资本，提高人力资本开发效能。虽然企业人才培养离不开多方面的知识与能力，但为了提高企业大学的办学效益，在人力资本开发过程中企业大学主要促进员工对企业专有知识、核心知识的掌握与运用，承担员工对企业专有能力、核心能力的培养，而其他知识、能力的学习则交由学习合作伙伴来完成：或是外包给教育培训公司，或是委托给传统大学、社区学院等合作伙伴，或是基于合作联盟来共同开发。通过对外部成熟资源的整合利用，能有效降低人才开发成本，使企业大学在人力资本开发上不必面面俱到，而是能有所专攻，并进一步强化了企业大学不可替代的核心能力与核心价值。

（3），企业大学的人才培养模式更具效能。企业大学人才培养的主要模式强调与生产实践相融合，基于具体的工作任务、具体的研发项目、具体的决策管理事项等日常的岗位生产实践进行有目的、有组织和有系统的人才培养。由于每一个具体的工作任务、研发项目和管理事项都需要不同学科知识的综合运用，都需要跨部门跨专业的交流与协作，并且都融入了企业文化理念，从而在解决企业现实问题、完成具体工作任务和研发项目的过程中，使人才培养更富成效，不仅培养了员工的职业岗位能力，更发展了他们跨专业与跨部门的团队协作能力、综合运用学科专业知识的能力以及对企业文化理念的理解与认同。

（4）企业大学的知识内容与形式以及能力培养体现了高效能。企业大学的知识以职业岗位知识为主，具有很强的实践操作性，详细注明了岗位知识的应用条件、操作流程、技术规范与目标效果等。同时，知识的表现形式也更加强调标准化、统一化，注重清晰明确、易于操作，从而使企业大学的知识学习、能力培养更具效率与质量。同时，企业大学越来越注重培养学习能力、可持续任职能力，并强调自主学习发展的责任、强调学习发展的内在驱动，以应对岗位知识能力快速更新，同时也使每一名员工能够对自我知识系统进行及时自主更新，从而在自主学习、自主发展的基础上保证了人力资本开发的高效能。

（5）企业大学积极应用先进的学习技术手段，创设丰富的学习资源与环境、创新学习形式方法和模式，以提高人力资本开发效能。企业大学注重网络大学建设，其网络学习平台不仅能打破时空限制，进行实时无损地知识分享，而且具有边际成本极低的优势，大大提高了学习效能。泛在学习技术、电子绩效技术、知识管理技术、智能学习技术以及丰富的网络学习资源与环境能够有效支持职场学习、自主学习、协作学习与智能学习，从而最大程度地满足学习者的学习需求，提高学习效能。此外，企业大学还积极探索、尝试和创新诸如案例研讨、沙盘模拟、实战演练、情境体验、拓展训练、角色扮演、教练培训、轮岗培训、师徒传习、团队协作、任务驱动等各种有效的学习形式、方法与模式以提高学习绩效，从而提高人力资本开发效能。

2. 知识创新效能。知识经济时代，企业的发展越来越依赖知识创新，知识创新也因此成为企业大学的核心能力，无论是企业的战略决策、发展变革，还是企业的经营管理、核心业务都需要企业大学的知识创新提供有力支持，因而体现知识创新效能的至关重要。企业大学知识创新效能主要体现在以下几个方面：

（1）企业大学拥有专业化的创新团队。由于企业的生产实践是知识创新的重要源泉，也是检验和应用知识创新成果的重要途径，企业大学的创新团队的重要特点就是与生产实践相融合。创新团队核心成员来自生产实践的一线知识领域专家，其中包括具有丰富生产实践经验和较高理论水平的行业专家、企业高管与业务骨干，他们不仅深谙生产实践中存在的问题及其解决方法，而且熟悉行业发展前沿、发展趋势。另外，创新团队中还有教学设计专家、课程开发专家与教育技术专家等，他们主要负责企业大学的知识分享，将知识创新成果转化为显性的课程并促进学习者对知识的内化理解，但他们一般也都熟悉企业的生产实践，并参与知识创新的全过程。专业化的知识创新团队保障了企业大学知识创新的效能。

（2）企业大学具有完善的创新组织结构。企业大学的创新组织纵向深入到企业生产实践的一线部门，从而保障企业大学的知识创新能有效服务企业的生产实践，同时也使知识创新与生产实践这一创新之源相融合，保障知识创新源源不断且具有实效；企业大学的创新组织横向拓展至企业生产实践的各个部门，尤其是与企业的战略决策部门、经营管理部门与产品研发部门充分融合，从而实现产学研的有机融合，保障企业大学的知识创新能有效服务企业的发展战略、经营管理与核心业务，使知识创新发挥更大的效能。另外，企业大学的创新组织具有一定的开放性，不仅鼓励企业内部具有不同工作经验、不同专业背景与不同职业岗位的生产实践者进行广泛深入的交流与合作，进行激烈的思想交锋与智慧碰撞，强调集思广益、群策群力与民主决策，同时企业大学还注重加强外部交流与合作，积极引入外部智慧，并及时了解行业发展前沿与趋势以及行业领域的最佳实践，从而保障知识创新更为科学有效。完善的创新组织结构保障了企业大学知识创新的效能。

（3）企业大学具有完善的知识创新制度、体制与机制，确保了知识创新的效能。企业大学建立有利于知识创新的扁平化柔性管理制度和自主创新、协同创新、团队创新的激励机制以及虚拟学习社区、创新社区，使每一名一线的生产实践者都能平等参与知识创新过程并为之做出贡献，并使他们能与行业专家、企业高管和业务骨干进行无障碍的平等交流，也能使他们的每一个工作创新都得到鼓励和奖励，深刻体会到创新的价值与乐趣。企业大学还通过立项审核、项目管理、项目评审与项目验收等项目研发管理制度，以及对创新过程的全程监控和及时反馈，不仅有效控制知识创新成本，保障了知识创新过程的效能，更保障了最终创新成果的应用实效。

（4）企业大学围绕企业的发展战略进行有重点有针对的知识创新。虽然企业大学的知识创新遍布企业生产实践的各个领域，但企业大学会围绕企业的发展战略进行有重点有针对的知识创新，依据企业发展战略设立知识创新专项并提供人才、技术、资金以及针对具体实施过程的全面支持，从而解决企业发展战略中的重大问题，使知识创新发挥更大效能。

（5）企业大学积极运用先进技术手段保障知识创新效能。企业大学通过建立知识管理系统、智能专家系统为知识创新过程提供系统支持。企业大学还建立电子绩效支持系统，为深入生产实践一线的职场创新提供高效支持。企业大学还建立网络虚拟协作创新平台以及提供专家在线帮助的虚拟创新社区、学习社区，为具有不同工作经验、不同专业背景及不同职业岗位的实践者提供了便于平等交流研讨、利于团队协作的有效平台。信息技术、智能技术不仅提高了知识创新的效能，而且能够进行高效的信息加工、知识处理，成为知识创新过程不可或缺的重要知识生产力。

3. 企业大学运营管理的效能。无论是人力资本开发效能，还是知识创新效能，都要依托企业大学的运营管理，运营管理的核心目标是更好地服务和实现企业的发展战略，这也是衡量企业大学运营管理效能的关键。企业大学的运营管理效能主要体现在以下几个方面：

（1）企业大学在企业组织中具有战略地位，保障了企业大学战略职能的实现，同时也保障了企业大学的运营管理效能。企业大学一般由企业的董事长或总经理直接领导，即由企业的最高决策层或管理层直接领导。同时，为更好地服务企业发展战略，企业大学一般设立由决策层、管理层的领导及各职能部门、业务部门的高管组成的委员会负责制定企业大学的大政方针并对企业大学各项工作的具体实施予以配合支持，强化了企业大学服务战略的职能与地位，并使企业大学拥有一定的权限和强有力的执行体系，能够围绕企业发展战略统筹协调企业各部门并有效整合企业内外资源，从而保障了企业大学的运营管理效能。

（2）企业大学服务企业发展战略的效能。为了更好地服务企业发展战略，企业大学将企业发展战略进行深入分析和解码，并将其转化为基于知识与学习的解决方案和实现路径，同时分解为各阶段的子目标任务和各个生产实践部门的子目标任务，使发展战略得以有效的贯彻落实，并基于知识与学习得以实现。此外，企业大学还通过目标管理、项目管理来促进企业发展战略的实现。

（3）企业大学采取企业化的经营管理模式。作为隶属于母体企业的职能部门，企业大学自诞生之日起，企业化的经营管理理念就已经根植于企业大学的基因里。企业大学注重成本效益、强调质量效率并讲求务实高效。企业大学的运营管理完全采取企业化的经营管理模式，充分保障企业大学的运营管理效能。

（4）企业大学具有完善的管理制度、机制。企业大学采取企业化的经营管理模式主要体现在企业大学具有与企业同样完善的管理制度、机制；具有项目管理制度、考核评价制度、预算拨款制度、财务审计制度、成本核算制度等以及激励机制、竞争机制与协作机制等。

（5）应用技术手段有效提高企业大学运营管理效能。很多企业大学基于成本效益的考量早已实现管理的信息化、智能化，一些企业大学还建立了融网络办公系统、教务管理系统、网络学习系统、知识管理系统、智能专家系统、电子绩效支持系统和企业资源规划系统于一体的综合管理应用平台，大大提高了企业大学的运营管理效能。

企业大学的高效能离不开技术手段的有效支持，信息化、智能化在提升企业大学知识生产服务效能上功不可没。但企业大学的高效能更离不开科学有效、完善的制度机制保障，尤其离不开已深入骨髓、融入基因的企业化经营管理理念。随着企业大学与传统大学等其他高教机构的联系日益密切、合作日益深入，保障企业大学高效能的技术手段、制度机制乃至文化理念必然会深入影响传统大学等其他高教机构，这将有助于提升传统大学教学与科研的效能以及服务社会的效能，有助于提升传统大学的整体运营管理效能，也会促进整个高等教育的效能化。

（二）促进了高等教育的多元化

随着知识经济的发展，以知识要素为基础的社会生产实践对高等教育的需求日益多样化，社会生产实践促进了现代高等教育的生态多样化，根植于生产实践的企业大学促进了高等教育的多元化。

1. 企业大学促进了高等教育知识生产服务目的和知识生产服务类型的多元

化。企业大学是隶属于母体企业并服务于母体企业的高教机构，是为母体组织提供自助服务的高教机构，并且任何对专业化的知识生产服务具有内生实质性需求的组织都可以创办提供自助服务的大学。因此高教机构的知识生产服务目的不再局限于公共服务、市场服务，而还有服务母体组织的自助服务。同时，母体组织也不局限于企业组织，可以是非营利组织、政府组织等，如果传统大学有需要，也同样可以创办服务传统大学发展战略的高教机构。另外，企业大学的知识生产服务类型是以生产实践逻辑为基础的高教机构，并且是与母体企业生产实践相融合的在职继续教育，是高等职业教育、成人教育、继续教育和终身教育的重要组成部分。

2. 企业大学促进了高等教育体制、机制与模式的多元化。企业大学由母体企业出资创办，隶属于服务于母体企业，并由母体企业负责运营管理，这使得企业大学与传统大学等其他高教机构具有完全不同的办学体制、运营管理模式、评价机制与筹资模式等。

3. 企业大学丰富了高等教育的文化内涵，促进了高等教育文化理念的多元化。企业大学的文化理念强调求善求用的知识观，并以企业化经营理念为核心，注重成本效益、市场竞争、品牌质量、自主创新与服务意识等。企业大学与传统大学等其他高教机构的交流与合作必然在文化层面促进教育界与产业界的沟通，促进相互理解、相互学习，促进高等教育文化理念的多元化。

4. 企业大学还促进了高等教育在职能结构、师资认证标准、课程研发模式、教学模式、科研模式、学习评价与认证、学习内容与形式、培养对象、培养模式和教育目标等方面的多元化发展。企业大学具有服务母体企业的发展战略、经营管理和核心业务等职能，并具有与职能相对应的组织结构；其师资认证标准注重生产实践经验；其课程研发有基于项目管理的自主研发模式，也有基于市场服务的外包模式；其教学模式注重与生产实践相融合，强调工学结合、职场实践；其科技研发注重成果转化；其学习评价注重知识效能、绩效改善；其学习内容包括企业生产实践的不同领域、不同职业岗位、不同职级以及职业生涯发展的不同阶段所涉及的知识内容；此外还包括案例研讨、沙盘模拟、实战演练、情境体验、拓展训练、角色扮演、教练培训、课堂面授、师徒传习与轮岗培训等多种学习形式、方法、模式；其培养对象以内部在职员工为主，促进个体员工的职业生涯发展，并注重培养业务骨干、企业高管、行业专家等高端应用型人才；其教育目标是通过人力资本开发来改善工作绩效、提升竞争优势、实现发展战略。因此企业大学促进了高等教育在职能结构、师资认证标准、课程研发模式、教学模式、科研模式、学习评价与认证、学习内容与形式、培养对象、培养模式与教育目标等方面的多元化发展，高等教育只有多元共生，才能繁荣发展。

（三）促进了高等教育的信息化

信息技术、智能技术等在企业大学的知识生产服务中发挥越来越重要的作用，信息技术、智能技术实现了知识生产服务的信息化、智能化。基于信息技术、智能技术的创新工具、智能系统、管理平台与学习环境等已成为重要的知识生产力，成为知识创新、知识分享与知识效能各个环节不可或缺的重要工具，成为辅助人类思维加工的有力助手，成为知识生产服务的重要基础设施。信息化成为企业大学工作模式的重要特点，信息化给企业大学带来的诸多优势自然会具有显著的示范效应，从而促进和带动整个高等教育的信息化。

1. 企业大学的信息化促进了知识分享、知识创新，提高了知识效能。企业大学的智能网络学习平台可以打破时空限制，实现便捷高效、实时无损地信息传播，同时所拥有的丰富学习资源与环境，更能实现自主学习、互动学习、协作学习、智能学习、泛在学习，实现学习资源、学习环境与学习过程的优化，从而提高知识分享的效率和质量。企业大学基于智能网络学习系统、知识管理系统、电子绩效支持系统及企业资源规划（ERP）系统的深入整合，能有效支持工作环境中的自主学习、协作创新、绩效改进与系统管理，实现学习、创新、工作与管理的有效整合，高效实现做中学、工学结合、动态管理、实时反馈、及时改进，从而提高学习绩效和知识效能。企业大学的知识创新平台能够实现与生产实践的系统融合，实现创新主体间的交流协作，实现创新资源的整合、创新能力的提升，从而使知识创新更有质量、更富效率。

2. 企业大学的信息化促进了企业大学的效能化。企业大学的高效能离不开技术手段的有效支持，信息化、智能化在提升企业大学知识生产服务效能上功不可没。企业大学积极运用先进的学习技术手段、创设丰富的学习资源与环境，实现人才培养的信息化，提高了人力资本开发效能。企业大学积极运用先进技术手段，实现知识创新的信息化，提高了知识创新的效能。信息技术、智能技术不仅提高了知识创新的效能，而且能够进行高效的信息加工、知识处理，成为知识创新过程不可或缺的重要知识生产力。企业大学还积极运用先进技术手段，实现了企业大学运营管理的信息化，提高了企业大学的运营管理效能。

随着信息技术、智能技术的发展以及知识生产服务的产业化、市场化的成熟，基于信息技术、智能技术的学习工具与智能系统也将会在市场竞争中不断推陈出新，功能会更加强大，成本也会显著降低。信息技术、智能技术不仅能为企业大学的知识生产服务提供全面支持、实现多种功能，而且性价比优势也会越发显著。另外，信息化、智能化本身就具有显著的成本效益优势，能够大幅节约知识生产服务的成本，如交通成本、师资成本、教学场所成本与图书资料成本等，还具有一劳永逸、边界成本极低等众多优势。

3. 企业大学是高等教育信息化的先行者和最佳实践者。企业大学以企业化的经营管理理念为核心，注重成本效益、投入产出效益，强调质量效率、讲求务实高效。企业大学基于成本效益原则，一般会积极利用最有效的技术手段来提供知识生产服务，并能充分发挥技术手段的优势，从而实现最大的投入产出效益，提高服务的质量效能。因此，企业大学对待技术的态度更为开放、务实，企业大学也自然成为高等教育信息化的最佳实践标杆，具有很强的示范效应，因此能够有效促进传统大学乃至整个现代高等教育的信息化。

（四）促进了高等教育的国际化

高等教育国际化是全球经济一体化的必然结果，随着知识经济的发展，供给开发知识要素的高等教育对经济全球化的推动作用越来越显著，同时，经济全球化也进一步促进了高等教育的国际化。跨国企业是经济全球化的主角，它们在全球范围内整合市场资源、配置生产要素，推行全球化战略。企业大学在服务跨国企业的全球化战略方面越来越发挥着不可替代的作用，同时企业大学也有效地促进了高等教育的国际化。

为实现全球化战略，企业大学跟随母体企业在世界各地建立分校，为企业在世界范围内的战略拓展提供有力支持。企业大学不仅要在全球范围内及时分享、快速复制母体企业的最佳实践和先进的生产技术与管理经验以及企业的文化理念，还要应对全球化带来的机遇与挑战，服务战略决策、改善经营管理、提高生产效率和促进产品研发，尤其要逐步实现本土化的可持续发展。本土化经营需要培养国际化的本土人才，更需要深入了解并积极融入本土文化，这些都需求企业大学的全力支持。

为了更有效地开发供给知识要素，跨国企业的企业大学需要与本土高教机构开展合作，以培养企业所需的国际化人才，并促进产品研发与服务创新。企业大学与本土高教机构成为跨国企业的人力资本要素与科技创新要素的供应链成员，双方可以实现资源共享、优势互补和互利共赢。基于合作关系双方可以共享企业大学的全球师资与课程，共享企业的实践资源。通过交流与合作，有助于本土高教机构了解国际人才需求、行业科技发展前沿；有助于分享国际先进的教育理念、教育模式与教学方法，促进教育改革与创新。

跨国企业的企业大学与本土高教机构的合作，不仅是国际高等教育的合作，同时也是国际产业界与教育界的合作，直接对话国际产业界也许能更有效、更全面与更深入地促进高等教育的国际化，甚至引领国际高等教育的发展。能够引领国际高等教育发展是高等教育国际化的最高境界，同时也能有效避免高等教育国际化的负面影响。

（五）促进了高等教育的体制、机制的创新

在彰显知识应用价值的知识经济社会里，社会生产实践日益成为知识创新的重要源泉，成为实现知识应用价值的重要舞台，企业组织则成为知识创新的重要主体。企业大学与生产实践相融合的知识生产服务模式是符合知识经济时代社会发展需要的，是符合生产实践领域知识发展的客观规律的，这也是企业大学核心价值、核心优势所在。企业大学的知识生产关系保障了知识生产服务与生产实践相融合，有效地促进了知识生产力的发展，企业大学也因此在知识经济时代显示出旺盛的生命力。

为适应知识经济的发展，促进知识创新、知识发展，现代高等教育有必要借鉴学习企业大学的相关体制、制度与机制，从而促进高等教育的体制、制度与机制的创新，促进知识生产力的发展。尤其在服务社会层面，传统大学等高教机构有必要向企业大学学习和借鉴。知识经济时代，传统大学的直接服务社会的职能越来越重要，因为服务社会既是实现知识应用价值、满足社会发展需要的重要途径，也是大学发展实力、竞争优势的重要体现，还是大学的重要筹资渠道。同时，服务社会也是密切联系生产实践的重要渠道，其中与生产实践相融合的企业大学的相关体制、制度与机制尤为值得学习和借鉴。

企业组织与传统大学都是为人类社会文明发展做出重要贡献的组织。作为竞争性组织，企业自诞生以来，就不断求新求变，从组织形式、治理结构到经营模式、管理理念都在不断发展演变，以提升市场竞争优势，适应社会发展。企业大学便是企业组织在不断发展演变过程中的一大创举，它使企业组织的知识生产关系促进知识生产力的发展，使母体企业适应知识经济的发展。而传统大学等其他高教机构同样为适应知识经济发展，它们的组织特征也在渐渐发生着改变，越来越具有竞争性组织的特征。首先，高教机构需要基于竞争机制来获得有限的外部资源，以加强资源的有效分配和运用。甚至来自公共财政的支持也不再是无条件的、均等的，而是要基于高教机构自身的竞争优势、发展实力去争取。其次，为使公共资源得到有效利用，相关问责机制、监管机制不断完善与强化，这要求高教机构的运营管理更加透明、更具效能。再次，知识经济时代，高等教育领域的知识与技能同企业组织一样不断加速更新，学习能力、创新能力成为任何组织能够持续发展的核心能力。所有这些都要求高教机构不断强化自身的学习能力、创新能力与竞争优势，不断增强自身的竞争意识、效能意识、责任意识和服务意识。因此，一些非竞争性的高教机构组织在内外压力的作用下正逐渐转化为竞争性组织。

因此作为能够提升母体组织竞争优势、促进知识生产力发展的企业大学，其成功经验对知识经济时代的传统大学等高教机构的发展具有一定的启示和借鉴意义。传统大学也需要成立一个类似企业大学的组织来为传统大学提供专业化的知识生产服务、服务传统大学的发展战略，提升传统大学的竞争优势，增强传统大学的学习能力、创新能力，使之更具灵活性、适应性与应变性，从而能有效应对挑战、破解难题，并使传统大学的知识生产关系促进知识生产力的发展，促进传统大学等高教机构的持续健康发展。

1. 传统大学需要不断发展进化组织大脑，需要自助式知识生产服务

知识经济时代，作为提供知识生产服务、开发供给知识要素的重要部门，传统大学必然要越来越多地参与到社会服务中来，不断满足日益增长的社会发展需要，并要面对诸如：社会公众的监督与问责，拓展筹资渠道，增强学科竞争优势，提高服务社会的能力，强化服务意识、服务质量与服务功能，参与生源竞争，增进国际交流与合作等越来越多的挑战。传统大学不再是与世隔绝的象牙塔，传统的运营模式、管理方法需要与时俱进，为适应知识经济社会的发展，传统大学必然要不断学习、改进，甚至要勇于变革、转型。传统大学越来越注重组织层面的整体战略目标，越来越注重组织的灵活性、适应性与应变性。

因此，传统大学同样需要不断发展进化组织大脑，需要以服务发展战略为主的自助式知识生产服务。

借鉴企业大学的职能结构，可由传统大学各方利益群体代表，决策层、管理层、执行层等各核心职能部门、业务部门代表等，共同组建以服务发展战略、核心业务、运营管理为主的组织大脑、组织中枢。通过学习会商交流研讨，提高组织学习能力、提高科学决策水平，促进组织大脑发展进化，打造强有力的领导核心，增强组织执行效率，整合组织优势资源、力量，达成组织战略发展目标。通过不断增强组织的学习能力、创新能力，使传统大学组织更具适应性、灵活性与应变性，具有可持续发展的能力。事实上很多创业型大学为适应社会发展的需要已经具备了不断发展进化且功能强大的组织大脑。

2. 开发人力资本，提高传统大学的知识生产力

传统大学本身是重要的知识生产服务部门，为社会开发和供给知识要素。知识要素在传统大学的"生产实践"中一直是基础性要素，以知识要素为基础的教学与科研乃至服务社会是其"核心业务"。教师是进行教学与科研的主体，人力资本是传统大学的核心要素，是知识创新、知识分享（传授）的主体，是重要的知识生产力。企业大学在开发人力资本方面的成功经验同样值得传统大学借鉴。传统大学不仅要大力发展和建设教育与科研的团队、梯队，开发每一名教职员工的潜力并激发其创新力，更要转化为团队、组织的学习能力、创新能力和协同研发能力，从而实现组织的战略目标。传统大学不仅要注重人力资本开发的方式方法，积极探索科学有效的开发模式，还要加强学习机制、制度与环境的建设，建立职业生涯发展规划与管理的相关体系与制度，完善学习发展的激励机制和评价机制及相关的资源与环境，同时，更要注重学习文化建设，营造学习氛围，养成学习习惯，注重培养职业信仰、树立职业理想，激发内驱力，鼓舞士气、凝聚人心。

另外，高效的知识管理、人机网络协作系统更是以知识要素为基础的传统大学在知识经济信息时代不可或缺的知识生产力。而作为参与市场竞争的企业组织，其成熟的知识管理体系、高效的知识管理系统和丰富的知识管理经验同样值得传统大学借鉴。传统大学应建立信息化、网络化、智能化的师资培养辅助系统及教学与科研的支持服务系统，创建虚拟学习社区、研讨交流平台、共享共建的资源库知识库以及人机协作的智能系统，使人的创造力真正得以解放，

提高广大教师和科研人员的知识创新能力以及知识创新效率。事实上，基于网络化、信息化、智能化的教学与科研系统（e‑Science，e‑Learning）早已在很多传统大学中发挥着重要作用，成为知识生产力的重要组成部分。

３. 改善传统大学的知识生产关系

以学科专业逻辑为基础，以求真求知的知识观为主的传统大学虽然不追求经济效益，但作为一个组织、一个有机体必然要谋求发展，其本身具有向善性，并且在大学的教育与科研以及日常管理中也同样需要提高效能。传统大学作为社会重要的知识生产服务部门更需要符合学科专业逻辑并能适应和促进知识生产力发展的知识生产关系。

以知识效能为宗旨的企业大学具有很多成熟有效的运营管理经验、制度、机制和方法值得传统大学借鉴，如能够激发个体自主学习创新的扁平化柔性管理；让渡科研成果的部分产权给研发人员或研发团队的知识资本化体制以及相关的竞争、激励、评价与协作机制；目标明确、流程清晰与高效运作的项目管理模式；基于岗位能力素质模型的评价体系以及员工职业生涯发展规划与管理体系等。传统大学应积极借鉴这些有效的经验、制度、机制和方法，采取有助于激发个体及组织创新活力的管理模式，构建有助于彰显个人及组织知识创新价值的知识生产关系，从而促进知识经济时代传统大学的知识生产力。使知识创新在实现社会价值、组织价值的同时，也能够彰显个人的价值，并且不仅是个人职业信仰、职业理想的价值实现，也应该是个人现实利益的实现，从而夯实知识创新的制度基础，激发个人及组织的知识创新活力，实现知识创新的可持续性。

三、企业大学将信息时代的企业家精神注入高等教育的文化理念中

在现代企业的创新和发展过程中，美国著名管理学大师彼得·德鲁克认为，在其中承担着重要支撑作用的是"企业家精神"。而企业大学则是锻造信息时代企业家精神的熔炉，并把这种精神注入高等教育的文化理念之中。

（一）企业家精神的本质、内涵与外延

美国管理学大师德鲁克将企业家精神的本质概括为有目的、有组织的系统创新。企业家精神是创新实践的精神，创新是实践的创新，创新的核心是为客

户创造出新的价值。德鲁克将企业家精神视为一种实践、一门学科①。

基于德鲁克、彼得圣吉等管理学家的观点，本研究将企业家精神的内涵概括为如下几个方面：

1. 企业家精神是创新实践的精神

德鲁克将企业家精神视为一种实践，企业家精神是创新实践的精神，主要探讨他们的行动和行为，并不涉及企业家的心理和个性特征。企业家精神是有组织、有目的的任务和系统化的工作，是企业高层管理者工作的一部分。创新则是实践的创新，创新如果没有转化为行动与结果，就没有任何价值和意义。实践性还体现在创业、企业家战略和企业家社会等方面，其中创业即为创办新企业；企业家战略是创新市场、赢得市场的战略，将一项创新成功引入市场是企业家战略的核心；企业家社会即各领域都由创新来驱动的社会。

2. 创新实践是可以学习的

德鲁克将创新与企业家精神视为一门学科，可供人学习与实践，创新实践是有规律可循的实务工作。创新并不需要天才，但需要训练；不需要灵光乍现，但需要遵守创新的原则与条件。创新是可以作为一门学科去传授和学习的，只要按照规则去操作，就可以学会如何成功地创新，学会在哪里与如何寻找创新机遇以及需要注意的原则和禁忌，并打破以往创新给人的神秘感。

3. 如何进行创新实践

创新实践是有目的、有方向和有控制地实现目标，是以循序渐进的方式进行。创新实践是一种组织化、系统化与理性化的工作。企业家精神的本质就是有目的、有组织的系统创新。系统创新不仅要创造出新颖而与众不同的产品或服务，并创造新的价值，还要大幅提高产品或服务的产出，更要开创新的市场和新的客户群。同时，还需要视变化为常态，主动寻找变化，并做出积极反应，将变化视为机遇而加以利用，从而实现不断创新。创新是判断企业家的唯一标准，只有不断创新才是企业家。此外，可以在组织内建立一套创新管理机制，从而实现组织自动的持续的创新，把组织打造成一个"企业家"，成为"永续经营"的企业，德鲁克称之为"创业型管理"或"企业家企业"。

德鲁克所阐述的企业家精神的外延主要体现在以下几个方面：

---

① 德鲁克. 创新与企业家精神［M］. 北京：机械工业出版社，2009，译者序：1－25.

1. 企业家精神与企业规模和性质无关

无论是历史悠久的大企业还是新开办的小企业，无论是高科技企业还是非科技企业，无论是企业界还是非营利组织和政府，都可以有企业家，并具备企业家精神。企业家精神遍布不同领域，无论政治、经济、科技、文化、教育和医疗，处处都有创新的机会，人人都可以成为企业家。

2. 企业家精神与所有权无关

无论是企业所有者，还是职业经理人，还是一个普通职员，都可以成为企业家，并具备企业家精神。

3. 企业家精神与人格特性无关

企业家精神是一种行动，而不是人格特性，它的基础在于观念和理论，而非直觉。企业家专注于机遇，而不是专注于冒险。只要遵循创新实践的方法与法则，企业家精神应该是风险最低的。

4. 企业家精神对整个社会的意义

创新是令一个社会健康发展的有效手段，是人类社会得以延续和自我更新的特殊工具。创新与企业家精神可以让任何社会、经济、产业、机构保持高度灵活性与自我更新能力。创新与企业家精神是有目的、有方向和有控制地实现目标，是以循序渐进的方式，而不是试图通过一次性简单化的方式来解决社会问题。构建企业家社会是每一位社会公民的责任，每一个企业的责任，也是每一届政府的责任。在企业家社会中，每一个公民、企业和政府会将创新和企业家精神视为一种平常、稳定和持续的活动，并养成永续学习的习惯①。

（二）企业大学是锻造信息时代企业家精神的熔炉

进入信息时代，随着知识经济的发展，生产实践领域的知识不断创新并加速更新，经济全球化一体化进程不断推进，市场竞争日益激烈，企业发展环境瞬息万变、充满危机与挑战。只有通过创新实践才能有效应对危机与挑战，企业家精神是 21 世纪企业生存发展的制胜法宝。

企业家精神是创新实践精神，因此不仅是企业大学为创新实践提供重要支持，反之创新实践也是企业大学的主要内容，即创新实践精神同样是企业大学的重要精神，创新实践能力也是企业大学所要着重培养的能力。企业大学通过

① 德鲁克. 创新与企业家精神［M］. 北京：机械工业出版社，2009，译者序：1－25.

专业化的知识生产服务,增强企业的学习能力、创新能力,增强企业的灵活性、适应性,为企业的创新实践提供智慧与动力。总之企业大学既是企业创新实践的重要舞台,又成为锻造信息时代企业家精神的熔炉。

1. 创新实践是企业大学的主要内容

企业大学的知识生产服务以生产实践逻辑为基础并与企业生产实践相融合,服务于母体企业的发展战略、经营管理与核心业务等生产实践的各个方面。创新实践是企业大学知识生产服务的主要内容。

(1) 企业大学以服务母体企业的发展战略为核心,而发展战略是企业创新实践、企业家精神的集中体现。为更好地服务母体企业的发展战略,企业大学成为企业的智慧中心、企业的大脑与企业的创新基地。企业大学委员会汇聚了企业的决策层、管理层及各生产实践部门的代表,为广泛平等交流、深入研讨、集思广益、共谋会商与群策群力提供了理想平台。企业大学为具有不同工作经验、不同专业背景、不同职业岗位、不同职位层级的生产实践者提供思想交锋、智慧碰撞与交流协作的平台,成为跨部门、跨专业、跨层级、多元开发和自由平等的交流协作平台,为企业战略发展提供智力支持、贡献智慧结晶,为企业的创新实践制定方案、绘制蓝图,同时也成为弘扬企业家精神的重要舞台。

(2) 企业大学的组织结构不仅提高了科学决策水平,更强化了执行效力,保障了创新实践的效能。企业大学不仅有高层决策者管理者支持并参与执行体系,而且各业务部门、职能部门的经理也都参与执行体系,一起参与制定战略决策并付诸实施,为企业大学与各职能部门、业务部门间的协调配合提供了组织保障,有利于资源共享、系统权衡、统筹协调、形成合力和高效运行,从而使企业的创新实践更具效能。

(3) 企业大学注重由生产实践者在生产实践过程中,基于学习与创新来不断改善实践、提高绩效,因此企业大学更注重全员全面全程的创新实践,使人人都成为企业家并具备企业家精神,时时处处都有创新的机会,切实体现了企业家精神。

2. 企业大学的创新实践是有目的有组织的系统创新,同时也是专业化、制度化与高效能的系统创新

(1) 企业大学以服务发展战略为核心,服务发展战略的创新实践本身就是有目的有组织的系统创新。发展战略需要战略决策部门、经营管理部门与核心

业务部门等各生产实践部门的统筹协调、密切配合，需要全体员工有目的有组织的参与创新实践，需要生产实践各个方面及其全过程的系统整合创新，并且不仅仅是产品服务的创新，更要实现价值的创新、市场的创新与客户群体的创新。同时，企业大学的创新实践也是产学研有机融合的创新实践，是可持续的更具效能的系统化创新实践。因此，企业大学的创新实践是围绕发展战略进行有目的、有组织的全员全面全程的系统创新。

（2）企业大学的创新实践是专业化、制度化与高效能的系统创新。企业大学的创新实践不仅有专业化的创新团队，而且有强有力的执行体系；不仅有规范的操作流程、科学的评价机制，而且有完善的管理体系、有效的制度机制保障。对每一项创新实践都需要经过调研、论证、可行性分析、风险评估、成本控制和项目管理等一系列专业化的操作流程，这不仅保障了创新实践的质量、效能，而且保障了创新实践的可持续性，从而实现高效自动、可持续的创新。

（3）学习是创新实践的基础。

企业大学是学习企业家精神、学习创新实践的重要基地。企业家精神是一门学科，创新实践是有规律可循的实务工作，因此创新实践是可以学习的，企业家是可以培养的，企业家精神是可以锻造的。通过企业大学可以系统深入地学习，尤其是能在生产实践中有目的有组织有计划的学习，学习创新实践的经验、原则与方法，培养创新实践的意识、能力，从而领悟企业家精神的实质并掌握创新实践的方法、具备创新实践的能力。通过企业大学有目的、有组织、有计划地系统培养，可使每一名员工都有机会成为能够不断创新的"企业家"，并促进企业家的成长、发扬企业家精神。

（三）企业大学为高等教育注入信息时代的企业家精神

知识生产力的主体是人，学习与创新的主体是人，对人而言，精神文化的内在驱动力量更根本、更持久。现代高等教育的发展离不开知识生产力和能够促进知识生产力发展的生产关系，更离不开精神文化的支撑，其所提供的知识生产服务不仅需要工具、制度层面上的保障，更离不开精神文化层面的保障。

追求真理是传统大学的终极目的，也是传统大学的内在核心价值。求真求知是传统大学教学、科研与服务社会等各种实践活动的基础，并形成了以学科专业逻辑为基础的组织运行逻辑，体现了传统大学的发展规律和本质特征。人类对未知世界的好奇和对客观真理的崇尚是人类追求真理的不竭动力，求真求知是人类社会赋予大学的使命与责任，体现了传统大学对人类社会整体、长远与重大公共利益的关切，而不是为某个组织甚至国家的利益而服务。同时，学术独立与学术自由是求真求知的必要条件，更是大学精神的实质，这也要求大学组织具有很强的独立性，不依附屈从于任何组织，这也是其能够源远流长、绵延数百年历史的重要原因。

　　进入以知识要素为基础的知识经济时代，知识经济、市场需求成为促进现代高等教育发展与变革的重要驱动力量，高等教育在获得前所未有的发展的同时也面临着诸多严峻挑战：社会对高等教育的需求越来越多样化、个性化，学生群体变得更加多样化，高等教育市场结构正在发生深刻变化；高等院校的办学效益、教学质量备受社会关注，政府和公众向高等教育问责、监督的力度不断增强；非营利组织及企业等私营组织也纷纷作为高等教育提供者竞相出现，在教育产品和服务上具有性价比优势、注重职业导向的各种高教机构不断涌现，市场驱动的新型高等教育办学模式正在向传统办学模式提出挑战；知识要素对一个国家的产业发展乃至整体经济的发展发挥越来越重要的作用，政产学研的实质性融合也越来越迫切；网络信息技术、经济全球化也正不断促进高等教育的变革……

　　同时，传统大学等高教组织自身也变得更加复杂、开放与多元①。美国著名高等教育学家、前加州大学系统总校长克拉克·克尔在 20 世纪 60 年代用"巨型大学"来描述当代的美国大学：巨型大学是一个不一致的机构，它不是一个群体，而是若干群体，是一个像城市或城邦的政府体系②，并且是一座变化无穷的城市③；前密西根大学校长杜德斯达认为：今天的大学（以其所在的密西根大学为例）是社会上最复杂的机构之一，比多数公司或是政府机构都要复杂得多，现代大学就是一个经营着多样化业务的非常复杂的国际联合企业（"知识联合企业"、"企业式大学"）④。此外，改变大学运转机制的"创业型大学"对大学的知识生产、教学与科研注入了各种新因素，包括更多的、更直接的商业化研究活动，世界著名的高等教育专家伯顿·克拉克教授认为，创业型大学

---

① 梁林梅，桑新民. 当代企业大学兴起的解读与启示［J］. 教育研究，2012（9）：79 - 85.

② 克尔. 大学之用（第五版）［M］. 北京：北京大学出版社，2008：11.

③ 克尔. 大学之用（第五版）［M］. 北京：北京大学出版社，2008：23.

④ 杜德斯达. 21 世纪的大学［M］. 北京：机械工业出版社，2009：41 - 42.

是 21 世纪大学组织上转型和大学进取与变革的必然趋势①。

面对上述这些前所未有的复杂环境和严峻挑战，传统大学等高教组织更需要有目的、有组织的系统创新，需要不断地创新实践，需要企业家精神的支撑，需要视变化、挑战为机遇，需要掌握创新实践的原则、方法。通过有目的有组织的系统创新使传统大学等高教组织更具灵活性、适应性。尤其要在组织内建立一套科学有效的创新管理机制、体制与制度，从而实现组织自主的持续的创新，把组织打造成一个"企业家"，使自身成为能够适应环境发展变化、自主学习、自主创新和灵活应变的生命有机体，实现健康可持续的发展。

另外，现代大学的运营管理越来越依赖有目的、有组织的系统创新，无论是课程开发、实践教学，还是项目研发、科研攻关，都需要多学科、多部门、多团队的紧密配合、协同工作，都需要围绕战略目标统筹协调、系统整合，需要对整个过程与资源进行系统优化，从而不断提升组织的运营管理效能。尤其是在发展创业型大学、管理多功能巨型大学时，更离不开有目的、有组织的系统创新，离不开创新实践，离不开企业家精神的支持。德鲁克认为虽然企业家精神一词源于经济层面，但它绝不仅仅局限于经济范畴，教育领域的"企业家"已是硕果累累，他们与身处企业界的企业家所做的基本相同，使用的工具基本相同，遇到的问题也基本相同②。如果说学术独立、学术自由使传统大学的发展绵延不绝、基业长青，那么企业家精神则会令现代大学焕发活力、生机盎然。

传统大学等高教机构通过与企业大学建立联盟，或积极借鉴和学习企业大学的经营之道、成功之道，或在内部也建立一个与企业大学具有相似功能的组织机构以服务自身的发展战略，这将有助于促进传统大学等高教机构的创新实践，有助于培养出更多的具有企业家精神的"企业家"，以应对自身发展所面临的诸多挑战。同时，企业大学以求善求用的知识观为指导，以企业化经营理念为核心，企业大学的很多文化理念将有助于知识创新、知识生产，有助于实现知识效能和知识应用价值，值得传统大学等高教机构学习与借鉴，其中包括：注重成本效益、品牌质量、科学决策、高效执行、统筹协调与资源整合；强调市场竞争、团队协作、务实高效、合作共赢、权责明晰与灵活应变；崇尚实用

---

① 伯顿·克拉克. 建立创业型大学：组织上转型的途径［M］. 北京：人民教育出版社，2003. 1.
② 德鲁克. 创新与企业家精神［M］. 北京：机械工业出版社，2009：序. 24.

主义、自主创新、开拓进取、创业变革、勇于探索和大胆实践等。企业大学不仅影响深化了高等教育的文化理念，更为 21 世纪的高等教育注入了信息时代的企业家精神。

现代企业和现代大学作为当代社会中的两类重要组织，在以创新实践为核心的企业家精神引领之下，为了生存，为了可持续健康发展，就需要相互借鉴、彼此学习——企业必须超越单纯的经济价值观，追求更高远的企业文化和组织愿景，同时承担起更多的社会职责；大学则必须超越"象牙塔"，在坚持大学之道的同时不断拓展其功能，发挥更大的文化引领和社会服务作用。尤其在创建和管理现代多功能巨型大学、发展创业型大学的过程中，有必要学习和借鉴现代企业先进的管理理念和治理方略，讲求成本效益，提高综合实力①。

企业大学的产生发展是现代高等教育的崭新实践，它不仅拓展了高等教育的边界，促进高等教育理论与方法、体制与机制的革新，更丰富了高等教育的文化理念与精神内涵，与生产实践相融合的企业大学将会进一步促进现代高等教育的创新实践与理论研究。

本章小结

本章的主要内容具体包括：首先论述了社会生产实践对现代高等教育发展的重要作用：社会生产实践促进了现代高等教育的生态多样化；促进了现代高等教育知识体系的发展；促进了现代高等教育的规模质量、内容形式与人才培养发生根本变化；社会生产实践促进了现代高等教育社会功能、发展环境的完善。然后从范畴、职能、工具、制度与文化层面着重论述了企业大学对高等教育创新发展的启示：企业大学拓展了高等教育的边界；企业大学与传统大学职能互补；企业大学促进了高等教育的信息化、智能化、效能化、国际化与多元化；促进了高等教育的体制、制度和机制的创新；影响深化了高等教育的文化理念并注入了信息时代的企业家精神。

---

① 梁林梅，桑新民．当代企业大学兴起的解读与启示 [J] ．教育研究，2012（9）：79 - 85.

第六章

企业大学深化研究的探讨

本章将基于企业大学的发展规律、共性特征以及企业大学的组织性质、组织运行逻辑深入探讨企业大学的一些重要问题，具体包括：企业大学的核心能力与核心价值、企业大学的职能类型与知识类型、企业大学的发展模式、评价原则等。

第一节　企业大学的核心能力与核心价值

企业大学产生发展的根本动因在于知识要素成为企业生产实践的基础要素，企业对知识要素、知识生产服务产生实质性需求。企业大学的核心能力则在于提供专业化的知识生产服务，具体包括：知识创新、知识分享与知识效能。而企业大学的核心价值则在于企业大学所提供的知识生产服务是与企业生产实践相融合的、具有不可替代性，是具有个性化、专业化、持续性、系统性、泛在性和高效能的知识生产服务。核心能力创造核心价值。

一、企业大学的核心能力

企业大学产生发展的根本动因在于知识要素成为企业生产实践的基础要素，企业对知识要素、知识生产服务产生实质性需求。企业大学的核心能力主要体现在知识生产服务能力上，体现在知识生产服务的专业化水平上，知识生产服务是以知识要素的开发供给为主要服务内容，具体包括：知识分享、知识创新和知识效能。

知识分享也即知识学习，是知识生产服务的基础环节，是知识创新、知效能的基础，企业大学更加注重持续学习的过程这一实质。知识创新是知识生产服务的核心能力，是产生知识效能的关键，同时既是学习的最高成效，也是学习的重要内容。知识效能也即学习绩效，企业学习是以改善工作绩效为导向的，知识生产服务的最终目的与宗旨就是最大化最优化地实现知识效能。

企业大学的知识生产服务能力是一个组织的服务能力，提高知识生产服务能力应着力于知识生产力、知识生产关系及知识生产环境三个方面。

（一）知识生产力

从事知识生产服务的主体是人，由人来实现知识创新、知识分享与知识效能，人是知识生产力的核心。同时知识生产服务源于生产实践，又服务于生产实践，并在生产实践过程实现。生产实践中的每一名员工都应是知识生产力的组成部分，同时也是企业重要的人力资本要素，他们为知识创新、知识分享、知识效能贡献着自己的力量，他们的创新能力、学习能力和实践能力是企业能力的基础。

企业大学从事知识生产服务的人员为能胜任知识创新、知识分享与知识效能等工作应具备相应的创新能力、学习能力和实践能力，具体包括：其一，具有岗位工作经验和生产实践能力。熟悉企业生产实践，不仅熟悉企业自身，还要熟悉竞争对手，熟悉行业前沿。其二，洞察反思能力，组织协调能力，解决问题能力，实践调研能力和学习创新能力。能够深入实践调研，协同攻关，发现差距，改进不足，提出切实可行的解决方案，能够探索总结并形成最佳实践。其三，项目研发与管理能力，课程开发能力，教学设计能力。能够提供基于学习的解决方案，提供定制化的学习项目及学习课程，从而复制推广最佳实践。

信息技术、网络通信技术与智能技术等在知识生产服务中发挥越来越重要的作用，成为重要的知识生产力，成为知识创新、知识分享与知识效能各个环节不可或缺的重要工具，成为辅助人类思维加工的有力助手，成为知识生产服务的重要基础设施。其一，企业大学需要基于丰富的学习资源与环境的网络学习平台以打破时空限制实现便捷高效、实时无损地信息传播，实现自主学习、互动学习、协作学习、智能学习与泛在学习，实现学习资源、学习环境和学习过程的优化，从而提高知识分享的效率和质量。其二，企业大学需要网络学习系统、知识管理系统、电子绩效支持系统及企业资源计划系统的深入整合，有效支持工作环境中的自主学习、协作创新、绩效改进与系统管理，实现学习、创新、工作和管理的有效整合，高效实现做中学、工学结合、动态管理、实时反馈和及时改进，从而提高学习绩效和知识效能。其三，企业大学需要构建与每一名员工都畅通的知识交流通道，搭建与生产实践相融合的知识创新平台。每一个员工都应是知识创新的贡献者和受益者，同时知识创新源于实践又服务于实践。知识创新需要开放交流，知识交流的网络通道应以全联通的方式便于各方进行无障碍交流；不仅与显性知识系统联通，还需要与隐性知识系统联通，并实现创新资源的整合、创新能力的提升，从而使知识创新更有质量、更富效率。

（二）知识生产关系

为使知识生产力能够得到充分解放和激发，需要完善相关制度机制体系流程。企业大学需要完善知识创新的制度机制流程，需要完善有利于知识创新的生产关系：其一，强化扁平化柔性化管理，赋予员工创新主体地位及相应的权责，尊重并激发每一位员工的创新能力。其二，建立有效的竞争机制、激励机制，通过组内协作、组间竞争以增强团队的协作能力、提高团队工作绩效。其三，打造专业化的知识创新团队并培养创新能力与素养，分享创新经验与方法，使个体能力转化为组织能力。其四，建立协同创新机制，协同各部门集思广益、群策群力，使组织创新更富实效。其五，建立知识创新流程，使知识创新系统有序进行。以企业发展战略为中心，从问题聚焦到解决方案，再到知识整合加工、课程开发，直至最终的知识创新服务产品，每一个知识创新环节都形成规范化、标准化的操作流程、操作方法，同时对每一环节的知识增值予以价值测度，并通过激励机制，以激发知识创新。

企业大学需要完善知识分享的制度机制，需要完善有利于知识分享的生产关系：其一，基于员工能力素质模型和员工职业生涯发展及岗位学习绩效指标，建立科学系统的个体员工的学习管理制度和学习激励机制，使员工不仅能明确学习任务、学习目标，还要主动承担学习责任、规划职业发展。其二，基于企业发展战略、组织职能及组织学习绩效指标，建立科学系统的组织学习管理制度和学习激励机制，使组织不仅能明确学习任务、学习目标，还要主动承担学习责任、规划组织发展，要求组织为员工学习提供支持并鼓励员工为组织学习做出贡献。其三，完善岗位学习制度，以工作岗位为基本单位完善岗位传帮带制度并建立相应的激励机制，鼓励员工分享知识、分享经验，使最佳实践、隐性知识得以分享继承。鼓励员工在岗位工作的过程中、在生产实践的各个环节，及时交流、及时学习和及时改进，使学习融入工作中，成为工作的重要组成部分。其四，完善组织发展制度，强调以学习来促进组织发展。鼓励业务骨干培养发展继任者，从而达到发展组织的目的。

企业大学需要完善实现知识效能的制度机制，需要完善有利于实现知识效能的生产关系：其一，建立科学有效的能力素质测评体系。根据企业战略发展需要和组织绩效要求有针对性地建立组织能力素质模式和员工能力素质模型及相关测评体系，使员工学习、组织学习与组织绩效、企业战略相关联。其二，开发适合企业自身特点、具有一定信度与效度的学习绩效评价模型、评价策略，使企业学习绩效评价更加科学有效、更加符合自身的实际情况，从而提高知识生产服务的质量与效率。其三，建立科学有效的学习绩效评价体系，完善员工与组织的绩效评价机制、激励机制，实现知识效能的最大化与最优化。将个体员工的学习绩效与工作绩效相统一，将组织的学习绩效与工作绩效相统一，并将个体员工的工作绩效与组织的工作绩效乃至企业的发展战略相统一，将个体员工的工作绩效与职业岗位职级能力要求乃至员工的职业生涯发展相统一。

（三）知识生产环境

知识生产环境实际上也包括制度环境，但这里主要指文化环境。制度能够确立保障和维护某种特定的知识生产关系，制度相对而言具有较强的外在约束力，能够有效驱动个体学习，甚至能够促进个体能力转化为组织能力。但知识生产力的主体是人，人是学习与创新的主体，制度对人具有一定的驱动作用。相对而言，文化的内在驱动力量更根本更持久，学习与创新更多的是要靠个体或组织的自主完成，依靠内在驱动，仅靠外力毕竟效果有限。而一个组织若能有深厚的学习与创新的文化底蕴、浓厚的学习与创新文化氛围、强大的学习与创新的文化感召力，那么无论是个体还是组织，学习与创新的动力都必然强大而持久，学习与创新将成为一种生活方式、一种行为习惯，学习与创新会自然地融入血液中、基因中，这更是难以模仿不可替代的核心竞争优势所在，不仅能使个体能力转化为组织能力，更能使这种组织能力得以持久。

学习文化建设不是一朝之功，需要日积月累，长期不懈，更需要组织领导全力支持并躬身垂范，方可上行下效、蔚然成风。树立崇尚学习之风气并形成学习文化的认同感、归属感。同时还要经常开展丰富多彩的学习活动，培养学习兴趣，展示学习成果；建立学习社区，开展互助学习，增强学习热情；优化学习资源、学习环境和学习过程，营造良好的学习氛围，养成良好的学习习惯。

二、企业大学的核心价值

企业大学的核心价值在于企业大学所提供的知识生产服务是与企业生产实践相融合的，具有不可替代性，是具有个性化、专业化、持续性、系统性、泛在性与高效能的知识生产服务①。

（一）个性化、专业化的知识生产服务

每个企业所需要的知识内容都体现了很强的针对性、独特性和专业性，与企业发展的实际状况密切联系，从产品定位、生产研发、经营管理到企业文化、发展战略、行业趋势等处处都体现企业自身的独特性和专业性。而个性化、专业化的知识生产服务不仅体现在个性化、专业化的知识内容上，还体现在知识生产服务的体系建设、流程管理、运营机制和制度环境等方面。源自并隶属于母体企业的企业大学，自诞生之日起就以服务母体企业为根本使命，并与母体企业具有先天的内在联系，与企业的生产实践相融合，具有为企业提供个性化、专业化知识生产服务的先天优势：企业大学熟悉母体企业的发展渊源、发展环境、制度机制与文化理念，并且对母体企业组织具有一定的认同感、归属感；熟悉企业自身存在的不足、障碍与问题等，以及企业发展的动力、潜力与优势；其对企业向何处发展、如何发展，不仅具有更为深刻的理解与认识，更有着强烈的责任感与使命感；企业知识创新的源头在于企业自觉实践，知识创新的主体则是企业自身，这使得与企业生产实践相融合的企业大学在知识创新方面也具有先天优势，并发挥着企业智库的关键职能。

（二）持续性、系统性的知识生产服务

知识更新加快，知识生命周期缩短，使得企业对知识的需求是持续的、不断更新的，企业大学所提供的知识生产服务也具有明显的时效性。要持续满足企业发展的个性化需求，须持续关注企业及其所在行业的最新发展动态，这也是企业大学知识创新的重要源泉。企业大学与企业具有先天的内在联系，其对

---

① 刘春雷，吴峰. 企业大学的发展定位与价值实现——以中国电信学院为例［J］. 现代远程教育研究，2011（5）：72 - 78.

企业发展的敏锐洞察和深刻理解是与生俱来的，这也是企业大学所独具的先天优势。企业对知识需求不仅是持续的、不断更新的，更是全面系统的，企业大学不仅要源源不断地为企业提供鲜活的知识生产服务，更要提供全面系统的学习支持，从业务到管理，从个体到组织，从战术到战略，从完善企业知识体系到构建学习型组织，从培养企业学习能力到打造企业学习文化，多层次全方位地提供支持与服务，从而为企业的永续发展铸就核心竞争力。

（三）泛在性的知识生产服务

企业学习强调以绩效为导向，学习与工作相结合。员工在工作过程中的任何时间、任何环节都能随时随地获得最新的知识服务，实现便捷的、自助式的与高质量的即时学习，以利于解决工作过程中的实际问题，克服困难与障碍，改善工作绩效，提高工作能力。同样，员工为提升自身业务能力素质，在主动学习知识和技能时，也能够随时随地获得基于职业岗位能力素质模型的知识服务，从而促进自身的职业发展。知识服务的泛在性是以信息技术为支撑，以科学有效的并能与生产实践相融合的知识管理系统、电子绩效支持系统为基础，从而能够跨时空便捷地获取知识服务，以提高员工与组织的学习绩效。企业大学不仅要能够提供泛在知识服务，更要能够利用多种知识载体，整合知识资源，创设与不同类型知识相适配的学习环境和学习活动，实现知识的优化管理，从而能够高效地内化知识，以实现员工与组织的知识效能。

（四）高效能的知识生产服务

绩效导向是企业学习的重要特征，企业学习的目的就是要把知识最大化且最优化地转化为企业效能、转化为生产力，从而提高组织绩效，增强市场竞争优势。这也是衡量企业大学知识生产服务质量的重要标准，是衡量企业大学价值实现的重要依据。要把知识最大化、最优化地转化为企业效能，仅仅靠企业培训部门孤军奋战是难以实现的，它还需要配套的激励机制、各部门的协调配合、完善的制度环境乃至企业学习文化的建设。而当企业创建企业大学并将其作为服务企业战略的工具时，它能够系统整合企业内外的学习资源、构建知识生产服务体系并提供高效能的知识生产服务，能够协调企业各部门，并能建设和完善企业学习的制度环境，打造企业学习文化，从而确保知识能够最大化、最优化地转化为企业效能。

上述企业大学为母体企业提供个性化、专业化、持续性、系统性、泛在性与高效能的知识生产服务，每一项知识生产服务特点都有其深厚的服务基础，具有不可替代性、难以模仿性，彰显了企业大学的核心价值。这不仅反映了企业大学有别于企业传统培训部门、传统大学等教育培训机构，具有自身的特征，更反映出企业大学产生发展的必要性、必然性；满足了企业在知识经济环境下自身发展的知识需求，满足企业对知识要素、知识生产服务的内生的实质性需求。

基于成本效益原则，企业会优先从成熟的外部服务中尤其是市场服务中获取专业的知识服务、教育产品和学习资源等。然而现实中的市场服务很难满足具有上述特点的服务需求，公共服务又具有很多局限性尤其是随着全球化市场竞争日趋激烈，企业的调整、变革加剧。无论是高等教育机构，还是咨询公司，都无法深入企业的具体实践中，对企业的这些新的、复杂的知识需求快速、有效地做出回应，更难以提供持续化的最新的知识生产服务。在某种程度上，外在服务的不可获得性也可以作为企业大学核心价值的衡量依据。

第二节　企业大学的职能类型与知识类型

进入知识经济时代，知识型、创新型与学习型企业成为主体，生产实践中人机地位发生本质改变，人力资本要素、科技创新要素不断强化，知识要素在企业生产实践中的地位作用显著提高，成为企业生产实践的核心要素、战略要素与基础要素。简单机械一成不变的经营管理、发展模式难以适应快速的知识更新、激烈的市场竞争以及瞬息万变的发展环境，企业为了生存与发展，需要不断强化企业的战略决策、经营管理，其大脑和四肢得到不断进化，企业学习能力、创新能力成为企业可持续发展的核心能力。企业对知识生产服务的需求不再局限于核心业务，不断拓展至战略决策、经营管理等各个方面，企业大学的职能也因此不断发展完善。

一、企业大学的职能类型

由于知识经济时代知识要素在企业生产实践中具有重要地位，作为开发知识要素，提供知识生产服务的职能部门，企业大学必然在企业中具有战略地位并发挥着关键作用、具有重要职能。

（一）企业大学是企业组织的大脑、智慧中心，服务企业的发展战略，决定企业的发展方向和智慧水平

职能：服务于企业发展战略的企业大学，成为决定企业发展方向的战略策源地；成为企业信息综合处理、知识整合运用、统筹协调、系统权衡、准确判断、及时应对与全面掌控的智慧大脑；成为汇集企业决策层、管理层及领域专家的智囊团；成为统筹协调、部署战略与发号施令的司令部；成为培养企业后继高管的摇篮。企业大学为谋划企业发展大计提供了平等交流、深入研讨、集思广益、群策群力和共谋会商的理想平台，为企业发展战略提供智力支持、贡献智慧结晶。

结构：为更好地实现服务发展战略这一重要职能，企业大学需要一定的组织保障以确保其在企业组织中具有战略地位，具有一定权责并具有重要影响力，一般由企业董事长、决策层或管理层直接领导企业大学。

（二）企业大学是企业组织的知识创新与知识分享中心，服务企业的核心业务，决定企业的发展实力和创新能力

职能：知识经济下基于科技创新的产品研发是企业组织创新能力、发展实力的集中体现，产业高端必然拥有自主研发且不断更新始终领先的高端产品，核心业务也是以创新产品、创新服务为核心、为依托的。企业研发部门依据企业自身的优势、实力和发展战略，在产品研发方面不断推陈出新，与核心业务相关的专有知识、核心知识以及岗位知识技能也会随之不断更新。这需要企业大学紧密配合研发部门及时将知识要素最大化最优化地转化为生产力，转化为产值利润，企业大学专业化的知识生产服务因之成为创造产值利润的重要环节。因此，知识经济时代很多企业大学与研发部门融为一体，并在知识产权、技术专利保护的前提下，在确保核心机密技术安全的情况下，配套开发核心业务的培训课程已成为产品研发生产中的重要环节。

此外，知识经济时代不同类型企业的核心业务的岗位知识技能也都是快速更新的，不再局限基于科技创新的产品研发，还包括商业模式创新、市场营销创新与经营管理创新等，这些知识创新都需要知识分享，需要及时学习培训，需要企业大学为企业的核心业务提供专业化的业务培训服务。尤其是核心业务以系统专业的知识、经验及高效的知识管理为基础的知识型企业，如法律财务

金融管理等领域的咨询公司，其知识管理的有效性将直接影响其核心业务，此类知识型企业的企业大学所提供的专业化知识生产服务将直接参与企业的核心业务并创造产值利润。

结构：为更好地实现服务核心业务这一重要职能，企业大学需要与企业研发部门、业务部门融合一体，尤其在业务流程上实现各环节的无缝对接，从而在组织结构、业务流程上确保这一职能的高效实现。

（三）企业大学是企业组织的知识效能中心，服务企业的经营管理，决定企业的发展绩效和执行力

职能：明确了发展方向，具备了发展实力，以高效的执行力来达成战略目标。企业大学在服务发展战略、核心业务的同时还要服务企业的经营管理，为母体企业明确发展方向、增强发展实力的同时还要提高企业的发展绩效。在知识经济下，在网络化信息化及经济全球化浪潮下，企业组织的发展环境日新月异，其管理模式经营理念也与时俱进地发生着巨大变化。同时，企业组织跨地域、跨文化、跨行业与跨领域的拓展经营更是带来前所未有的新挑战新机遇，企业在经营管理的各个方面都需要不断创新、不断学习，学习成为知识经济时代企业可持续发展、以不变应万变的制胜法宝。知识要素成为企业组织生产实践的基础要素，因此在日常的经营管理中、在生产实践的各个环节中都离不开学习与创新，离不开知识的内化与外化，企业大学服务企业的经营管理，成为企业组织的知识效能中心。企业大学基于专业化的知识生产服务，不断改进工作方法，优化工作流程，强化品质保证，降低生产成本，提高生产效率，改善工作绩效，探索最佳实践，提高知识效能；不断加强经营管理，优化组织结构，完善学习制度机制，优化学习资源环境，建设学习文化。

由于知识经济时代生产实践中的人机地位的改变，人的价值的回归，人是知识创新生产应用的主体，人力资本成为企业发展的第一资本，开发人力资本成为企业的第一要务，企业的经营管理实践中也更加强化了人的地位与价值，最大化地开发和实现个体员工的价值成为企业经营管理的重中之重，因此以人力资本开发为主要职能的企业大学在服务企业经营管理的过程中必然扮演着重要角色、发挥着关键作用。通过发展企业大学，丰富优化企业学习资源环境，营造浓厚的企业学习氛围，养成良好的学习习惯，开展行动学习，提高知识效能，改进学习绩效，以培植发展企业学习文化。企业大学有助于建设队伍、发

展组织，培养后继管理者，培养员工的企业公民意识、责任意识，提高员工的忠诚度，鼓舞员工士气，促进员工由被动学习转化为主动学习、自主发展，由他律走向自律，并培养员工通识能力、可持续发展能力；企业大学能强化利于发挥个体员工创新能力的扁平柔性的组织特性，优化组织结构功能，完善学习制度、强化激励机制，营造利于创新利于学习的良好的组织制度环境，激发每名员工的学习热情创新热情，使每名员工的创造力学习力整合升华为组织的创新力学习力，使每名员工的发展融入企业组织的发展之中，建立员工与企业牢不可破的利益共同体，为员工的职业生涯提供良好的发展环境和广阔的发展空间。

结构：服务企业经营管理需要企业大学与各级管理部门、业务部门与职能部门，尤其是人力资源部门紧密融合，以确保政策的贯彻执行，确保学习型组织的功能实现，以保障企业大学知识生产服务的质量和效率，保障知识效能最大化最优化最快捷地转化，从而优化企业的经营管理，保障企业组织的执行效力。

（四）其他职能。由于企业大学具有开放性、灵活性，具有客观理性的品质，具有传承文化的优势等，因此企业大学还承担着很多其他重要职能

由于企业大学相对母体企业而言更具开放性灵活性，尤其在外部交流方面具有很多独到的优势，因此在很多方面具有不可替代性。企业大学能够在行业产业内外建立广泛深入的合作伙伴关系，交流经验、拓展业务，建立学习联盟，整合内外资源，感知外部世界、了解市场环境和洞悉发展趋势，形成良性互动交流，使企业更具适应性，并拓展更广阔的发展空间。

为实现企业的发展战略，企业大学具有培训产业链、服务本行业的职能。当企业组织成为行业龙头企业或是产业高端并有实力主导和制定行业产业的技术标准、业务规范以及管理方法时，企业大学的职能将进一步拓展，其地位作用也更为重要，它将主导和建立行业产业的学习联盟，培训行业内及产业链的合作伙伴。主导企业通过培训岗位知识技能来推行行业标准、管理理念与方法，协调企业间的生产协作，提高生产效率、降低经营成本，规范生产流程，统一产品与服务的质量标准，使价值链成员树立共同愿景并形成整合优势，同时，也强化自身的竞争优势，巩固主导地位。企业大学也将成为整个行业产业的智慧中心、创新中心与效能中心，基于学习能力和创新能力不断引领产业行业的

发展。如果说企业大学的主要职能所局限的服务母体企业核心业务阶段是企业大学发展的初级阶段，那么随着企业大学的主要职能不断发展完善则进入企业大学发展的中级阶段，而在对内职能发展完善基础上，企业大学对外职能的不断拓展，则可以说企业大学进入高级发展阶段。

另外，企业大学具有客观理性的品质，能够睿智地审时度势、洞察本质与高瞻远瞩，不被短时利益所诱惑，不被现象所蒙蔽，在功利面前能保持清醒与理性。既能抓住更多潜在的发展机遇，又能把握企业组织发展的全局利益和长远利益。企业大学还应擅长自我反思、自我批评与自我扬弃，有助于企业保持自知之明、增强忧患意识，有助于企业认清自我、扬长避短、居安思危、未雨绸缪与防微杜渐。

在企业的学习文化建设方面，在统一思想统一认识方面，企业大学更有用武之地，当企业面临重大变革（如转型、并购等）所带来的潜在危机和挑战时，通过全员学习能够予以化解，有助于统一思想认识，明确目标、鼓舞士气、凝聚人心和增强斗志与信心；有助于发展战略的宣传贯彻、落实执行，使企业上下步调一致、整齐划一与提高执行效率；有助于树立核心价值理念，提高员工责任意识，增强组织认同感、归属感；有助于养成良好习惯，营造学习氛围，建设学习文化；有助于塑造企业形象，承担社会责任，提升企业内涵和品牌价值。企业文化需要长期积淀、不断建设，非一朝一夕之功，同时企业文化的作用也是潜移默化、由内而发、全面深入与绵延不绝的，企业文化更是不可替代、难以模仿的核心竞争力之一。

企业大学的职能类型并不是一成不变的，与母体企业的具体需求密切相关。其发展方向、发展实力与发展效率可能是不同企业或企业的不同发展时期所面临的不同的发展问题，并产生不同的发展诉求。当企业发展方向既定时，研发产品创新服务以增强发展实力，加强经营管理以提高发展效率则首当其冲；当企业面临挑战危机，需要变革转型时，或主动拓展新的发展领域时，制定战略决策、确定发展方向又将成为当务之急。知识经济时代随着知识的快速更新、市场竞争的日趋激烈，企业对这三方面知识服务的需求也越来越不分伯仲，尤其是产业高端企业、行业龙头企业越来越需要以战略发展为中心，需要核心业务、经营管理以及其他各个方面的相互配合、统筹协调与形成合力，最终实现战略目标，这也体现了企业大学具有不可替代的重要地位、作用和价值。

二、企业大学的知识类型

企业大学的主要职能一般包括上述服务发展战略、核心业务与经营管理三个方面，事实上战略、业务与管理三个方面是辩证统一的，并没有明显的界限，很多时候是彼此关联、相互影响、相互支持和相辅相成的。有些企业大学同时提供这三方面的知识生产服务，当然也有些企业大学在提供这些服务时有所侧重，强化其中某个方面的职能，从而形成了不同职能倾向的企业大学。这三种职能所反映的内在本质是知识创新的类型不同，知识要素在生产实践中的功能不同。

核心业务的知识创新更多的是聚焦于基于科技创新的产品研发和服务创新，一般由企业的研发机构专门承担，其根据自身实力和市场需求进行研发。提供产品与服务是企业之所以成为企业的根本，是企业创造利润产值的根本途径，是企业得以为继的能量来源，是企业发展的直接动力引擎。在知识经济时代，创新型、知识型与学习型企业成为主体，产品与服务的研发创新是企业生存发展的基础，拥有核心产品与服务是企业生存的根本，研发创新能力是企业实力的体现，是企业在专业生产实践领域创新实力的体现。同时，不同的企业具有不同的专长，拥有不同的核心产品与服务，企业所提供的核心产品与服务决定着其核心业务的具体内容，决定核心业务岗位的知识技能及其人才的开发。因此，核心业务的知识创新是立业之根，其知识创新的内容大多是个性的、专有的，并且知识外化的载体大多是具体有形的产品，能够直接创造产值利润，知识大多是显性知识，易于复制并可付诸产品的规模生产，具有较强的可操作性，能够进行市场交易，因此需要对自主知识产权、专利、专有知识与核心知识进行必要的保护。

如果说核心业务的知识创新直接关乎企业组织的产值利润，是企业发展的能量供给、动力引擎，那么战略决策、经营管理方面的知识创新则可以看作企业组织的大脑和四肢所发挥的功能，决定着企业的发展方向和发展效率。战略决策、经营管理涉及企业人财物各个方面、各个部门、各个生产环节以及企业内外诸多因素，当然也包括企业研发部门。正确的战略决策、优秀的经营管理将提升企业研发价值、激发企业研发活力和增强企业研发实力。战略决策、经营管理方面的知识外化体现在企业的组织结构、生产流程，企业的制度、机制等显性载体上；也体现在企业的创新能力、学习能力、可持续发展能力以及企业的凝聚力、向心力乃至企业文化等难以测量、不易感知的隐性载体上。受诸多因素影响，战略决策、经营管理上的成功相对而言不易复制、难以模仿，可操作性相对不强。同样，战略决策、经营管理方面的相关知识经验并不必然能发挥效果、具有普适性。战略决策、经营管理虽然不能直接创造产值利润，但却能决定企业的可持续发展能力、产品研发和服务创新能力，是企业智慧的体现。另外，不同的企业组织可能提供不同的产品与服务，核心业务所涉及的知识具有明显的个性，而战略决策、经营管理方面的知识则相对而言存在一定的共性。但两类知识都源自生产实践、融合于生产实践，知识生产服务都遵循着生产实践这一共同的内在逻辑。

综上所述，核心业务方面的知识大多是个性的、专有的，大多体现在显性的知识层面，具有较强的可操作性，能够进行市场交易，易于复制并可付诸产品的规模生产。知识外化的载体大多是具体有形的产品，能够直接创造产值利润，因此需要对自主知识产权、专利、专有知识、核心知识进行必要的保护。战略决策、经营管理方面的知识则相对而言存在一定的共性，大多体现在隐性的智慧层面，可操作性相对不强，不易复制、难以模仿。知识外化的载体是显性载体或是隐性载体，不能直接创造产值利润。但两类知识都源自生产实践、融合于生产实践，知识生产服务都遵循着生产实践这一共同的内在逻辑。

第三节 企业大学的发展模式

不同企业所属行业不同，所处的发展阶段不同，发展诉求、发展战略也各不相同，所以企业大学的具体发展路径也必然各不相同，但其总体发展趋势却都是从单一职能到职能不断发展完善，从对内职能拓展至对外职能，且知识体系、功能结构不断发展完善，遵循着知识发展的内在逻辑规律。如果说促进企业知识创新并发展形成的自身系统、成熟的专有知识是企业大学的初级阶段的重要职能，那么进入高级阶段，企业大学将促进企业专有知识向共有知识的转化，不断发展完善企业大学的对外职能。对外职能的发展大致有以下几种可能，它们能够反映企业大学的发展趋势，同时也是企业大学的发展模式。这里针对企业大学的发展趋势、发展模式与发展演变进行预测和探讨。

一、提供公共服务的企业大学

随着企业专有知识不断发展并系统成熟以及企业大学知识生产服务的专业化水平不断提高，与生产实践相融合的人才培养模式不断成熟。尤其是行业龙头企业、产业高端企业和高新技术企业对其核心人才的要求越来越严格，并越来越强化企业的个性化需求，并且当这些企业具有足够的实力甚至已发展为企业帝国时，他们有实力而且有必要创建与生产实践相融合的以生产实践逻辑为基础的面向社会公众的新型高等教育模式——提供公共服务的企业大学。

这种新型高等教育模式虽然提供非营利的公共教育服务，但本质上仍是企业大学，是企业大学对外职能的拓展，是为了更好地服务母体企业。企业大学在实现内在价值的前提下，积极促进社会价值的实现，同时也是为了更好地实现内在价值。企业大学仍以服务母体企业利益为根本，着眼于整体利益长远利益；仍以服务企业内部员工为主，也就是以自助式服务为主。企业大学服务母体企业的根本属性没有改变，否则将可能成为企业创办的非营利的公共高等教育机构，母体企业的主导地位也会被削弱，与生产实践相融合也难以保证，也就难以称其为企业大学。

提供公共服务的企业大学对母体企业的作用及意义体现在以下几个方面：

（一）服务核心业务，培养真正符合企业个性化需求的专业技能人才。知识经济时代，很多创新型企业的核心岗位知识技能都需要较长期的生产实践的磨炼积累才能获得，很难通过短期的岗前培训或职前专业教育达到企业要求。尤其是那些在专业实践领域处于领先地位的科技创新型企业，其专有知识尚未发展为共有知识；其研发人才、管理人才等核心人才的培养难以离开生产实践；其岗位知识技能大多是以企业专有知识为基础，具有很强的企业个性标识。尤其还存在大量的隐性知识，诸如企业专有的工作范式、专有的技能方法、专有的岗位经验、专有的生产工艺、专有的协作模式乃至企业的文化理念、价值取向、精神特质、逻辑信念、态度习惯、职业道德及对企业的认同感和忠诚度等，都难以通过独立于企业生产实践的其他途径学习内化。相反，与生产实践相融合的教育模式则能通过实战体验、任务驱动与行动学习等多种实用的学习方式高质高效地学习内化，使具有可塑性的通识人才加以高效定型并打上企业专有的"标识烙印"。

（二）提高企业人才质量，保持队伍活力，为企业发展储备后继人才。提供公共服务能为企业甄选人才保障一定的空间和时间，从而在开发储备后继人才的同时，提高备选人才质量，保障择优录用。另外，通过公共服务能引入外部智慧、注入新鲜血液，促进知识交流、知识创新，促进人才发展流动更新，保持队伍的活力，保障企业不同层次不同部门的后继人才，尤其是核心人才战略人才源源不断，从而保障企业持续发展。

（三）传播传承企业文化；提升企业内涵、知名度和影响力；塑造企业形象、品牌。传统大学具有很强的生命力，其中一个根本原因在于大学精神、大学文化的传承。同样，母体企业通过企业大学拓展公共服务职能，有助于传承传播企业文化、企业核心价值理念。企业文化基因能使企业发展更具内涵，文化的力量绵长持久，能增强企业生命力、凝聚力以及员工对企业的认同感、归属感与忠诚度，使企业更具有持续发展的深厚根基。同时，拓展公共服务的企业大学平台有助于提升企业的知名度、美誉度和影响力，塑造企业形象、品牌。

（四）分享企业专有知识，提升企业大学服务能力。提供公共服务有助于分享企业专有知识，促进对专有知识的改进提炼加工，使之不断发展，更加系统成熟，从而为社会创造知识财富，实现社会价值，承担社会责任。另外，提供公共服务有助于企业大学在实践中不断探索与生产实践相融合的教育规律，并发展形成一套更加成熟的以生产实践逻辑为基础的专业教育培训的体系、方法与流程，并不断改进完善，从而提升企业大学的服务能力、服务水平。

以上作用意义并不局限于提供公共服务的企业大学，参与互助联盟和提供市场服务的其他模式的企业大学也都或多或少地具有上述作用、意义。

提供公共服务的企业大学模式在实施过程中有以下几个方面值得注意：

1. 对外招收学员的比例规模。企业大学学员虽不再局限于企业内部员工，但还须始终以企业员工为主体，逐步适度提高对外招生的比例规模，但以不超过企业员工数量为限，因为与生产实践相融合的师徒学习模式毕竟是精英式教育，并且母体企业的师资、实践资源有限，承载能力有限，应在能够保证学习品质的同时，不影响企业生产效率、不增加企业成本负担。

2. 招生条件要求。由母体企业主导制定企业大学的招生条件，以符合或满足母体企业的利益需求，因为人才培养的主要目的毕竟是为企业发展储备人才，每个学员都是企业的潜在员工，均有机会成为企业的正式员工，应按照企业所需人才的标准来制定相关的要求和条件。

3. 教学过程，教学模式，教学方法。企业大学虽然离不开学科专业逻辑，但必须要以生产实践逻辑为基础，发挥与生产实践相融合的优势，因此其教学过程也应以生产实践过程为基础，以岗位实践教学为主要教学模式和方法，尤其是企业高端核心研发人才的培养应基于企业生产实践中的具体项目进行协作攻关，深入参与研发实践过程，在实战中获得宝贵的知识经验技能。

4. 学习内容。提供公共服务的企业大学的学习内容首先应以企业专有知识为主体，以此体现企业大学的独特价值，发挥企业大学的自身优势。其次从母体企业所在行业的利益出发，企业大学则会促进企业先进的专有知识转化为行业共有知识，以促进行业发展。

5. 考核评价。由于学员与企业正式员工共同完成企业真实的工作任务，其日常的绩效考核标准应与正式员工相同或相仿，并领取相应的劳动报酬，同时也可要求学员向企业适度上缴一定的培训成本费用。毕业考核对于在专业领域具有权威地位的企业最终则应以企业自定的岗位资格认证、岗位知识技能标准或项目验收结果作为学员的考核标准或依据。

上述问题其实质是保障母体企业的主导地位，以母体企业利益为核心，保障母体企业的整体利益和长远利益，并发挥企业大学的优势，即与企业的生产实践相融合，保证企业大学的服务品质。因此也同样适用于参与互助联盟和提供市场服务的其他模式的企业大学。

二、参与合作联盟的企业大学

所谓合作联盟就是企业大学与合作伙伴间基于各自的优势与需求进行非营利的互助合作，共担成本、共享资源、优势互补与合作共赢，由此结成的稳定的互利共赢的合作关系。其涉及的利益相关群体包括：企业、行业、产业、国家和受教育者。其反映的实质是 1 + 1 > 2，即合作能够带来共赢，满足各自的利益诉求是合作的基础。合作的核心原则是互利共赢、平等自愿。合作的主要内容则聚焦于企业生产实践中的知识要素开发。企业大学根据自身的发展需要与不同的伙伴建立不同的联盟，具体包括：

（一）在人力资本开发价值链上，与专业教育机构建立联盟；在知识创新价值链上，与专业研究机构建立联盟。

联盟合作者包括传统大学、职业院校、产业大学、行业大学、创业型大学、科研院所、营利性高教公司和教育培训咨询公司等各种类型的职前职后专业教育机构及专业研究机构。联盟的互利共赢所反映的本质，是在人力资本开发及科技创新中生产实践逻辑与学科专业逻辑的互补性及辩证统一关系。

企业从联盟中获得的好处有：

1. 有利于企业后继人才的开发供给。企业作为人力资本开发价值链下游终端的用人单位，与上游伙伴合作开发符合企业真正需要的人才。通过合作明确人才培养目标、确立培养方案，实现企业后继人才的定制化培养，也可为行业产业储备高端人才，提升产业竞争优势。通过合作实施具体教学过程，创新教学模式教学方法，共享实践与教学资源，提高人才培养的品质与效率。并能优先甄选企业所需人才，降低人才选用的交易成本及相关不确定性。

2. 有利于构建完善企业知识体系。发挥大学学科专业优势，有助于加工、整理、抽象和提炼企业的专有知识，构建完善企业知识体系，并传播转化为共有知识，以及借鉴大学学科专业的建设经验及课程开发、人才培养等方面的经验。

3. 有利于企业知识创新。基于合作研发项目，发挥科研院所、研究型大学等专业研究机构的优势。通过引入外部智慧，促进知识交流、知识创新和产品研发，提高企业知识生产知识创新的效率效能。

随着知识的快速更新，知识生命周期缩短，很多生产实践领域的创新知识尚未扩散到专业教育领域成为学科专业知识就被更新或被淘汰了，而在短暂的知识生命周期里，企业大学则独自承担了培训最新岗位知识技能、培养专业人才的重任，体现了企业大学的重要价值。这也要求企业大学在进一步提高知识生产服务效率的同时，更加注重员工可持续任职能力的培养，培养员工的学习能力、通识能力，使员工具有更强的可塑性，能够胜任快速变化的岗位需求。并且这种能力需求也将会通过联盟传导至人力资本开发价值链上的职前专业教育机构，从而明确人才培养的目标需求，提高人才培养的质量和效率。

合作伙伴从联盟中同样获益匪浅：合作伙伴能够充分利用企业生产实践资源，发挥与生产实践相融合的优势，深入了解企业人才需求，提高人才培养质量，促进学生就业，拓展科研项目，促进科研成果转化等，使双方在合作中真正实现互利共赢。

另外，具体的合作形式、合作实施以及教学过程、教学模式、教学方法、教学内容与评价考核等可参考上述提供公共服务的企业大学。

互利共赢的实现还需要政策、法规、制度、体制与机制的保障。一方面，用政策法规制度保障各方的权力责任利益，从而保障合作共赢的持续开展；另一方面，要建设完善合作机制、合作平台与合作环境，从而使合作更加高效。当合作伙伴中涉及公共教育服务机构，并且合作成效会促进国家经济发展、产业行业发展时，更需要制定政策法规给予大力扶持，实现在国家层面的资源整合及逻辑整合、政产学研的有机整合，从而使企业大学成为国家创新体系、终身教育体系的重要组成部分，并发挥重要作用。

（二）在产品价值链上与上下游合作伙伴建立联盟

由于社会生产的专业化分工协作高度发达，一件产品从研发设计到生产加工并形成最终产品，再到市场销售并被终端客户所购买及售后服务等诸多环节，可能需要数十家来自诸如能源、材料、机电、装备制造、信息技术、物流与销售等不同产业不同行业的企业，通过专业化的分工协作才能实现，涉及供应链、生产链和销售链等各个环节，也就是产品价值链上下游合作伙伴的专业化分工协作。企业大学与产品价值链合作伙伴建立联盟，其合作共赢的实质是以知识要素为基础通过分工协作实现共同的商业目标（如产品的生产销售等）。

在产品价值链中占据高端主导地位的企业一般是行业领域具有很强发展实力和一定权威地位的龙头企业，其拥有产品专利及自主知识产权，并因此使产品具有高附加值以及能从中获得超额利润。尤其是在以知识要素为基础的行业中，提供高附加值产品、高新技术产品及创新服务的龙头企业凭借知识创新实力具有更强的主导性，成为整个价值链的高端主导企业。同时，主导企业对具有可替代性的上游供应商及下游销售商拥有选择权、淘汰权，其根据自身的发展需要选择最佳合作伙伴，并通过企业大学建立学习联盟，对合作伙伴进行必要的岗位知识技能培训，从而获得价值链整合优势、提升市场竞争力和实现企业的经营战略。

知识经济时代培训价值链合作伙伴对价值链主导企业而言具有重要战略意义。创新产品与服务的品质、竞争优势乃至企业战略目标的实现等都源自合作伙伴的共同努力、源自合作的质量与效率。由于知识要素在生产实践中具有重要作用和地位，合作的开展必然需要知识分享，需要合作伙伴间的相互学习，尤其是主导企业对价值链合作伙伴的培训，通过知识分享可以提高生产协作的效率，降低生产成本，提升整体管理水平，统一质量要求、生产标准，保障产品和服务的品质，实现共同的经营目标，实现互利共赢。有些主导企业在市场尚未发展成熟时，还通过培训价值链上的产品终端客户来培育和拓展市场，如软件公司对软件应用人员的培训。

培训内容一般由价值链主导企业根据需要确定，可能涉及经营管理、核心业务等方面的专有知识，并且对接受培训的合作伙伴而言一般以刚性需求为主，这种刚性体现在两个方面：其一，生产实践中必须严格遵守的统一标准、统一规范等；其二，分享应用这些知识经验技能以及最佳实践能够提升自身的业务水平和经营管理水平，能够带来明显的可量化的经济效益，具有一定的投入产出效益。正是由于培训是能够满足合作伙伴的利益需求，因此价值链主导企业在培训实施过程中可以适当提供营利服务。

（三）在行业内与同行企业建立大学联盟

竞争促进了行业的发展，同行企业虽然存在激烈的竞争，但当争取和维护行业整体利益、共同利益时，同行企业必然会相互合作。行业内企业大学联盟合作共赢的基础不仅在于具有共同的利益基础，还在于合作伙伴具有共同的生产实践领域，具有可以共通共享的专业知识。

行业内企业大学联盟能够发挥以下功能：1. 通过联盟能够为行业发展供给开发人力资本，尤其对于新兴行业，能够及时缓解人才短缺的矛盾，突破行业发展的人才瓶颈。并且基于成本共担、利益共享的原则能有效避免人才争夺的零和博弈，避免造成行业内企业间的内耗和恶意竞争。另外，也可通过联盟与行业大学等职前专业教育机构、专业研究机构进行合作。2. 由行业龙头企业组建并主导企业大学联盟有助于龙头企业引领行业发展，占据行业发展的主导地位。有利于统一行业标准、行业规范，制定从业资格认证标准及岗位知识技能认证标准等。有利于分享企业专有知识、企业最佳实践，提高经营管理水平，提升行业竞争优势。3. 有助于建立企业战略合作伙伴关系，共同谋划行业战略发展，维护行业利益，促进行业发展，达成战略目标，发挥行业整合优势，保障合作伙伴利益，共同应对外部挑战，实现企业合作共赢；有助于协调行业内部矛盾，解决行业实际问题，建立内部沟通协商机制；有助于及时与行业主管部门沟通反馈，协调内部关系，优化外部发展环境。

新兴行业的企业大学联盟的培训内容一般以最新的行业共有知识为主，主要为行业供给开发专业技能的人才，缓解新兴行业人才短缺的矛盾。而一般行业则由行业龙头企业主导培训内容，行业龙头企业可通过大学联盟分享自己的最佳实践，制定并推行行业标准，将企业专有知识转化为行业共有知识，并占据行业主导地位。行业大学联盟与行业协会的组织形式相近，一般以会员制形式运作，基于平等自愿、互利共赢的原则由会员企业共同出资、共担成本、共担责任并共同组建以服务会员企业利益为根本宗旨的非营利联盟组织。

在以知识要素为基础的知识经济时代，企业大学参与互助合作联盟，能在国家、产业与行业层面实现了资源整合、优势互补和合作共赢；促进了知识要素的合作开发、合理配置与高效利用；促进了知识创新、知识交流和知识转化；实现了政产学研的有机融合，最大化最优化地实现了知识效能，实现了各合作方的利益诉求。

三、提供市场服务的企业大学

随着企业大学知识生产服务能力的提高，在不改变企业大学组织性质、不影响服务母体企业的前提下，可适当提供市场服务，以平衡过量的知识生产服务能力，避免浪费资源、闲置产能。同时，适度参与市场竞争以有助于提升自身的服务品质、服务能力。由于市场服务不单纯强化营利目标、营利能力，不以营利为首要目的、直接目的，所以企业大学在有选择地提供市场服务的同时需要能够为母体企业发展外部关系，整合市场资源，创造合作机会，搭建合作平台，拓展核心业务，开辟新兴市场，并服务发展战略。否则，如果强化营利则虽然可能导致部门利益、眼前利益得到强化，却影响动摇服务母体企业这一根本职能，使企业的整体利益、长远利益受到影响。

虽然企业大学将自身的资源同时也是市场需要的资源，按照市场的方式予以提供，但企业大学仍是以服务母体企业为主导。企业大学所提供的市场服务都是能够体现自身强项或自身优势的服务内容，不会根据市场需求提供不擅长的服务，服务内容可能与母体企业核心业务、经营管理与战略决策相关，也可能是有关如何创建企业大学、建设企业学习文化和提高企业学习能力等方面的服务内容。因此，服务对象可能是与母体企业核心业务存在密切关系的企业组织，如同行企业、价值链上的合作伙伴，也可能是想要学习企业经管理方法的企业组织，还可能是咨询如何创建企业大学的企业组织，总之服务对象并不确定。

此外，企业大学在提供市场服务的同时也会购买市场服务，通过整合利用成熟的高品质的市场资源以降低成本，并将企业大学的主要精力放在服务母体企业上，以提高服务质量和效率。因此，企业大学作为教育培训服务的生产者和消费者，需要熟悉教育培训市场、熟悉教育培训资源，甚至自发搭建市场资源供需平台乃至合作联盟，从而在市场机制的作用下促进知识要素的高效配置，最大化地实现知识价值。

四、企业大学的发展演变

以上主要探讨的是企业大学的几种发展模式，同时也是企业大学对外职能的拓展，在上述发展模式中，企业大学自助服务的根本属性并不改变。然而企业大学一旦脱离母体企业、独立于母体企业且难以与母体企业的具体生产实践相融合时，它也就不再是提供自助服务的企业大学了。以企业大学为基础发展演变的路径大致有两种：或是发展演变成完全提供公共服务的高教机构，或是完全提供市场服务的高教公司，二者各自遵循其应有的客观规律而自主发展。尤其是要符合公共服务或市场服务的办学资质，如师资、招生与教学等方面的基本要求，不仅要达到行业准入标准、具备从业资质，而且要接受相关行政管理部门的监管。

（一）发展演变为独立于母体企业，完全提供公共高等教育服务的非营利高教机构。成为企业创办的大学，而不再是企业大学，可能成为职业院校、行业大学与普通大学等。它们或是重点服务社会公众，或是重点服务国家产业发展、行业发展，虽然服务对象有不同侧重，但服务的性质都是非营利的公共服务性质，其运行管理也都遵循其应有的内在逻辑。虽然由企业出资创办，但大学不再隶属于企业，大学由学校董事会负责决策，校长负责运营管理，与非营利的高教机构性质相同。

知识经济时代，企业生产实践成为知识创新的重要源泉，校企之间存在广泛深入的互利共赢的合作基础。作为创办大学的企业可能会根据自身发展需要而积极参与校董会并保持一定的影响力，尤其是当校企二者存在互利共赢需求、存在合作关系时，如在人才培养、招生就业与项目研发等方面进行密切合作时，作为创办者的企业在与学校的合作上也会存在一定的便利，具有一定的优势。

（二）发展演变为母体企业下属的能够创造产值利润的完全提供市场服务的业务部门，甚至发展成独立于母体企业的营利性高教公司。一些实力雄厚的企业集团在自身企业大学的基础上投资发展教育产业，使教育培训成为企业的一项主营业务，使企业大学发展成为旗下的营利性高教公司，甚至脱离母体企业，独立运营，成为参与教育培训市场竞争的实体企业。再有，一些咨询公司、教育培训公司与会计师事务所等以专业知识、专业经验为基础的知识型企业，随着专业实践经验的积累，尤其是其下属的企业大学的专业化的知识管理和知识生产服务促进企业专有知识体系不断发展成熟并系统完善，其应用价值、商业价值也越来越高，企业大学不仅能为母体企业日常的核心业务提供强力支持，而且能够为业界提供系统专业的教育培训服务，成为母体企业创造产值利润的一项核心业务，从而发挥专有知识的优势，促进专有知识的转化，实现专有知识的价值。同时，由于企业大学的知识生产服务是与生产实践相融合的，具有丰富的实战经验，这不仅使企业大学具备完全提供市场服务的能力，满足市场需求，而且所提供的市场服务品质效果更优、更具竞争优势。实践性知识技能的发展无法离开生产实践，它一旦独立于母体企业，切断与母体企业相连的脐带，便难以与生产实践相融合，其竞争优势也将不再明显，甚至成为无源之水、无本之木。

第四节　企业大学的评价原则

由于母体企业各不相同，服务母体企业的企业大学自然有所不同，并且由于没有开展对外服务也自然没有企业大学的行业准入标准、从业资质条件等限制，因此缺乏外在统一标准的刚性约束。事实上也没有设立和遵循外在的评价标准的必要，因为母体企业出于自身发展的需要必然要对企业大学的办学效益进行自主评价，从而最大化最优化地实现企业大学的知识效能。所以对服务母体企业的企业大学的评价，其根本在于是否能够很好地满足母体企业的发展需求，评价的主体自然也应是最直接的利益相关者——母体企业，母体企业既是评价标准的制定者，又是标准执行的监督者。

母体企业有责任评价企业大学，然而是否有能力评价企业大学呢？现实中企业大学的创建运营发展存在不少误区：有些企业盲目跟风耗费巨资创建企业大学；有些企业对企业大学的内在运行逻辑认识不清；有些企业没有根据自身发展的实际需要创建企业大学，并发挥其应有的作用；有些企业创建企业大学只是为了借此自我宣传……这些误区不仅造成资源浪费，甚至影响母体企业的生产效率乃至发展战略。因此，母体企业需要深刻认识企业大学的组织性质、组织运行逻辑及其产生发展的根本动因，需要明确企业大学的定性、定位及其主要职能、核心能力等，才能够对企业大学进行科学准确的评价。

虽然企业大学形态各异，但其组织性质、内在逻辑、发展规律与职能定位却是基本相同的，它不仅决定了企业大学不同于传统企业培训部门，不同于传统大学，也成为评价企业大学的重要依据。这里仅对企业大学的一般评价原则进行阐述。

一、创建企业大学是否基于企业自身发展的内生实质性需求

企业大学源自企业自身发展的内生实质性需求，这是企业大学与一般企业培训部门的根本区别，也是企业大学评价的基本标准。如果企业生产实践中的知识创新不足、知识更新相对缓慢，专业知识技能总体要求不高，企业组织的专有知识非常有限，那么专业化的在职培训需求自然相对不足，致使在职培训大多是随机偶发、被动与应急的，培训工作以事务性工作为主。而企业大学的在职学习则是系统的、主动的、持续的与前瞻的，尤为重要的是企业大学的知识生产服务是以创新性工作为主，而非事务性工作。同时，母体企业内生的实质需求促进了企业大学职能的不断发展完善，不仅服务于核心业务、经营管理，而且更加侧重服务于企业的发展战略。对内职能日益完善，服务企业全员全过程全方位，具有服务企业的科技创新、产品研发、管理决策、变革转型、文化建设、人资开发、人才测评、后继高管培养和职业生涯管理等高层次全方位的职能，在完善对内职能的同时还不断拓展对外职能。

内生实质性需求所反映的本质是知识要素在企业生产实践中地位作用的显著提高，知识更新、知识创新是企业发展的重要驱动力量，企业则是知识型、创新型与学习型企业，企业学习能力、创新能力成为企业可持续发展的核心竞争力。因此，评判企业大学的创建是否基于母体企业对知识生产服务的实质性需求，在某种程度上，其反映的实质取决于评判母体企业生产实践中知识要素的地位与作用如何，母体企业是否是知识型、创新型与学习型企业。而能够通过企业大学直接体现的显性评价指标则主要应有以下几个方面：

（一）时间维度——企业大学的知识创新率或知识更新率，体现了企业大学的创新质量。所谓知识创新率或知识更新率即单位时间内知识创新总量或知识更新总量占知识总量的比例。知识创新率或知识更新率能够反映企业对知识创新的需求状况，从而能够评判企业是否对知识生产服务具有实质性需求。

企业生产实践是知识创新之源，知识创新源自生产实践的各个环节，无论是核心业务、经营管理，还是发展战略，知识创新可以无处不在无时不在，知识型、创新型与学习型企业更是对知识创新具有持续旺盛迫切的实质性需求。同时，企业大学的知识创新率或知识更新率不仅体现了企业大学工作产出、工作量上的要求，更能体现企业大学工作产能、工作质上的要求，尤其体现在核心知识、专有知识方面的创新，知识创新是企业大学创造核心价值的核心能力。

（二）空间维度——企业大学创新性工作在全部工作中的占比及分布，体现了企业大学的创新结构。所谓创新性工作是与事务性工作相对应的，相对而言具有较强的不可替代性，能够体现企业大学的核心能力，具体包括决策制定、管理创新、产品研发、课程研发、绩效改进、流程再造、实践调研和研讨交流等。而诸如制定培训计划、安排培训时间、提供培训场所与聘请培训教师等事务性工作则是具有可替代性，可以通过市场外包完成，或由机器自动化完成。创新性工作占比越高且分布集中，在核心领域则越能体现企业大学的知识生产服务具有不可替代的作用价值，能够满足企业发展的实质性需求。

（三）系统维度——企业大学的投入产出效益，对母体企业发展的贡献率，体现了企业大学的创新效能。企业大学的创新能力、学习能力最终都要转化为现实的生产力竞争力，转化为具体的产值利润，转化为工作绩效的改进和发展战略的达成。因此，最大化、最优化与最快捷地实现知识效能是评价企业大学知识生产服务的核心。企业大学的学习绩效不再局限于对知识的内化掌握，而是更注重知识的外化应用并产生实际效能，更注重整体知识效能的评价，而知识效能的最终实现还需要机制、制度、文化和环境等系统综合支持。同时，企业大学的知识效能不仅体现在可以量化的有形收益上，更体现在诸如企业文化、员工士气、归属感、凝聚力，学习力、创新力以及可持续发展能力等难以量化的无形收益上。

二、企业大学运行是否遵循企业大学的内在逻辑

以生产实践逻辑为基础，与生产实践相融合是企业大学的内在运行逻辑，更是企业大学的核心价值、核心优势所在，因此，也必然成为评价企业大学的核心标准。然而，一些企业对企业大学的内在本质规律认识不清，按照传统大学的学科专业逻辑创建运行企业大学，致使企业大学难以高效服务企业的生产实践，甚至与生产实践相割裂，影响企业大学知识效能的实现。评判企业大学是否以生产实践逻辑为基础、与生产实践相融合，主要依据以下几个方面：

（一）企业大学的组织结构。即企业大学的组织结构应充分体现与生产实践相融合的特征，应与企业的业务部门、职能部门等各生产实践部门乃至企业的管理层、决策层充分融合。组织结构保障组织职能的实现，与生产实践相融合的组织结构能够更好地实现服务生产实践的职能。

（二）企业大学的知识结构。企业大学的知识内容以岗位知识技能为主，并以不同生产部门、不同工作岗位与不同职级系列为内在逻辑进行组织并形成课程体系。以生产实践逻辑为基础的知识结构必然要求学习方法、学习过程和学习模式等也都要以生产实践逻辑为基础，与生产实践充分融合。

三、知识生产服务的专业化、制度化水平是评价企业大学的关键指标

企业大学知识效能的实现有赖于知识生产服务的专业化水平，有赖于知识生产服务的制度化水平。知识生产服务的专业化、制度化水平是企业大学评价的关键指标。

（一）企业大学知识生产服务的专业化水平主要体现在专业化与体系化建设、企业大学的核心能力及知识生产服务内在逻辑规律的成熟完善上。1. 专业化、体系化建设包括师资体系，涉及内部师资认证评价、师资培养发展和内外师资选用标准等；课程体系，涉及学习项目研发、课程开发、课程设计和课件制作等；评价体系，涉及评价的指标、目的、方法和效果等；管理体系，涉及项目管理、师资管理、运营管理、教学管理和知识管理等；教育培训体系，涉及培训组织体系（纵向基层中层高层等不同培训层级和横向业务部门职能部门

等不同培训部门)、培训目标、培训流程、培训实施和培训评价等。2. 企业大学具有不可替代的核心能力并能创造核心价值,核心能力则主要包括知识创新、知识分享与知识效能等。3. 知识生产服务的内在逻辑规律则不仅需要企业组织在具体实践中不断探索、不断验证与不断总结,也需要相关理论体系的发展完善。

(二)企业大学知识生产服务制度化水平的保障需要母体企业对企业大学知识生产服务的制度、机制、文化和环境给予系统支持。加强学习与创新的制度、机制和文化的建设,并完善相关的激励机制、评价机制。制定并完善各项有利于知识创新、知识分享与知识效能的制度及相关机制。丰富学习资源与环境,建设企业学习文化、创新文化,在制度层面确保知识生产服务的质量和效率,促进员工的学习能力、创新能力转化为企业组织的学习能力、创新能力,提升企业的可持续发展能力。

本章小结

本章的主要内容具体包括:基于企业大学的发展规律、共性特征以及企业大学的组织性质、组织运行逻辑,探讨了企业大学的核心能力与核心价值、企业大学的职能类型与知识类型、企业大学的发展模式和评价原则等重要问题。

参考文献

中文文献

[1] 中国人力资源开发研究会. 首席学习官职业发展报告 [EB/OL].
(2010 - 07 - 21)［2012 - 06 - 20］http：//news. xinhuanet. com/edu/2010 - 07/
21/c_ 13408234. htm.

[2] 袁锐锷，文金桃. 试析美国企业大学的发展及其作用 [J]. 比较教育
研究，2002（9）：51 - 56.

[3] 袁锐锷，文金桃. 试析美国企业大学的现代高等教育性征 [J]. 比较
教育研究，2002（12）：37 - 41.

[4] 侯锷，闫晓珍. 企业大学战略 [M]. 北京：人民邮电出版社，2009
（7）.

[5] 荆涛. 企业大学：企业永续经营的核武器 [M]. 北京：中国时代经济
出版社，2009（7）.

[6] 岑明媛. 企业大学：21 世纪企业的关键战略 [M]. 北京：清华大学
出版社，2006.

[7] 张竞. 企业大学研究 [M]. 北京：经济科学出版社，2011.

[8] 珍妮·C·梅斯特. 企业大学：为企业培养世界一流员工 [M]. 北
京：人民邮电出版社，2005.

[9] 英国大学副校长委员会（CVCP），英国高等教育基金委员会（HEF-
CP）报告. 无边界教育视点：英国观点 [J]. 张宝蓉，译. 国际高等教育研
究，2003（4）：23 - 31.

[10] 日本世界教育史研究会编. 六国技术教育史 [M]. 李永连, 赵秀琴, 李秀英, 译. 科学教育出版社, 1984.

[11] 王沛民, 顾建民, 刘伟民. 工程教育基础 [M]. 浙江大学出版社, 1994.

[12] 陈晓红. MBA 教育的起源、本质和发展趋势 [J]. 现代大学教育, 2002 (3): 19-20.

[13] 北京大学企业与教育研究中心. 中国电信学院调研报告及访谈纪要 [R]. 企业大学案例. 北京大学企业与教育研究中心, 2011, 5.

[14] 北京大学企业与教育研究中心. 爱立信中国学院调研报告及访谈纪要 [R]. 企业大学案例. 北京大学企业与教育研究中心, 2011, 5.

[15] 北京大学企业与教育研究中心. 国美培训中心调研报告及访谈纪要 [R]. 企业大学案例. 北京大学企业与教育研究中心, 2011, 5.

[16] 神舟学院简介 [EB/OL]. (2008-09-08) [2013-3-28] http://si. cast. cn/Article/ShowInfo. asp? InfoID=3.

[17] 微软研究院简介 [EB/OL]. [2013-03-28] http://www. msra. cn/aboutus/AboutUs. aspx.

[18] (美) 马克·艾伦编著. 下一代企业大学——发展个人与组织能力的新理念 [M]. 吴峰, 译. 世界图书出版社, 2010.

[19] 汪利兵, 谢峰. 论 UNESCO 与 WTO 在高等教育国际化进程中的不同倾向 [J]. 比较教育研究, 2004 (2): 48.

[20] 席恒. 公与私: 公共事业运行机制研究 [M]. 商务印书馆, 2003.

[21] 王一涛. 论公益性民办高校产权制度的构建 [J]. 中国高教研究, 2010 (9): 61-64.

[22] (美) 理查德·鲁克. 高等教育公司——营利性大学的崛起 [M]. 于培文, 译. 北京: 北京大学出版社, 2006.

[23] 刘春雷等. 知识视角下的企业大学研究 [J]. 现代远程教育研究, 2010 (6): 62-67.

[24] 王亚杰. 挑战与出路: 特色型大学的发展之路 [J]. 高等工程教育研究, 2008 (1): 1-6.

[25] 刘春雷等. 职业教育的核心属性及其规律剖析 [J]. 中国高教研究,

2011 (7): 77 - 80.

[26] 驻纽约总领馆教育组. 美国的营利性高等教育 [J]. 中国高等教育, 2003 (19): 45 - 46.

[27] 王俊峰. 从凤凰城大学看美国营利性高校的发展 [J]. 世界教育信息, 2011 (02): 45 - 47.

[28] 伯顿·克拉克. 建立创业型大学: 组织上转型的途径 [M]. 北京: 人民教育出版社, 2003.1.

[29] 简明不列颠百科全书: 中文版 [M]. 中国大百科全书出版社, 1987 (3): 289.

[30] 郝克明. 当代中国教育结构体系研究 [M]. 广东出版社, 2001.

[31] 联合国教科文组织官网数据库《国际教育标准分类法 (ISCED)》 [DB/OL]. [2012 - 05 - 12] http://unesdoc. unesco. org/images/0021/002116/ 211619c. pdf.

[32] (英) 德·朗特里. 西方教育辞典 [M]. 杨寿宁, 杜维坤, 译. 上海译文出版社, 1988 (3): 124.

[33] 中国大百科全书·教育 [M]. 中国大百科全书出版社, 1985 (8): 94.

[34] 张念宏等编. 教育百科辞典 [M]. 中国农业科技出版社, 1988 (7): 81.

[35] 汪永栓主编. 教育大辞典: 第3卷 [M]. 上海教育出版社, 1991 (11): 3 - 45, 60.

[36] (日) 平冢益德主编. 世界教育辞典 [M]. 黄德诚, 译. 长沙: 湖南教育出版社, 1989: 124.

[37] 威廉·冯·洪堡. 论柏林高等学术机构的内部和外部组织 [J]. 陈洪婕, 译. 高等教育论坛, 1987: (1).

[38] 彼得·贝格拉. 威廉·冯·洪堡传 [M]. 北京: 商务印书馆, 1994.

[39] 陈学飞. 美国、德国、法国、日本当代高等教育思想研究 [M]. 上海: 上海教育出版社, 1998.

[40] 张念宏主编. 中国教育百科全书 [M]. 北京: 海洋出版社, 1991: 108.

[41] 彼得·圣吉. 第五项修炼——学习型组织的艺术与实务 [M]. 郭进

隆，译．上海：上海三联书店，1998.

　　［42］德鲁克．创新与企业家精神［M］．北京：机械工业出版社，2009.

　　［43］梁林梅，桑新民．当代企业大学兴起的解读与启示［J］．教育研究，2012（9）：79－85.

　　［44］克尔．大学之用（第五版）［M］．北京：北京大学出版社，2008.

　　［45］杜德斯达．21世纪的大学［M］．北京：机械工业出版社，2009.

　　［46］伯顿·克拉克．建立创业型大学：组织上转型的途径［M］．北京：人民教育出版社，2003.

　　［47］刘春雷，吴峰．企业大学的发展定位与价值实现——以中国电信学院为例［J］．现代远程教育研究，2011（5）：72－78.

外文文献

　　［1］Meister, J. C. *Corporate University*：*Partnership Opportunities for Education* ［J］. CAEL Forum, V12, N3, 1997：27－29.

　　［2］Belet, D. *Turn Your Corporate University into an Efficient Learning Organisation Development Tool* ［J］. Paper Presented at the European Conference on Educational Research, Lahti, BLV Learning Partners, France, 1999（9）：22－25.

　　［3］Judy. C. Nixon, Marilyn. M. Helms. *Corporate University vs. Higher Education Institutions* ［J］. Industrial and Commercial Training, 2002, 34（4）：144－150.

　　［4］Shah, A, Sterrett, C, Chesser, J, Wilmore, J. *Meeting the Need for Employees Development in the 21st Century* ［J］. S. A. M. Advanced Management Journal, 2001, Spring, 66（2）：22, 7.

　　［5］Allen, M. *Corporate Universities* 2010：*Globalization and Greater Sophistication* ［J］. Journal of International Management Studies, 2010, 5（1）：48－53.

　　［6］Densford, L. *Learning From the Best*：*APQC finds what makes a CU successful* ［J］. Corporate University Review, 1998, 6（1）：13－15.

　　［7］Meister, J. C. *Corporate Universities*：*Lessons in Building a World－Class Work Force* ［M］. NewYork：McGral－Hill, 1998：1.

　　［8］Bachler, C. J. *Corporate University Are Catching on* ［J］. Workforce, 1997, 7（6）：96－102.

[9] Flessner, D. *Workers at school on the job* [N]. Chattanooga Times – Free Press, 2000 – 01 – 23 (1 – 2).

[10] Allen, M.. *Corporate University Handbook, Designing, Managing, and Growing a Successful Program* [M]. AMACOM Div American Mgmt Assn, 2002.

[11] Allen, M.. *The next generation of corporate universities: Innovative approaches for developing people and expanding organizational capabilities* [M]. San Francisco: Pfeiffer, 2007.

[12] Dealtry, R. *Managing intellectual leadership in corporate value* [J]. Journal of Working Learning, 2001, 13 (5): 215 – 222.

[13] American Productivity and Quality Center (APQC). *The Corporate University: Measuring the Impact of Learning* [M]. APQC International Benchmarking Clearinghouse, Houston, TX, 2000.

[14] Global Learning Resources, Inc. (GLR). *The Use and Misuse of the Term "Corporate University"* [EB/OL]. (2003) [2012 – 06 – 20] http://www.glresources.com/assets/files/Uses_ of_ Term_ Corp_ Univ. pdf.

[15] Prince, C. & Beaver, G. *The Rise and Rise of the Corporate University: the emerging corporate learning agenda* [J]. The International Journal of Management Education, 2001, 2 (3): 17 – 26.

[16] Plompen, M. *Innovative Corporate Learning: Excellent Management Development Practice in Europe* [M]. Pelgrave Macmillon, New York, 2005: 83.

[17] Lewis, C. *What are ··· Corporate Universities?* [N]. The Times (United Kingdom), The Times – Features: Business Education, 2005 – 01 – 13 (8).

[18] Romano, A. *Open business innovation leadership: The emergence of the stakeholder university* [M]. London: Palgrave MacMillan, 2009: (15).

[19] Margherita, A., Secundo, G. *The emergence of the stakeholder university* [G] // *Open business innovation leadership: The emergence of the stakeholder university*. London: Palgrave MacMillan, 2009: 199.

[20] Mindrum, C. *The rise of the corporate multiversity* [J]. Chief learning officer, 2009, 8 (12): 26 – 31.

[21] Rademakers, M. *Corporate Universities: Driving Force of Knowledge Innova-*

tion [J] . The Journal of Workplace Learning, 2005, 17 (1/2): 130 – 136.

[22] Meister, J. *Corporate Universities: Market – Driven Education* [J]. Journal of Business Disciplines, 2000 (1): 53 – 65.

[23] Dealtry, R. *Issues Relating to Learning Accreditation in Corporate University Management* [J] . Journal of Workplace Learning, MCB University Press, 2003, 15 (2): 80 – 86.

[24] Cunningham, S., Ryan, S., Stedman, L., Tapsall, S., Bagdon, K., Flew, T., Coaldrake, P. *The Business of Borderless Education, Evaluations and Investigations Programme, Higher Education Division* [R] . Department of Employment Training and Youth Affairs. Commonwealth of Australia, Canberra, 2000, June.

[25] Schugurensky, D. *History of Education: Selected Moments of the 20th Century: 1961 McDonalds Starts First Corporate University* [EB/OL] . (2002 – 05 – 26) [2012 – 05 – 20] . http: //schugurensky. faculty. asu. edu/moments/1961mcdonalds. html.

[26] Walton, J. *Strategic Human Resource Development* [M] . London: Pearson Education Limited, 1999.

[27] Arnone, M. *Corporate Universities: A Viewpoint On The Challenges And Best Practices* [J] . Career Development International, MCB University Press, 1998, 3 (5): 199 – 205.

[28] Waks, L. . *In the Shadow of the Ruins: Globalisation and the Rise of Corporate Universities* [J] . Policy Futures in Education, 2002, 2 (2): 278 – 298.

[29] Paton, R., Peters, G., Storey, J., Taylor, S. *Corporate Universities as Strategic Learning Initiatives* [M] // The Handbook of Corporate University Development: Managing Strategic Learning Initiatives in the Public and Private Domains. Gower, London, 2005.

[30] Gordon, E. *Bridging the Gap* [J] . Training, VNU eMedia Inc, 2003, September, 40 (8): 30 – 33.

[31] Labi, A. *Education Innovations: Europe's On – The – Job Education Revolution* [N] . Time International, 2000 – 08 – 05 (30) .

[32] Morin, L., Renaud, S. *Participation in Corporate University Training: Its*

Effect on Individual Job Performance [J]. Canadian Journal of Administrative Sciences, ASAC, 2004, 21 (4): 295 – 306.

[33] Arkin, A. *Combined Honours* [N]. People Management, 2000 – 10 – 12 (43 – 46).

[34] Lester, T. *Degree Culture* [J]. Human Resources, 1999 (3): 74 – 78.

[35] Shah, A., Sterrett, C., Chesser, J., Wilmore, J. *Meeting the Need for Employees Development in the 21st Century* [J]. S. A. M. Advanced Management Journal, 2001, 66 (2): 22, 7.

[36] Densford, L. *Many CUs Under Development*; *Aim is to Link Training to Business*, *Corporate University Review*, *Infonautics Corporation* [EB/OL]. (1998 – 12 – 1) [2002 – 01 – 18] http://www.traininguniversity.com/magazine/jan.

[37] Prince, C. *Strategic Change: The Role of In – company Management Education* [J]. Strategic Change, 2000, 9 (3): 167 – 175.

[38] Madden, R. *Doing Business with Business Schools* [M] // Paton, R., Peters, G., Storey, J., Taylor, S. (Eds) The Handbook of Corporate University Development: Managing Strategic Learning Initiatives in the Public and Private Domains, London: Gower, 2005.

[39] Cave, M. *A Class of Their Own* [J]. Boss Magazine – Australian Financial Review, 2001 (3): 17 – 20.

[40] Arnone, M. *Corporate Universities: A Viewpoint On The Challenges And Best Practices* [J]. Career Development International, MCB University Press, 1998, 3 (5): 199 – 205.

[41] Nixon, J., Helms, M. *Corporate Universities vs Higher Education Institutions* [J]. Industrial and Commercial Training, MCB University Press, 2002, 34 (4): 144 – 150.

[42] Dealtry, R. *Strategic Directions in the Management of the Corporate University Paradigm* [J]. Journal of Workplace Learning, MCB University Press, 2000, 12 (4): 171 – 175.

[43] Coulson – Thomas, C. *Report calls for more corporate universities* [J/OL]. Journal of European Industrial Training, 2000, 24 (7) [2012 – 05 – 20]. http://

www. emeraldinsight. com/journals. htm? articleid = 1465373&show = html.

[44] Thompson, Gordon. *Unfulfilled prophecy*: *The evolution of corporate colleges* [J] . The Journal of Higher Education, 2000, 71 (3) .

[45] Meister, J. *The Brave New World of Corporate Education* [J] . Chronicle of Higher Education, 2001, 47 (22) .

[46] Fresina, A. *The Three prototypes of Corporate University* [J] . Corporate U-niversity Review, 1997, 15 (1): 34 – 38.

[47] Jansink, F. , Kwakman, K. , Streumer, J. *The Knowledge – Productive Corporate University* [J] . Journal of European Industrial Training, MCB University Press, 2005, 29 (1): 40 – 57.

[48] Bersin, J. *Death of the Corporate University*; *Birth of Learning Services* [EB/OL] . (2006 – 03 – 01) [2012 – 05 – 20] http://www. bersin. com/blog/post/2006/03/Death – of – the – Corporate – University. aspx.

[49] Moore, T. E. *The Corporate university*: *Transforming Management Educa-tion* [J] . Accounting Horizons, 1997, 11 (1) 77 – 85.

[50] Hilse, H. , Nicolai, A. *Strategic Learning in Germany' s Largest Compa-nies* [J] . Journal of Management Development, MCB University Press, 2004, 23 (4): 372 – 398.

[51] Rademakers, M. *Corporate Universities*: *Driving Force of Knowledge Innova-tion* [J] . The Journal of Workplace Learning, 2005, 17 (1/2): 130 – 136.

[52] Kent, S. *Firm Footing* [N] . Personnel Today, 2005 – 04 – 26 (19 – 20) .

[53] Prince, C. , Beaver, G. *The Rise and Rise of the Corporate University*: *the emerging corporate learning agenda* [J] . The International Journal of Management Ed-ucation, 2001, 2 (3): 17 – 26.

[54] Blass, E. *What's in a name? A comparative study of the Traditional public university and the corporate university* [J] . Human Resource Development Internation-al, 2001 (2): 153 – 172.

[55] Holland, P. , Pyman, A. *Corporate Universities*: *a Catalyst for Strategic Human Resource Development?* [J] . Journal of European Industrial Training, Emerald

Group Publishing, 2006, 30 (1): 19 – 31.

[56] Meister, J. *The Brave New World of Corporate Education* [J] . Chronicle of Higher Education, 2001, 47 (22) .

[57] Dealtry, R. *Managing the Transition to the Corporate University-A Synthesis of Client Research* [J] . Journal of Workplace Learning, 2001, 13 (5): 215 – 222.

[58] Nixon, J. , Helms, M. *Corporate Universities vs Higher Education Institutions* [J] . Industrial and Commercial Training, 2002, 34 (4): 144 – 150.

[59] Eccles, G. *Marketing the corporate university or enterprise academy* [J]. Journal of Workplace Learning, 2004, 16 (7): 410 – 418.

[60] Frazee, B. *Corporate Universities: A Powerful Model for Learning* [J/OL]. Chief Learning Officer Magazine, 2002, 11. [2012 – 05 – 20] . http://clomedia. com/articles/view/corporate_ universities_ a_ powerful_ model_ for_ learning.

[61] Fulmer, R. , Gibbs, P. *Lifelong Learning at the Corporate University* [J]. Career Development International, 1998, 3 (5): 177 – 184.

[62] Blass, E. *The Rise and Rise of the Corporate University* [J] . Journal of European Industrial Training, 2005, 29 (1): 58 – 74.

[63] Morrison, J. , Meister, J. *Corporate Universities: An Interview with Jeanne Meister* [EB/OL] . [2002 – 10 – 23] . http://ts. mivu. org/default. asp.

[64] El – Tannir, A. *The Corporate University Model for Continuous Learning* [J] . Training and Development, Education + Training, 2002, 44 (2): 76 – 81.

[65] Anderson, L. *Essential Part of Education Landscape: Corporate Universities-Virtual or Real-are Establishing Themselves Both in the US and in Europe* [N] . Financial Times, 2002 – 03 – 25.

[66] AACSB-Association of Advanced Collegiate Schools of Business. *Corporate Universities Emerge as Pioneers in Market – Driven Education* [J]. The International Association for Management Education, 1999, 29 (3): 22 – 3.

[67] Allen, M. *What is a Corporate University, and Why Should an Organisation Have One?* [M] // The Corporate University Handbook: Designing, Managing and Growing a Successful Program, Amacom Books, New York, 2002.

[68] Prince, C. , Stewart, J. *Corporate universities – an analytical framework*

[J] . Journal of Management Development, 2002, 21 (10): 794 – 811.

[69] Thomas, D. *Seminar on Corporate Business Schools* (*presented at the Henley Management College, October* 1999) [J] . // Prince, C. , Beaver, G. The rise and rise of corporate university: the emerging corporate learning agenda. The International Journal of Education Management, 2001, 1 (3): 17 – 26.

[70] Eccles, G. *Marketing the corporate university or enterprise academy* [J]. Journal of Workplace Learning, 2004, 16 (7): 410 – 418.

[71] Moore, T. E. *The Corporate university: Transforming Management Education* [J] . Accounting Horizons, 1997, 11 (1): 77 – 85.

[72] Gerbman, R. *Corporate Universities* 101 (*the increasing use of corporate universities*) [J] . HRMagazine, 2000, February.

[73] Kiely, L. *Corporate universities as shapers of culture* [M] // Allen, M. (Ed.) The next generation of corporate universities. San Francisco: Pfeiffer, 2007.

[74] McGee, P. , Duncan, J. R. . *Corporate universities: The new keepers of the ethical flame* [M] // Allen, M. (Ed.) The next generation of corporate universities. San Francisco: Pfeiffer, 2007: 109.

[75] Renaud – Coulon, A. *Corporate universities: A lever of corporate responsibility* [M] . Paris: Global CCU Publishing, 2008: 157.

[76] Cranch, E. *Corporate Classroom* [J] . European Journal of Engineering Education, 1987, 12 (3): 237 – 252.

[77] Meister, J. C. *Corporate University: Partnership Opportunities for Education* [J] . CAEL Forum, 1998, 20 (2): 27 – 29.

[78] Eurich, N. *Corporate classrooms: The learning business* [M]. Princeton: The Carnegie Foundation for the Advancement of Teaching, 1985.

[79] Densford, L. *At Disney, education underpins excellence* [J] . Corporate University Review, 1996, 4 (3): 14 – 18.

[80] Wiggenhorn, W. *Motorola u: When training becomes an education* [J]. Harvard Business Review, 1990 (4): 71 – 83.

[81] Belet, D. *Turn Your Corporate University into an Efficient Learning Organisation Development Tool* [C] . Paper Presented at the European Conference on Educa-

tional Research, Lahti, BLV Learning Partners, France, 1999, 9: 22 – 25.

[82] Meister, J. *Corporate quality universities: Lessons in building a world – class work force* [M] . New York: Irwin Professional Publishers, 1994.

[83] Meister, J. 1997 *Survey of Corporate University Future Directions* [R] . New York: Corporate University Xchange, 1997.

[84] Meister, J. *Corporate universities: Partnership opportunities for educators* [C] . CAEL Forum, 1997, 20 (2), 27 – 29.

[85] Cross, P. *New frontiers for higher education: Business and the professions* [J] . Current Issues in Higher Education, 1981 (3): 1 – 7.

[86] Levin, Henry M. *Thoughts on For – Profit Schools* [J] . Education Matters, 2001, 1 (1): 6 – 15.

[87] Levy, Daniel. C. *Unanticipated development: Perspectives on private higher educations emerging roles* [R/OL] . (2002 – 04) [2012 – 5 – 20] http: // www. albany. edu/dept/eaps/prophe/publication/paper/PROPHEWP01 _ files/ PROPHEWP01. pdf

[88] *The National Center for Education Statistics* [R/OL] . [2007 – 12 – 18] http: //www. nces. ed. gov.

[89] Barlett, Thomas. *For – Profit Christian University Fires Tenured Professors* [J] . The Chronicle of Higher Education, 2005, 51 (38): 9.

[90] Block, Howard M. , Johnston, Derek S. *Stocks for All Seasons – Education Services Industry Overview* [R] . San Francisco: Banc of America Securities Equity Research Division, 2003: 7.

[91] Moe, M. T. , Bailey, K. , Lau, R. *The Book of Knowledge: Investing in the Growing Education and Training Industry* [R] . New York: Merrill Lynch & Co. , 1999.

[92] Bailey, T. , Badway, N. , GumPort, P. J. *For – Profit Higher Education and Community College* [R/OL] . Stanford: National Center for Postsecondary Improvement, School of Education, Stanford University, 2001. [2012 – 05 – 20] http: //www. stanford. edu/group/ncpi/documents/pdfs/forprofitandcc. pdf

[93] Kelly, K. F. *Meeting needs and making profits: the rise of for – profit degree*

– granting institutions [R] . ECS Issue Paper. Denver: Economic Commission of the States, 2001.

[94] Sperling, John. , Tucker, Robert W. *For Profit Higher Education: Developing A WorldClass Workforce* [M] . New Brunswick: Transaction Publishers, 1997.

[95] *University of Phoenix Mission and Purpose* [EB/OL] . [2012 – 5 – 21] http: //www. phoenix. edu/about_ us/about_ university_ of_ phoenix/mission_ and_ purpose. html.

[96] *University of Phoenix' s Background* [EB/OL] . [2012 – 05 – 21] http: //www. phoenix. edu/about_ us/media_ relations/just – the – facts. html.

[97] Olsen, Florence. *Phoenix Rises, The University' s Online Program Attracts Students, Profits, and Praise* [N] . Chronicle of Higher Education, 2002 – 11 – 01.

[98] *Ruch, Richard. Higher Ed, Inc.* [M] . Baltimore: The Johns Hopkins University Press, 2001.

[99] Clark, Burton R. *Collegial Entrepreneurialism in Proactive Universities: Lessons from Europe* [J] . Change, 2000, 32 (1): 15.

[100] Weisbrod, Burton A. *To Profit or Not to Profit: The Commercial Transformation of the Nonprofit Sector* [M] . New York: Cambridge University Press, 1998: 20 – 26.

[101] Jaspers, Karl. *The Idea of the University* [M] . London Peter Owen Ltd. , 1965: 19.

[102] John Henry Cardinal Newman. *The Idea of a University: Defined and Illustrated* [M] . Loyola University Press, 1987.

[103] Flexner, Abraham. *Universities: American, English, German* [M]. Oxford University Press, 1930: 230.

[104] Carvin, D. A. *Building a learning organization* [J] . Harvard Business Review, 1993 (July – August): 78 – 91.

[105] Nonaka, Ikujiro. *The Knowledge – Creating Company* [J] . Harvard Business Review, 1991 (November/December): 96 – 104.

[106] Marquardt, M. J. *Building the Learning Organization: A Systems Approach to Quantum Improvement and Global Success* [M] . New York McGraw – Hill,

1996: 29.

[107] Pedler, Mike. , et al. *A Strategy for Sustainable Development* [M]. New York: McGraw – Hill, 1991: 18.

[108] Watkins, Karen. , Marsick, Vietoria. *Sculpting the Learning organization: Consulting Using Action Technologies* [J] . New Directions for Adult and Continuing Education, 1993 (2): 81 – 90.

[109] Walton, J. *Would the Real Corporate University Please Stand Up* [M]. Journal of European Industrial Training, MCB University Press, 2005, 29 (1): 7 – 20.

[110] Wagner, S. *Putting the 'U' in Europe* [J] . Training & Development, 2000, 54 (5): 93 – 104.

[111] Lester, T. *Degree Culture* [J] . Human Resources, 1999 (3): 74 – 78.